माधव हाड़ा

विख्यात आलोचक माधव हाड़ा का जन्म 9 मई, 1958 को उदयपुर, राजस्थान में हुआ। वे मुख्यत: मध्यकालीन साहित्य और इतिहास के क्षेत्र में रुचि रखते हैं। आधुनिक साहित्य, मीडिया और संस्कृति के क्षेत्र में भी उनका महत्त्वपूर्ण कार्य है। उनकी चर्चित कृति—'पचरंग चोला पहर सखी री' मध्ययुगीन संत-भक्त कवयित्री मीरांबाई के जीवन और समाज पर एकाग्र है, जिसका अंग्रेज़ी अनुवाद 'मीरां वर्सेज़ मीरां' नाम से प्रकाशित है। उनकी यह पुस्तक पर्याप्त चर्चा में रही। इसे 32वें 'बिहारी पुरस्कार' से सम्मानित किया गया।

माधव हाड़ा ने भारतीय उच्च अध्ययन संस्थान, शिमला में दो वर्षीय अध्येतावृत्ति के अन्तर्गत (2019-2021) 'पद्मिनी विषयक देशज ऐतिहासिक कथा-काव्य का विवेचनात्मक अध्ययन' विषय पर शोध कार्य किया, जो 'पद्मिनी : इतिहास और कथा-काव्य की जुगलबंदी' नाम से प्रकाशित हुआ। प्राच्यविद्याविद् मुनि जिनविजय के अवदान पर भी उनका शोध कार्य है, जो साहित्य अकादेमी से प्रकाशित है। हाल ही में उन्होंने 'कालजयी कवि और उनकी कविता' नामक एक पुस्तक श्रृंखला का सम्पादन किया है, जिसमें कबीर, रैदास, मीरां, तुलसीदास, अमीर ख़ुसरो, सूरदास, बुल्लेशाह और गुरु नानक शामिल हैं।

उनकी अन्य कृतियों में 'वैदहि ओखद जाणै', 'देहरी पर दीपक', 'सीढ़ियाँ चढ़ता मीडिया', 'मीडिया, साहित्य और संस्कृति', 'कविता का पूरा दृश्य', 'तनी हुई रस्सी पर' और सम्पादित कृतियों में 'एक भव अनेक नाम', 'सौने काट ने लागै', 'मीरां रचना संचयन', 'कथेतर' और 'लय' शामिल हैं।

मोहनलाल सुखाड़िया विश्वविद्यालय,उदयपुर के प्रोफ़ेसर पद से सेवानिवृत्ति के बाद, संप्रति वे भारतीय उच्च अध्ययन संस्थान की पत्रिका 'चेतना' के सम्पादन से सम्बद्ध हैं।

ई-मेल : madhavhada@gmail.com

वैदहि ओखद जाणै

मीरां और पश्चिमी ज्ञान-मीमांसा

माधव हाड़ा

राजकमल पेपरबैक्स

राजकमल पेपरबैक्स में
पहला संस्करण : 2023

राजकमल पेपरबैक्स : उत्कृष्ट साहित्य के जनसुलभ संस्करण

राजकमल प्रकाशन प्रा. लि.
1-बी, नेताजी सुभाष मार्ग, दरियागंज
नई दिल्ली-110 002
द्वारा प्रकाशित

शाखाएँ : अशोक राजपथ, साइंस कॉलेज के सामने, पटना-800 006
पहली मंजिल, दरबारी बिल्डिंग, महात्मा गांधी मार्ग, प्रयागराज-211 001

वेबसाइट : www.rajkamalprakashan.com
ई-मेल : info@rajkamalprakashan.com

बी.के. ऑफसेट
नवीन शाहदरा, दिल्ली-110 032
द्वारा मुद्रित

मूल्य : ₹250

VAIDEHI OKHAD JANAI
Meera Aur Pashchimi Gyan-Mimansa
by Madhav Hada

ISBN : 978-81-19028-34-4

श्री नन्दकिशोर आचार्य
को उनके अपार स्नेह के लिए
आदर सहित

क्रम

प्रस्थान

पश्चिमी ज्ञान-मीमांसा में मीरां (1498-1565 ई.) में उपनिवेशकाल की शुरुआत से ही है और अब स्त्री अस्मितायी चेतना के वैश्विक उभार के कारण मीरां में पश्चिम की दिलचस्पी पहले की तुलना में और बढ़ गई है। पश्चिम में मीरां की रचनाओं के अनुवाद भी हुए और उसके जीवन और कविता पर विचार भी हुआ। सही तो यह है कि मीरां की प्रचलित छवि का कैननाइजेशन ही सबसे पहले उपनिवेशकाल के एक यूरोपीय प्रशासक-विद्वान लेफ्टिनेंट कर्नल जेम्स टॉड (1782-1835 ई.) ने किया। बाद में एक जर्मन विद्वान हरमन गोएत्ज़ (1898-1976 ई.) ने उपलब्ध सामग्री और पारिस्थितिक साक्ष्यों के आधार पर उसके जीवन की पुनर्रचना की। स्त्री अस्मितायी चेतना के विस्तार के साथ ही पश्चिम में मीरां के प्रति जिज्ञासा का भाव तेज़ी से बढ़ा—एंड्रयू शैलिंग, लुईस लैंडस-लीवाय, रूपर्ट स्नैल आदि ने उसकी रचनाओं के अनुवाद किए, जबकि नैंसी मार्टिन, जॉन स्ट्रैटन हौली, फ्रांसिस टैफ़्ट, हाइदी पाउवेल्स आदि ने उसके जीवन और कविता के विभिन्न पहलुओं पर विचार किया। मीरां और उसकी कविता में पश्चिमी विद्वत्ता की यह दिलचस्पी निस्सन्देह बहुत गहरी और सघन है। उसके विचार में मनोयोग और परिश्रम भी पूरा है, लेकिन इस दिलचस्पी और विचार की जड़ें पश्चिमी सांस्कृतिक-बोध में हैं। भारतीय और पश्चिमी सांस्कृतिक-बोध कुछ हद तक अलग हैं और इस कारण इनके इतिहास, साहित्य आदि अनुशासनों के रूप और मानक भी कुछ हद तक अलग ढंग से विकसित हुए, लेकिन मीरां पर विचार करने में पश्चिमी विद्वत्ता ने इनको अपनी निगाह में नहीं लिया। अधिकांश पश्चिमी विद्वत्ता ने मीरां की पहचान और और समझ बनाने में अपने सांस्कृतिक मानकों और कसौटियों का इस्तेमाल किया। मीरां की जो छवि इस क़वायद में बनी, वह उसकी लोकस्मृति और देशज स्रोतों में रची-बसी छवि से अलग, पश्चिमी सांस्कृतिक अनुभव, विचार और सैद्धान्तिकी के खाद-पानी से बनी हुई छवि है। यह पुस्तक मीरां को उसकी अपनी सांस्कृतिक पारिस्थितिकी से अलग करके, पश्चिमी संस्कृति के मानकों के आधार

पर समझने-परखने के हुए प्रयासों की परख और पड़ताल पर एकाग्र है। मीरां के सम्बन्ध में पश्चिमी विद्वत्ता उपनिवेशकाल से लगाकर हमारे समय तक निरन्तर सक्रिय है और ख़ास बात यह है कि इसका गहरा और व्यापक प्रभाव भारतीय विद्वत्ता पर भी हुआ है।[1]

1

मीरां की पहचान और समझ बनाने का यह आग्रह 'उनका' बनाम 'हमारा' वाला पुनरुत्थानवादी आग्रह नहीं है। यह केवल इस विश्वास पर ज़ोर देना भर है कि किसी भी देश-समाज की संस्कृति का विकास उस समाज की अपनी ख़ास ज़रूरतों के तहत होता है और ये ज़रूरतें किसी दूसरे देश और समाज की ज़रूरतों से अलग भी होती हैं। भारतीय सन्दर्भ में यह बात ख़ास तौर पर और विचारणीय इसलिए है, क्योंकि यहाँ अनेक सांस्कृतिक इकाइयाँ हैं, जिनमें यूरोप की तरह कोई एकरूपता और संगति नहीं है। यहाँ सांस्कृतिक वैविध्य इतना अधिक है कि इस सम्बन्ध में कोई सार्वदेशिक और सार्वकालिक निष्कर्ष निकालना बहुत मुश्किल काम है। यूरोप की तरह यहाँ कभी चर्च जैसी किसी प्रभावशाली और मान्य धार्मिक सत्ता का वर्चस्वकारी अनुशासन भी नहीं रहा, इसलिए भी यहाँ सांस्कृतिक मूल्य और साहित्यिक परम्पराएँ एकरूप ढंग से विकसित नहीं हुईं। भारतीय मध्यकाल की स्थिति और भी अलग है—इस दौरान सांस्कृतिक इकाइयों में परस्पर अन्तर्क्रिया और संवाद अपेक्षाकृत कम था, इसलिए भिन्नताएँ और अधिक मुखर ढंग से अलग विकसित हुईं। यह सही है कि दो संस्कृतियों में कुछ मोटी समानताएँ हमेशा रहती हैं, लेकिन यह भी उतना ही सही है कि यूरोप और भारतीय, दोनों संस्कृतियाँ अलग-अलग ढंग से विकसित हुईं और इनमें कुछ भिन्नताएँ भी हैं। मीरां की लोक-व्याप्ति का दायरा बहुत बड़ा है, लेकिन उसकी कविता जिस तरह के सीमित क्षेत्रीय सांस्कृतिक-बोध में जन्म लेती है, वह वैश्विक तो क्या, देशव्यापी भी नहीं है। मध्यकाल में आवागमन और संचार कम था, इसलिए मीरां की सक्रियता के क्षेत्र मेवाड़-मारवाड़ और गुजरात की संस्कृति इन क्षेत्रों की ख़ास ऐतिहासिक-सामाजिक ज़रूरतों के तहत अस्तित्व में आई। सम्बन्ध, विवाह, वैधव्य, आस्था, विश्वास, धर्म, भाषा, अभिव्यक्ति आदि का विकास यहाँ की ख़ास क्षेत्रीय ज़रूरतों के तहत हुआ और ज़रूरतों के बदलने के साथ इनमें बदलाव भी हुए। इन छोटी सांस्कृतिक इकाइयों के सांस्कृतिक-बोध की जटिल संरचना को जाने-समझे बिना कुछ सार्वदेशिक और सार्वकालिक मानकों के आधार पर मीरां और उसकी कविता की कोई पहचान और समझ बनाना मुश्किल काम है। विख्यात फ़िल्म-निर्माता सत्यजीत राय का भी मानना है कि सांस्कृतिक-बोध की क्षेत्रीय विशेषताएँ भावबोध में भी सक्रिय रहती है। उन्होंने एक जगह लिखा लिखा है :

> “ख़ुशी और दुःख, स्नेह और घृणा, क्रोध, भय तथा आश्चर्य जैसी भावनाओं की अभिव्यक्ति तो विश्व भर में एक-सी ही पाई जाती है, किन्तु इनमें भी सूक्ष्म स्तर पर इतनी स्थानीय विविधताएँ मिल जाती हैं कि भ्रम और विस्मय होता तथा कोई ऐसी विदेशी, जिसे उनकी गहन जानकारी नहीं हो, कई प्रकार की ग़लतियाँ कर सकता है।”[2]

मीरां की समझ बनाने में भी पश्चिमी विद्वत्ता से इस प्रकार की ग़लतियाँ हुई हैं। टॉड के संस्कार यूरोपीय रोमेंटिसिज़्म के थे, राजस्थान के सामन्तों के सम्बन्ध में उसकी राय भी इससे प्रभावित थी, इसलिए उसको मीरां के जीवन की कथा में ‘रोमांस’ और ‘रहस्य’ तो दिखाई दिये, लेकिन उसका मनुष्य उससे अनदेखा रह गया। हरमन गोएत्ज़ ने मीरां के जीवन की पुनर्रचना की, लेकिन उसने विभक्त मनोदशा वाले यूरोपीय संस्कार के कारण मीरां के मनुष्य और भक्त को अलग कर दिया। भक्ति के संस्कार मीरां में बाल्यकालीन थे। यह वह भक्ति थी, जो ‘श्रुत’ और ‘स्मृत’ से आई थी और स्थानीय ज़रूरतों ने जिसको ख़ास आकार दिया था, लेकिन स्ट्रैटन हौली ने इसको आधुनिक लैंगिक विमर्श से जोड़ दिया। पश्चिमी विद्वत्ता मेवाड़-मारवाड़ की ख़ास प्रकार की सांस्कृतिक पारिस्थितिकी को जाने-समझे बिना उसकी कविता में आए ‘राणा’ को उसका पति मानकर पितृसत्ता की सैद्धान्तिकी में चली गई, जबकि यह शब्द उसके पति सम्बन्धित ही नहीं था। एक सामान्य स्त्री-मनुष्य की चिन्ता और सरोकारों में जितना वैविध्य होता है, मीरां की कविता में भी है। विनांद कैलवर्त्त ने उसको उसकी ‘पुरानी, लेकिन जीवित कविता’ से अलग कर सोलहवीं-सत्रहवीं सदी में सीमित कर दिया। मीरां की कविता का बहुवचन भी पश्चिमी विद्वत्ता की कम समझ में आया, जबकि यह भक्ति-आन्दोलन का बुनियादी स्वभाव था। भक्ति मध्यकाल में जहाँ भी गई, वहाँ की ज़रूरतों के अनुसार ढलकर उसने नया रूप ले लिया। मीरां की भक्ति इसी तरह की भक्ति है कि शास्त्र के इसका सम्बन्ध ‘श्रुत’ और ‘स्मृत’ का ही है, इसलिए यह उसके तयशुदा साँचों-ख़ाँचों से बाहर है।

2

राममनोहर लोहिया ने एक बार कहा था :

> भारतीय इतिहास के साथ एक दिक़्क़त यह है कि विजयी सेना के साथ आया हुआ कोई फ़रिश्ता या स्मिथ उसका स्वर निर्धारित करता है।[3]

मीरां के साथ भी यही हुआ—उसकी आरम्भिक पहचान ही एक यूरोपीय विद्वान और प्रशासक जेम्स टॉड ने बनाई और उसकी यह पहचान अभी तक विमर्श में

प्रभावी ही नहीं, हावी भी है। बाद में भी मीरां के जीवन की पहचान और समझ बनाने में पश्चिमी विद्वत्ता ने अपनी 'हिस्ट्री' की कसौटी को सबसे आगे और सर्वोपरि रखा, जिसका भारतीय सांस्कृतिक अनुभव और परम्परा के सन्दर्भ में इस्तेमाल ही ग़लत है। मीरां के सन्दर्भ में 'हिस्ट्री' का यह आग्रह इस विद्वत्ता में इतना 'सख़्त' और सर्वोपरि है कि कुछ पश्चिमी विद्वानों ने मीरां का एक 'किंवदंती' मानकर उससे सम्बन्धित लोकस्मृति और देशज स्रोतों को जाली और अप्रमाणिक सिद्ध कर दिया। रवीन्द्रनाथ ठाकुर ने पश्चिमी विद्वत्ता के सम्बन्ध में एक जगह लिखा है :

> ये धान के खेतों में बैंगन तलाश करनेवाले लोग हैं। और जब उन्हें वहाँ बैंगन नहीं मिलते हैं, तो फिर कुंठित होकर वे धान को अन्न की एक प्रजाति मानने से ही इनकार कर देते हैं।[4]

पश्चिमी विद्वत्ता ने यही किया। मीरां उनकी 'हिस्ट्री' की कसौटी और मानकों पर खरी नहीं उतरी, तो उसने उसके होने को ही सन्दिग्ध कर दिया। हर समाज की अपनी एक स्मृति-चेतना होती और इसके संरक्षण की उसकी अपनी तरह की चिन्ताएँ और सरोकार भी होते हैं। हमारी भी अतीत के वर्तमान में व्यवहार की सदियों की जानी-पहचानी और अनुभव से परखी-बनी परम्पराएँ हैं। भारतीय मनीषा अतीत का 'व्यतीत' की तरह इस्तेमाल नहीं करती। यह उसको अपने प्रतीकों-बिम्बों आदि में रच-गूँथकर इस तरह इस्तेमाल करती है कि यह अपने समय की सीमाओं से बाहर आकर सार्वकालिक महत्त्व का हो जाता है। विद्यानिवास मिश्र के शब्दों में कहें तो "अतीत से जुड़ने के पीछे पलायन का भाव चाहे किसी दूसरी मानव-जाति में मिलता हो, पर भारत में अतीत से जुड़ने का अर्थ वर्तमान की सम्भावना का विस्तार होता है।"[5] यूरोप का समय-बोध इससे अलग है—वहाँ अतीत और वर्तमान में साफ़ विभाजन है। भारतीय इतिहास यूरोप के दस्तावेज़ी से अलग 'जीवित इतिहास' है, जो सदियों से भारतीय जनसाधरण की स्मृति में रचा-बसा हुआ है। रवीन्द्रनाथ ठाकुर इस बात को अच्छी तरह जानते थे। उन्होंने लिखा :

> हमें पता लगाना चाहिए कि भारत का जीवित इतिहास कहाँ मौजूद है। तब हम जान सकते हैं कि किस आदर्श के बाद भारत अपने इतिहास के एक दौर से दूसरे दौर में चला गया है, और उस आदर्श को उसने कितनी दूर तक महसूस किया है।[6]

क्षितिमोहन सेन, जिन्होंने आग्रहपूर्वक इस 'जीवित इतिहास' पर भरोसा किया और इस आधार पर कबीर, दादू सहित कई संत-साधुओं की रचनाएँ विभिन्न स्रोतों से एकत्र कीं, उनका निष्कर्ष भी यही था :

"राजनीतिक गतिविधियों ने कभी भी भारतीय इतिहास में बहुत महत्त्वपूर्ण स्थान पर कब्ज़ा नहीं किया है। इसलिए भारत की गुप्त आत्मा को हम विभिन्न साधुओं के उन कथनों और सिद्धान्तों को एकत्रित और अध्ययन किये बिना नहीं समझ सकते, जिन्हें उनके अनुयायियों या कई साम्प्रदायिक मत के रखवालों द्वारा संरक्षित किया गया है।"[7]

मीरां सदियों से इतिहास की इस जीवित परम्परा में मौजूद है, लेकिन पश्चिमी विद्वत्ता की 'हिस्ट्री' कसौटी पर उसका ऐतिहासिक अस्तित्व सन्दिग्ध है। मीरां लोकस्मृति में है, लोकस्मृति पर निर्भर दस्तावेज़ों में है और पारम्परिक और देशज इतिहास-रूपों—ख्यात, बही, पाटनामा आदि में है, लेकिन यह पश्चिमी विद्वत्ता की समझाई गई और उनकी 'एप्रोप्रियटेड हिस्ट्री' में नहीं है, इसलिए वह नहीं है, यह इस प्रकार का दुराग्रह है। फ्रांसिस टैफ़्ट का गर्वपूर्वक यह दावा है कि वही एक इतिहासकार है, शेष मीरां पर विचार करनेवाले लोक-साहित्य के जानकार या अन्य कुछ हैं और उनकी हिस्ट्री की कसौटी पर मीरां से सम्बन्धित अधिकांश देशज सामग्री 'अप्रामाणिक' हैं। पश्चिमी विद्वत्ता और उससे प्रेरित-प्रभावित परिता मुक्ता आदि ने तो उसके जीवन को एक 'किंवदंती' या 'दंतकथा' मानकर ही उस पर विचार किया है। स्टैटन हौली का भी साफ़ मानना है कि मीरां, जिसे हम जानते हैं और 'ऐतिहासिक मीरां' में फ़र्क़ करके ही उस पर विचार किया जा सकता है।

3

मीरां पर सबसे अधिक बवाल उसकी रचनाओं की प्रामाणिकता को लेकर हुआ। मीरां की रचनाएँ श्रुत-स्मृत पर निर्भर मौखिक परम्परा में हैं, लेकिन पश्चिमी विद्वत्ता के अनुसार यह सन्दिग्ध है। उसको इसमें वैचारिक और साम्प्रदायिक आग्रह, लैंगिक भेदभाव, ब्राह्मणवाद, हिन्दी/हिन्दू राष्ट्रवाद जैसी साज़िशों की बू आती है। मौखिक बनाम लिखित की बहस पश्चिमी विद्वत्ता के प्रामाणिकता के दुराग्रह के कारण उपनिवेशकाल में शुरू हो गई थी। क्षितिमोहन सेन के संकलित कबीर के पदों में से रवीन्द्रनाथ के चयनित और अनूदित 100 पदों का 1915 ई. में जब प्रकाशन हुआ, तो पश्चिमी विद्वत्ता को यह विश्वास ही नहीं हुआ कि मौखिक परम्परा में भी विचार और अभिव्यक्ति इतनी परिष्कृत हो सकती है। पीढ़ी-दर-पीढ़ी जीवित और पुनर्जीवित *पृथ्वीराजरासो* को यूरोपीय इतिहासकर और वृत्तसंग्रहकर्ता जोन जार्ज बुल्हर (1837-1898 ई.) ने सन्दिग्ध मानकर उसका प्रकाशन रुकवा दिया। उपनिवेशकालीन पश्चिमी विद्वत्ता ने सदियों से लोक में स्मृति से लिखित और लिखित से स्मृति में आती-जाती रही कबीर, सूर, तुलसी आदि सभी संत-भक्तों की

रचनाओं भी अपने 'ओथेंटिक' के आग्रह से विवादित कर दिया। श्रुत और स्मृत की भारतीय मौखिक परम्परा बहुत प्राचीन है और यह सदियों से भारतीय-बोध, सांस्कृतिक-बोध का अंग रही है। "यह सभ्यता-बोध यदि इतिहास के असंख्य और असह्य प्रहारों के बावजूद जीवित रहा है, तो सिर्फ़ इसलिए कि भारत में आदि जीवन के दर्शन-सूत्र महज़ पोथियों के भीतर नहीं—समकालीन भारतीय स्मृति में प्रवहमान हैं। स्वप्न की तरह हर स्मृति की अपनी एक बिंब भाषा होती है—वह कहीं से भी उत्प्रेरित हो सकती है; वैदिक ऋचाओं, पौराणिक कथाओं अथवा महाकाव्यों से। यह वैसी ऐतिहासिक स्मृति नहीं है, जैसी ग्रीस की सभ्यता एक आधुनिक यूरोपवासी के लिए स्मृति है, जिसे वह पुस्तकों अथवा संग्रहालयों में ही याद कर पाता है। भारतीय सभ्यता-बोध कोई बीती हुई याद न होकर, आज भी मेहँदी की तरह हर व्यक्ति की जीवन-प्रणाली के कार्य-अनुष्ठानों में में रची-बसी है।"[8] यह परम्परा सदियों के अभ्यास से अर्जित और इतनी अनुशासित है कि इस पर भरोसा न करना अटपटा लगता है। अज्ञेय ने तो साफ़ लिखा है :

> श्रुति परम्परा की व्यापक उपेक्षा साहित्य के इतिहास के अत्यन्त महत्त्वपूर्ण स्रोत की उपेक्षा है।[9]

मीरां की अधिकांश प्रचलित रचनाएँ मौखिक परम्परा से हैं, इसलिए पश्चिमी विद्वत्ता की निगाह में इनकी प्रामाणिकता सन्दिग्ध है। विनांद कैलवर्त्त ने पश्चिम में चर्च के प्रभाव और अनुशासन में विकसित पाठानुसन्धान की अपनी 'ओथेंटिक' की कसौटी पर कसने के बाद दावा किया कि मीरां ने सौ से ज़्यादा कविताएँ नहीं लिखीं। बाद में स्ट्रैटन हौली ने भी यही किया—वे तो 'ओथेंटिक' की अपनी तलाश में और आगे गए और उन्होंने मीरां की उपलब्ध और प्रचलित रचनाओं में 'साज़िशें' ढूँढ़कर इनको सोलहवीं-सत्रहवीं सदी के केवल छह पदों तक सीमित कर दिया। इस तरह लोक की स्मृति में सदियों से वहन करने वाली मीरां की अधिकांश प्रचलित रचनाएँ पश्चिम सांस्कृतिक पारिस्थितिकी में विकसित 'ओथेंटिक' की अर्हताएँ पूरी नहीं करने के कारण विवादित हो गईं।

4

उपनिवेशकालीन आरम्भिक पश्चिमी विद्वत्ता का मीरां पर विचार जाने-अनजाने साम्राज्यवादी स्वार्थ से प्रेरित और प्रभावित भी था। यह सही है कि भारतीय संस्कृति और साहित्य का अन्वेषण और उस पर विचार करनेवाले सभी उपनिवेशकालीन पश्चिमी विद्वान एक जैसे नहीं थे। उनमें कुछ को यहाँ लगाव था, तो कुछ जिज्ञासावश भी यह काम रहे थे, लेकिन यह तय है जाने-अनजाने वे सभी साम्राज्य के हित में

ही काम रहे थे। आरम्भ में साम्राज्य की स्थिरता और निरन्तरता के लिए अन्वेषण और विचार की जिस तरह की प्रवृत्तियों को प्रोत्साहन और मान्यता मिली, परवर्ती पश्चिमी विद्वत्ता पर इनका गहरा असर बहुत बाद तक बना रहा। भारतीय समाज, परम्परा और संस्कृति को लेकर यूरोप में कुछ पूर्वग्रह थे, जिनका प्रभाव इस विद्वत्ता में भी साफ़ दिखता है। पश्चिम में भारत की छवि उस समय 'अद्‌भुत' और 'ग़ैर भौतिक' की थी, इसलिए जाने-अनजाने उपनिवेशकालीन पश्चिमी विद्वत्ता ने इसको पुष्ट करने का काम किया। मीरां पर सबसे पहले विचार करनेवाले यूरोपीय विद्वान कर्नल लेफ्टिनेंट जेम्स टॉड को यहाँ से लगाव था और कुछ हद तक वह यहीं का भी गया था, लेकिन उसने मीरां के स्त्री-मनुष्य पर उसकी स्त्री के रूमानी, अद्‌भुत और ग़ैर भौतिक रूप को ही तरज़ीह दी। मीरां की प्रतिरोध की चेतना भारतीय समाज की गतिशीलता का एक रूप है, लेकिन भारतीय समाज के 'अपरिवर्तनशील' और 'ठहरे हुए होने' के पश्चिमी पूर्वग्रह के कारण उसने इसको महत्त्व नहीं दिया। टॉड की विद्वत्ता का ईस्ट कम्पनी ने देशी राज्यों के साथ अपने सम्बन्धों को मजबूत करने में रणनीतिक उपयोग भी किया। टॉड की राजपूतों के पराक्रम और शौर्य की कथाओं से कम्पनी के मेवाड-मारवाड़ से सम्बन्ध प्रगाढ़ हुए। हरमन गोएत्ज़ उपनिवेशकालीन नहीं था, लेकिन उसकी विद्वत्ता ने औपनिवेशक विद्वत्ता के प्रभाव में आकार लिया, इसीलिए उस पर इसका गहरा प्रभाव है। उसके यहाँ मीरां का मनुष्य एक समग्र मनुष्य होने के बजाय, संत-भक्त और मनुष्य में अलग-अलग बँटा हुआ दिखता है।

5

प्रस्तुत किताब मीरां सम्बन्धी पश्चिमी विद्वत्ता की कुछ धारणाओं का प्रतिवाद या प्रत्याख्यान है। यह प्रत्याख्यान इसलिए ज़रूरी है कि आम भारतीय में अपनी 'आत्म छवि' को पश्चिमी के नज़रिये से देखने-पहचाने का औपनिवेशिक संस्कार उसके भीतर अब भी है। आम भारतीय आज भी इस बात को महत्त्वपूर्ण मानता है कि पश्चिमी विद्वत्ता उसके बारे में क्या सोचती है। वह मानता ही नहीं है, उससे बहुत दूर और गहरे तक प्रभावित भी होता है। यह प्रभाव अपनी धारणाओं को बदल देने तक का नहीं होता हो, तब भी इतना होता ही है कि वह अपनी मान्यताओं के प्रति 'शंकालु' हो जाता है। यह प्रत्याख्यान भी इसलिए है कि आम भारतीय मीरां के सम्बन्ध में अपनी सदियों से चली आ रही धारणाओं और मान्यताओं के प्रति मन में किसी प्रकार के संशय को जगह देने से पहले विचार करे। पहला आलेख 'कैननाइजेशन' कर्नल जेम्स टॉड की इस धारणा का प्रतिवाद है कि मीरां केवल 'रहस्यवादी संत-भक्त और पवित्रात्मा कवयित्री' थी। टॉड ने जाने-अनजाने यह छवि औपनिवेशिक साम्राज्यवादी स्वार्थ के तहत बनाई है। मीरां एक सम्पूर्ण स्त्री-मनुष्य है

और इस तरह की चिन्ता और सरोकार के साक्ष्य उसकी कविता और देशज स्रोतों में पर्याप्त है। दूसरा आलेख 'विभक्त मनोदशा' जर्मन विद्वान हरमन गोएत्ज़ की मीरां के जीवन की पुनर्रचना पर एकाग्र है। गोएत्ज़ मीरां के स्त्री-मनुष्य और उसके भक्त को अलग-अलग करके पहचानते-समझते हैं, जबकि मीरां का भक्त उसके मनुष्य रूप का ही विस्तार है। भारतीय सांस्कृतिक-बोध में इस तरह का विभाजन नहीं है, जैसाकि गोएत्ज़ ने किया है। आलेख 'इतिहास की कसौटी' पश्चिमी विद्वत्ता की 'हिस्ट्री' से निकली इस धारणा का प्रत्याख्यान है कि मीरां महज एक 'किंवदंती' या 'दंतकथा' है। लोकस्मृति और देशजों स्रोतों की हमारी अपनी परम्परा से यह सिद्ध है कि मीरां सोलहवीं सदी का ऐतिहासिक यथार्थ है। उसकी स्मृति हमारे अपने देशज स्रोतों में निरन्तर जीवन्त है। आलेख 'भक्ति का लैंगीकरण' पश्चिमी विद्वत्ता के इस निष्कर्ष का प्रतिवाद है कि मीरां सहित अधिकांश भारतीय कवियों के यहाँ विरह स्त्रियों के हिस्से में आता है और यह 'पुरुष का खेल' है। विरह भारतीय साहित्य में पुरुष और स्त्री, दोनों के यहाँ निरन्तर है और मीरां के यहाँ इसकी सघन मौजूदगी का भारतीय समाज की कथित लैंगिक असमानता से कोई दूर-दराज़ का सम्बन्ध नहीं है। पश्चिमी विद्वत्ता अक्सर पन्द्रहवीं-सोलहवीं सदी के भारतीय समाज से अठारहवीं-उन्नीसवीं सदी के यूरोप की अपेक्षाएँ रखती है, जो पूरी तरह ग़लत है। आलेख 'संगतता का आग्रह' भी मीरां की रचनाओं की प्रामाणिकता के पश्चिमी विद्वत्ता के आग्रह से जुड़ा हुआ है। मीरां की रचनाओं से भाव और भाषा की संगतता या एकरूपता की अपेक्षा करना सही नहीं है। भक्ति-आन्दोलन और मीरां का स्वर अपने स्वभाव में ही बहुवचन है। आलेख 'मौखिक बनाम पांडुलिपि' मीरां की उपलब्ध और प्रचलित रचनाओं को पश्चिमी विद्वत्ता के सन्दिग्ध मनाने की धारणा का प्रतिवाद है। मौखिक बनाम पांडुलिपि की बहस उपनिवेशकाल में शुरू हो गई थी और प्राचीन और हस्तलिखित की आग्रही यूरोपीय विद्वत्ता ने अधिकांश भारतीय साहित्य पर 'बाद का', 'जोड़ा गया', 'जाली', 'प्रक्षिप्त' जैसे आरोप लगा दिये गए थे। आरम्भ में क्षितिमोहन सेन, रवीन्द्रनाथ ठाकुर आदि ने भारतीय ग्रामीण जनसाधारण के बीच सक्रिय मौखिक परम्पराओं पर ज़ोर दिया, लेकिन बाद में 'ओथेंटिक' की इस रूढ़ि ने अधिकांश भारतीय मनीषा को भी अपने प्रभाव में ले लिया। पाठानुसन्धान की पश्चिमी विद्वत्ता की पद्धति में यूरोपीय चर्चों में बाइबिल के मूल पाठ के अन्वेषण की मुहिम के संस्कार और स्मृति अभी भी हैं, जो भारतीय सांस्कृतिक-बोध के प्रसंग में सर्वथा 'बेमानी और अनावश्यक' है। मीरां की रचनाएँ सदियों पुरानी श्रुत और स्मृत पर निर्भर मौखिक परम्परा में हैं, उसकी उपलब्ध रचनाओं की लोकस्मृति में यात्रा बहुत अनुशासित ढंग से हुई है और इनमें जो कुछ हेर-फेर या विस्तार दिखाई पड़ता है, वह अतीत की किसी रचना के वर्तमान में व्यवहार के ख़ास भारतीय ढंग के कारण है।

प्रत्याख्यान का रास्ता बहुत लम्बा और बीहड़ है। यह रास्ता ऐसा है, जिसमें ख़तरे बहुत हैं। पहला तो यही है कि पश्चिम की ओर की पीठ करके नहीं, उसको सामने रखकर उससे रूबरू होते हुए ही आगे बढ़ा जाना चाहिए, जो बहुत मुश्किल काम है। दूसरा यह कि 'उनका' और 'हमारा' की तरह का विभाजन एक प्रकार का सरलीकरण भी है, जिसमें आपके निष्कर्षों के एकतरफ़ा और आतिवादी होने की गुंजाइश रहती है। ये बातें यह किताब लिखते समय मन और ध्यान में तो रही हैं, लेकिन क्या हुआ है, यह अभी कहना बहुत मुश्किल काम है। मनीषी जड़ावलाल मेहता ने एक जगह लिखा है कि "विदेश और विचित्र से गुज़रकर हम अपने को दुबारा पा सकेंगे; और इसलिए यहाँ भी हमें उसी चीज़ तक पहुँचने के लिए, जो हमारे बेहद समीप है, एक बहुत लम्बा रास्ता पार करना होगा।"[10] मीरां सदियों से हमारी स्मृति में है, वह सदियों से हमारा पड़ोस है, लेकिन उसे जानने-समझने और पाने के लिए प्रत्याख्यान का यह लम्बा रास्ता लेना हमारी नियति है।

सन्दर्भ और टिप्पणियाँ

1. पुस्तक में लेफ्टिनेंट कर्नल जेम्स टॉड (अध्याय-1), हरमन गोएत्ज़ (अध्याय-2), फ्रांसिस टैफ़्ट (अध्याय-3), स्ट्रैटन हौली (अध्याय-3 से 5) और विनांद कैलवर्त्त (अध्याय-6) की मीरां सम्बन्धी स्थापनाओं-धारणाओं पर विस्तार से विचार किया गया है। उनसे सम्बन्धित सन्दर्भ और टिप्पणियाँ सम्बन्धित अध्याय के अन्त में दी गई हैं।

2. सत्यजीत राय, *आवर फ़िल्म्स देयर फ़िल्म्स,* दिशा बुक/ओरियंट लांगमेन, कलकत्ता, तृतीय संस्करण, 1993, पृ. 154
3. राममनोहर लोहिया, *भारत माता धरती माता,* सम्पादक ओंकार शरद, लोकभारती प्रकाशन, इलाहाबाद, पेपर बैक संस्करण, 2010, पृ. 153
4. विद्यानिवास मिश्र, *हिन्दू धर्म—जीवन में सनातन की खोज,* वाग्देवी प्रकाशन, बीकानेर, संस्करण, 2016, पृ. 11
5. रवीन्द्रनाथ टैगोर, *विजन ऑफ़ हिस्ट्री,* अनु. सिबेश भट्टाचार्य एवं सुमिता भट्टाचार्य, इंडियन इंस्टिट्यूट ऑफ़ एडवांस्ड स्टडी, शिमला, 2003, पृ. 28
6. रवीन्द्रनाथ ठाकुर, 'प्रस्तावना', क्षितिमोहन सेन कृत *मीडीइवल मिस्टिसिज़्म,* बांग्ला से अंग्रेज़ी अनुवाद मनमोहन घोष, लुजाक एंड कम्पनी, लंदन, 1929, पृ. ii
7. क्षितिमोहन सेन, वही, पृ. viii
8. निर्मल वर्मा, *भारत और यूरोप-प्रतिश्रुति के क्षेत्र,* वाणी प्रकाशन, नई दिल्ली, 2018, पृ. 14
9. अज्ञेय, *अज्ञेय गद्य रचना-संचयन,* सम्पा. कुमार विमल, साहित्य अकादेमी, नई दिल्ली, 2015, पृ. 884
10. जड़ावलाल मेहता, *इंडिया एंड दि वेस्ट : दि प्रोब्लम ऑफ़ अंडरस्टैंडिग,* स्कॉलर्स प्रेस, शिकागो, 1985, पृ. 163

अध्याय-1

औपनिवेशिक निर्मिति

"पश्चिम के लोग हमारे बारे में क्या सोचते हैं? वे हमें कैसा और क्या समझते हैं? इन बातों का भारतवासियों की आत्मानुभूति पर गहरा प्रभाव पड़ा है।"[1] अमर्त्य सेन की यह बात मीरां के सम्बन्ध में बनी भारतीय मनीषा और जनसाधारण की धारणा और सोच के सम्बन्ध में पूरी तरह सही है। उपनिवेशकाल अधिकारी और विद्वान लेफ्टिनेंट कर्नल जेम्स टॉड (1782-1835 ई.) ने मीरां के सम्बन्ध में जो राय क़ायम की, भारतीय मनीषा और जनसाधारण पर उसका गहरा प्रभाव पड़ा। आधुनिक इतिहास और साहित्य में मीरां की रहस्यवादी और रूमानी संत-भक्त और कवयित्री छवि का बीजारोपण उपनिवेशकाल में जेम्स टॉड ने किया। टॉड पश्चिमी भारत के राजपूताना की रियासतों में ईस्ट इंडिया कम्पनी का अधिकारी और पोलिटिकल एजेंट था। इससे पहले तक मध्यकाल में प्रचलित तवारीख़, ख्यात, बही, वंशावली आदि पारम्परिक भारतीय इतिहास-रूपों में मीरां का उल्लेख नहीं के बराबर था। अलबत्ता मध्यकालीन धार्मिक चरित्र-आख्यानों और लोक-समाज की स्मृति में मीरां की मौजूदगी कई तरह से, बहुत सघन और निरन्तर थी। मध्यकालीन धार्मिक चरित्र-आख्यानों में उसकी छवि एक असाधारण और अतिमानवीय लक्षणोंवाली संत-भक्त स्त्री की थी, जबकि लोक उसे एक ऐसी स्त्री के रूप में जानता था, जो सामन्ती पद-प्रतिष्ठा और वैभव छोड़कर भक्ति के मार्ग पर निकल गई थी। मध्यकालीन सामन्ती समाज के कुछ हिस्सों में उसकी पहचान एक ऐसी स्त्री के रूप में भी थी, जिसके स्वेच्छाचार से कुल और वंश की मान-मर्यादा कलंकित हुई। उन्नीसवीं सदी के पूर्वार्द्ध में टॉड ने अपने पहले विख्यात और चर्चित इतिहास ग्रंथ *एनल्स एंड एंक्टिविटीज़ ऑफ़ राजस्थान*[2] (1829-32 ई.) में और बाद में अपने यात्रा-वृत्तांत *ट्रैवल्स इन वेस्टर्न इंडिया*[3] (1839 ई.) में मीरां का उल्लेख एक रहस्यवादी संत-भक्त और रूमानी कवयित्री के रूप में किया। यह एक तरह से मीरां का कैननाइजेशन था। मीरां की यह छवि यथार्थपरक और इतिहास-सम्मत नहीं थी। इसमें उसके जागतिक अस्तित्व के संघर्ष और अनुभव को अनदेखा किया गया था,

लेकिन टॉड के प्रभावशाली व्यक्तित्व और वैदुष्य ने इसे मान्य बना दिया। मीरां के इस छवि-निर्माण में यूरोप साम्राज्यवाद के राजनीतिक और सैद्धांतिक हितों, वहाँ के मध्यकालीन रोमांटिसिज़्म और राजपूताना के सामन्तों और उनके अतीत के सम्बन्ध में टॉड के व्यक्तिगत पूर्वग्रह की महत्त्वपूर्ण भूमिका थी। उपनिवेशकाल और बाद में राजस्थान की मेवाड़ और मारवाड़ रियासतों में भी इतिहास लेखन के लिए विभाग क़ायम हुए और इनमें टॉड से प्रभावित-प्रेरित श्यामलदास, गौरीशंकर हीराचन्द ओझा और मुंशी देवीप्रसाद जैसे देशी विद्वानों को इतिहास लेखन का ज़िम्मा दिया गया। ये लोग विद्वान थे। इन्होंने बहुत परिश्रमपूर्वक यह काम किया, लेकिन इनका नज़रिया उपनिवेशकालीन यूरोपीय इतिहासकारों से अलग नहीं था। ख़ास तौर पर ये टॉड से बहुत गहराई तक प्रभावित थे, इसलिए इन्होंने उसके द्वारा निर्मित मीरां की छवि में कुछ तथ्यात्मक भूलों को दुरुस्त करने के अलावा कोई रद्दोबदल नहीं किया। टॉड ने प्रसंगवश मीरां पर जो लिखा, वह बहुत संक्षिप्त और सांकेतिक है। उसने *एनल्स* में महाराणा सांगा और बाद में *ट्रैवल्स* के द्वारिका प्रकरण में कुल दो बहुत संक्षिप्त टिप्पणियाँ कीं। बाद में, मीरां पर कई विद्वानों ने बहुत विस्तार से विचार किया, लेकिन टॉड की इन दो टिप्पणियों का महत्त्व इसलिए है, क्योंकि ये मीरां के रहस्यावदी संत-भक्त, कवयित्री और पवित्रात्मा रूप का प्रस्थान हैं और परवर्ती अधिकांश इतिहास और साहित्य में उसकी इसी छवि का पिष्ट-पोषण होता रहा है।

1

टॉड ईस्ट इंडिया कम्पनी के भारत में नियुक्त ब्रिटिश अधिकारियों में से एक होकर भी कुछ मायनों में अलग था। यूरोपीय रोमेंटिसिज़्म के संस्कार, अन्वेषण और संग्रह की नैसर्गिक प्रवृत्ति, यूरोपीय इतिहास और साहित्य की क्लासिकल परम्परा का ज्ञान, अपने कार्य-क्षेत्र राजपूताना से गहरा लगाव आदि विशेषताओं के कारण उसको इन सभी में अलग पहचाना जा सकता है। उसका जन्म 20 मार्च, 1782 ई. को लंदन के निकट स्थित इस्लिंगटन में हुआ। उसका सम्बन्ध बहुत उच्च और अभिजात स्कॉटिश परिवार से था। टॉड का भारत के साथ परोक्ष सम्बन्ध अपने पिता और चाचा के माध्यम से पहले से ही था। उसके दोनों मामा, पैट्रिक्स एवं पैट्रिक हेल्दी बंगाल सिविल सर्विस में थे। उन्होंने ही उसके लिए ईस्ट इंडिया कम्पनी में कैडटशिप का प्रबन्ध किया। उसे इस तरह बहुत कम उम्र में ईस्ट इंडिया कम्पनी में कैडेटशिप मिल गई। 1798 ई. में वह बूलविच रॉयल मिलिटरी एकेडमी में प्रशिक्षण के लिए भेजा गया। वहाँ से वह बंगाल आया, जहाँ 9 जनवरी, 1800 ई. को उसे दूसरी यूरोपीयन रेजिमेंट में कमीशन मिला। कुछ समय तक मोलक्का और मेराइन द्वीप पर रहने के बाद 29 मई, 1800 ई. को वह देशी पैदल फ़ौज की 14वीं

रेजिमेंट में लेफ्टिनेंट नियुक्त हुआ। 1801 ई. में दिल्ली में नियुक्ति के दौरान उसे एक पुरानी नहर के सर्वेक्षण का महत्त्वपूर्ण दायित्व दिया गया। उसके चाचा का मित्र ग्रीम मर्सर 1805 ई. में जब दौलतराव सिन्धिया के दरबार में रेजिडेंट होकर गया, तो उसे भी अपने साथ ले गया। यहीं से उसके स्वतंत्र व्यक्तित्व के निर्माण की शुरुआत हुई। उसने आगरा, जयपुर और उदयपुर के अब तक अज्ञात मार्गों की खोज और सर्वेक्षण का कार्य शुरू किया और अपने प्रयत्नों से इसे पूर्ण कर लिया। उसके इस कार्य की बहुत सराहना हुई। इस दौरान वह राजपूताना के भूगोल से भी अच्छी तरह परिचित हो गया। मर्सर के भारत छोड़ने के बाद सिन्धिया के दरबार में जब रिचर्ड स्ट्रेची रेजिडेंट नियुक्त हुआ, तो टॉड की कैप्टन के रूप में पदोन्नति हुई। स्ट्रेची के दरबार छोड़ने के बाद उसे रेजिडेंट द्वितीय के सहायक का दायित्व दिया गया। इस दौरान उसने अपना अधिकांश समय सिन्धु और बुंदेलखंड तथा यमुना और नर्मदा के बीच के प्रदेशों से सम्बद्ध भौगोलिक सामग्री एकत्र करने में लगाया। राजपूताना के सम्पर्क में वह इसी दौरान आया। उसने अपने इतिहास में इस दौरान राजपूताना में भय, आतंक और विनाश के माहौल का भावपूर्ण और हृदयग्राही भाषा में वर्णन किया है। मराठों ने यहाँ बहुत पहले से अपनी पकड़ मज़बूत कर ली थी और अब वे यहाँ के आन्तरिक झगड़ों का लाभ उठाकर लूट-खसोट में लगे हुए थे। पिंडारियों और उनके संरक्षणकर्ता मराठों ने टिड्डी दल के तरह फैलकर लगभग सम्पूर्ण राजपूताना को उजाड़ में तब्दील कर दिया था। मेवाड़ की दुर्दशा के सम्बन्ध में उसने अपने इतिहास में लिखा :

> मेवाड़ बरबादी की ओर तेज़ी से बढ़ रहा था, सभ्यता का प्रत्येक चिह्न जल्दी से लुप्त होता जाता था, खेत पड़त पड़े थे, शहर बरबाद हो गए थे, प्रजा मारी-मारी फिर रही थी, ठाकुरों और जागीरदारों की नीयतें बिगड़ गई थीं और महाराणा व उसके परिवार को जीवन की साधारण से साधारण सुविधा भी सुलभ नहीं थी।[4]

1817 ई. में मार्कुइस हेस्टिंग्ज के पिंडारियों को समाप्त करने के निर्णय से टॉड को पिंडारियों और उनके संरक्षणकर्ता मराठों के साथ युद्ध में संलग्न होना पड़ा। इस युद्ध में उसके भौगोलिक ज्ञान, दूरदर्शिता और सूझ-बूझ का कम्पनी सरकार ने ख़ूब फ़ायदा उठाया।[5] उसने इस सैन्य अभियान में निर्णायक भूमिका निभाई और सभी सैन्य कमांडरों से उसे सराहना पत्र मिले।

टॉड बहुत परिश्रमी और अध्यवसायी था। उसके उच्चाधिकारियों—विलियम निकोल, रिचर्ड स्ट्रेची आदि ने उसकी सराहना की है। राजपूताना पिंडारी-मराठा आतंककारियों से जब मुक्त हो गया, तो यहाँ की लगभग सभी रियासतों ने 1817-18 ई. में कम्पनी सरकार के साथ सन्धियाँ कर लीं। गवर्नर जनरल ने टॉड को

इन सभी के लिए अपना राजनीतिक प्रतिनिधि नियुक्त किया। उदयपुर पहुँचकर टॉड ने पिंडारियों-मराठाओं द्वारा तहस-नहस कर दी गईं राजपूताना की रियासतों के पुनर्निमाण पर अपना ध्यान एकाग्र किया। उसकी पहल पर इन रियासतों में कई सुधार लागू किये गए। उसने 1819 ई. में जोधपुर और 1820 ई. में कोटा और बूँदी रियासतों की यात्राएँ कीं। राजपूताना के सामन्तों से वह बहुत प्रभावित हुआ। यहाँ के 'राजपूत अपने महान कार्यों से संसार के सामने आ जाएँ'[6] इसके लिए उसने उनका इतिहास लिखने का निर्णय किया। यहाँ रहकर उसने राजपूतों से सम्बन्धित शिलालेख, ख्यात, बही, वंशावली, ताम्रपत्र, सिक्के आदि एकत्र किए। उसने यहाँ के चारण-भाटों और ब्राह्मणों से वृत्तांत-कथाएँ आदि सुनीं और उनको लिपिबद्ध किया। यहाँ के सामन्तों से उसके रिश्ते बहुत आत्मीय हो गए थे। उसकी सामन्तों से निकटता की जानकारी कम्पनी सरकार को भी हुई और उच्चाधिकारी उस पर सन्देह करने लगे। ख़ास तौर पर अपने तत्काल उच्चाधिकारी रिचर्ड ओक्टरलीनी से उसके सम्बन्ध बहुत ख़राब हो गए। उस पर राजपूतों के साथ पक्षपात पूर्ण व्यवहार का आरोप लगाकर उससे पहले मारवाड़ और फिर कोटा और जैसलमेर का कार्यभार ले लिया गया और उसकी शक्तियाँ भी कम कर दी गईं।[7] भारत में उसका स्वास्थ्य पहले भी अच्छा नहीं रहा था और निरन्तर परिश्रम और यात्राओं से यह अब और बिगड़ गया था। अन्ततः जून, 1822 ई. में इस पद से त्यागपत्र देकर वह उदयपुर से विदा हुआ और गोगूंदा, रणकपुर, सिरोही, माउंट आबू, चन्द्रावती, सिद्धपुर, पाटण, बड़ौदा, भावनगर, पालीताना, जूनागढ़, द्वारिका, सोमनाथ और कच्छ होता हुआ मुम्बई गया। वहाँ से वह 1823 ई. में इंग्लैंड रवाना हो गया। यहाँ कुछ समय तक उसे रॉयल एशियाटिक सोसायटी के पहले पुस्तकालयाध्यक्ष दायित्व दिया गया। उसने अब केन्द्रीय भारत और राजपूताना सम्बन्धी अपनी अब तक एकत्र शोध सामग्री को व्यवस्थित कर उसका अध्ययन शुरू किया। पाँच-छह वर्षों के कठिन परिश्रम के बाद उसने राजपूताना का पहला विस्तृत इतिहास *एनल्स एंड एंटिक्विटीज़ ऑफ़ राजस्थान* लिखा, जिसका पहला भाग 1829 ई. और दूसरा भाग 1832 ई. में प्रकाशित हुआ। यह कार्य सम्पूर्ण कर लेने के बाद उसने अपनी अन्तिम पश्चिमी भारतीय यात्रा का वृत्तांत लिखना शुरू किया। इसके प्रकाशन से पूर्व ही 1835 ई. में उसका आकस्मिक निधन हो गया। यह यात्रा-वृत्तांत उसके मरणोपरांत *ट्रैवल्स इन वेस्टर्न इंडिया* के नाम से 1839 ई. में प्रकाशित हुआ।

2

टॉड की इतिहास-दृष्टि को समझने के लिए उपनिवेशकालीन यूरोपीय इतिहासकारों और विद्वानों के भारतीय इतिहास सम्बन्धी नज़रिये, टॉड के यूरोपीय रोमांटिसिज़्म के

संस्कार, राजपूतों को लेकर उसके विश्वास और कुछ हद तक पूर्वग्रह और उसके स्वभाव की बहुत जटिल बनावट समझना ज़रूरी है। भारतीय इतिहास और समाज को जानने-समझने के उपक्रम उन्नीसवीं सदी के आरम्भ में यूरोपीयन विद्वानों ने शुरू किए। इन विद्वानों में से अधिकांश ईस्ट इंडिया कम्पनी के भारत के विभिन्न भूभागों में ऊँचे पदों पर नियुक्त अधिकारी थे, जिन्होंने अपने अधीनस्थ क्षेत्रों को अच्छी तरह से जानने-समझने के लिए वहाँ के इतिहास, समाज, धर्म, क़ानून आदि का विस्तृत अध्ययन किया। इसी दौरान यूरोपीय विश्वविद्यालयों में भी भारतीय इतिहास, समाज और संस्कृति के अन्वेषण की शुरुआत हुई। उन्नीसवीं सदी में हुए इन विभिन्न अध्ययनों की विश्लेषण विधियों को अमर्त्य सेन ने विदेश प्रेमी, दंडाधिकारी और संग्रहाध्यक्षीय नाम से वर्गीकृत किया है।[8] विदेश प्रेमी विश्लेषण विधि में ज़ोर भारत की अलग और विस्मयकारी ग़ैर भौतिक बातों पर था। इसके अन्तर्गत आने वाले फ्रीडरिख, श्लेगल, शेलिंग आदि विद्वानों ने यूरोप में भारत की अद्‌भुत और विस्मयकारी धार्मिक-आध्यात्मिक तसवीर पेश की। दंडाधिकारी विश्लेषण विधि में यूरोपीय विद्वानों ने अपना अधीनस्थ और शासित क्षेत्र मानकर श्रेष्ठता और स्वामित्व के भाव से भारत को समझा और परखा। जेम्स मिल जैसे विद्वान इस विश्लेषण विधि से इस निष्कर्ष पर पहुँचे कि भारत एक आदिम और असभ्य देश है, इसलिए इस पर ब्रिटिश साम्राज्य की सुधारवादी और उदारमना छत्रच्छाया अपेक्षित है। संग्रहाध्यक्षीय विश्लेषण विधि में बौद्धिक जिज्ञासा के तहत भारतीय इतिहास, समाज और संस्कृति को देख-समझकर उसके विश्लेषण और 'प्रदर्शन' पर बल दिया गया था। इस विधि में विदेश प्रेमी विश्लेषण विधि की तरह केवल अद्‌भुत और असाधारण का आग्रह नहीं था और यह दंडाधिकारी विश्लेषण विधि की तरह अधीनस्थ क्षेत्र की प्रशासनिक ज़रूरतों से भी प्रेरित नहीं थी, इसलिए अपेक्षाकृत निष्पक्ष थी।

रोमांटिक आन्दोलन के साथ टॉड की पहचान और भागीदारी थी और वह "धीरे-धीरे रोमांटिक्स के साथ हुआ।"[9] वह इतना रोमांटिक था कि उसको 'रोमांटिसिज़्म का बच्चा' कहा गया है। टॉड का जन्म फ्रांसीसी क्रान्ति से पहले उस दौर में हुआ, जब वहाँ रोमांटिसिज़्म और प्रबोधन के बीच बहस की शुरुआत हुई थी। रोमांटिक आन्दोलन ने फ्रांसीसी क्रान्ति के प्रबोधन, तर्कवाद, नवोदित औद्योगिक क्रान्ति के व्यावसायिकता और उपयोगितावाद के स्व-रुचि वाले व्यक्तिवाद का विरोध किया। रोमांटिक आन्दोलन को कवि शेली, कीट्स, वड्‌र्सवर्थ, ऐतिहासिक उपन्यासों के लेखक सर वाल्टर स्कॉट और लॉर्ड बायरन ने आगे बढ़ाया। टॉड को रोमांटिसिज़्म की औपचारिक शिक्षा नहीं मिली थी, वह रोमांटिकों की तरह एटन, हैरो या ऑक्सफोर्ड या कैम्ब्रिज में नहीं पढ़ा था, लेकिन टॉड के मन और मस्तिष्क में इसकी स्मृति और संस्कार थे। वह 17 वर्ष की उम्र में 1799 ई. में ईस्ट इंडिया

कम्पनी के कैडेट के रूप में बंगाल पहुँचा और भारत में अपना सैन्य कैरियर शुरू किया। उसके *एनल्स* की सामग्री और फुटनोट्स से यह अनुमान लगाया जा सकता है कि उसने बहुत उम्दा तरीके से स्वयं को रोमांटिसिज़्म में शिक्षित किया।[10] उसके पाठ के तर्कों और व्याख्याओं के सम्बन्ध में उसके फुटनोट्स के सावधानीपूर्वक अध्ययन से स्पष्ट होता है कि रोमांटिसिज़्म के मामले में 1818 ई. में तीन खंडों में प्रकाशित *दि व्यू ऑफ़ दि स्टेट ऑफ़ यूरोप ड्यूरिंग मिडल एजेस* शीर्षक ग्रंथ के लेखक हेनरी हॉलम (1777-1859 ई.) उसके गुरु थे।[11] हॉलम ने एडवर्ड गिब्बन का अनुसरण किया था, जिनके *दि डिक्लाइन एंड फॉल ऑफ़ द रोमन एम्पायर*[12] (6 खंड, 1776-88 ई.) ने 'मध्य युग' शब्द को अपने काम का केन्द्रबिंदु बनाते हुए इतिहास में प्राचीन, मध्ययुगीन और आधुनिक नामों से कालीकरण की शुरुआत की। इससे भी महत्त्वपूर्ण बात यह है कि वह मध्ययुगीन यूरोप की प्रमुख संस्था सामन्तवाद को—जिसे प्रबोधक चिन्तक निम्नीकृत, यहाँ तक कि बर्बर मानते हैं—एक अच्छी पहचान देने वाले शुरुआती लोगों में से एक था। टॉड का यही रोमांटिसिज़्म उसके मेवाड़ और राजपूतों के प्रति प्रेम का कारण बना। बहुत शुरुआती दौर में ही उसके मन में जड़ें जमा लेनेवाले रोमांटिसिज़्म को यहाँ आते ही इसके लिए शौर्य, पराक्रम, त्याग, शरणागति आदि की कथा-कहानियों का खाद-पानी मिल गया। यह मानकर कि राजपूत मध्य एशियायी जनजाति सीथियन के वंशज हैं, उसने मध्ययुगीन यूरोपीय सामन्तवाद और राजस्थान के सामन्तवाद को समान मानकर उसकी जमकर सराहना की।[13] वह राजपूतों के शौर्य, पराक्रम, त्याग, बलिदान आदि का प्रशंसक बन गया। टॉड को यूरोपीय इतिहास और क्लासिकल साहित्य का भी विस्तृत ज्ञान था। उसने मध्यकालीन यूरोपीय इतिहास में वर्णित आख्यानों, चरित्रों आदि की तुलना यहाँ से उपलब्ध ऐसी ही सामग्री से की।

यहाँ के सामन्तों से टॉड को गहरा लगाव हो गया था और यहाँ तक कि वह उनमें अच्छी तरह से घुल-मिल भी गया। उसके सौहार्दपूर्ण व्यवहार और सहयोगात्मक रुख़ के कारण सामन्तों का नज़रिया भी उसके प्रति स्नेह और सम्मान का था। इस कारण एक बार तो उसने यहीं बस जाने का विचार भी किया। उसके तत्काल उच्चाधिकारी एडवर्ड ओक्टरलीनी ने तो उसके ऊपर आरोप लगाया कि "वह राजपूत हो गया है।"[14] यहाँ के राजपूतों के गुणों का वह ज़बरदस्त प्रशंसक था। उसके अनुसार : "नैतिकता के मूलभूत सौन्दर्य के प्रति कोई भी मानव राजपूत के बराबर सजग नहीं है; और कदाचित् वह स्वभाववश अपने-आप इसका पालन नहीं कर पाता है, तो कोई भी अनुभवी सूत्र उसको मार्गदर्शन कराता रहता है।"[15] राजपूताना में भी ख़ास तौर पर मेवाड़ के शासकों के बारे में उसकी राय बहुत ऊँची थी। वह उनके मुग़लों के विरुद्ध दीर्घकालीन प्रतिरोध से बहुत प्रभावित था। मुग़लों के साथ समझौता करनेवाले जयपुर शासकों के बारे में उसकी राय अच्छी नहीं

थी। 1806 ई. में दौलतराव सिन्धिया के साथ एक युवा अधिकारी के रूप में जब वह मेवाड़ के महाराणा से मिला, तो उसकी शान और सद्‌व्यवहार ने उसी समय उसके मन में गहरी जगह बना ली थी। सम्बन्धों की इस पारस्परिक निकटकता की उसकी राजपूतों और उनके अतीत के प्रति धारणा को आकार देने में महत्त्वपूर्ण भूमिका थी। राजपूतों के सम्बन्ध में उसकी धारणा के निर्माण की प्रक्रिया और इसमें सक्रिय कारकों पर जेशन फ्रीटेज़ ने बहुत अच्छा टिप्पणी की है। उसने लिखा है :

> टॉड ब्रिटिश साम्राज्यवादी शक्ति का प्रतिनिधि था, जो उस समय पृथ्वी पर सबसे शक्तिशाली आर्थिक और सैन्य शक्ति थी। वहाँ उसकी उपस्थिति, और वह जो काम कर रहा था, उसमें उसको ऐसे संसाधन उपलब्ध थे जो, यदि कभी होते, तो केवल कुछ चुनिन्दा देशी वीर कुलीनों को ही उपलब्ध होते थे। एक सैनिक के रूप में टॉड का स्वागत मुग़ल साम्राज्य के ख़िलाफ़ सैकड़ों वर्षों तक राजपूत सेनाओं की शक्ति और प्रतिरोध की कहानियों के साथ किया गया था। स्पष्ट रूप से, टॉड को केवल वही दिया गया था, जो लोग उसे देना चाहते थे, और उसे देने की आवश्यकता थी, और वही दिखाया, जो लोग उससे देखना चाहते थे। मुझे यक़ीन है कि नील बोने वाले उसके बेटे की, जो महाराजा भीमसिंह के दरबार के जीर्णोद्धार का वास्तुकार बन गया, इंग्लैंड में शाही परिवार तक कोई पहुँच नहीं थी।[16]

टॉड के व्यक्तित्व का गठन अपने परिवार की वीरतापूर्ण परम्परा और रूमानी स्कॉटिश स्वभाव से बना हुआ था, लेकिन भारतीय प्रवास ने भी उसे बहुत गहरे तक प्रभावित किया। प्रमुख स्कॉटिश व्यक्तित्वों की जीवनियों के कोश में उसके सम्बन्ध में लिखा गया है :

> उसका उत्साह, और एशियाई चरित्र, जो उसके स्कॉटिश स्वभाव पर तेज़ी से अपने को थोप रहा था, ने उसे इस तरह के कार्य के लिए उपयुक्त बनाया; और प्राचीन शहरों के खँडहरों के बीच बैठे, इन कथाकारों के एक समूह के साथ, उसने घंटों तक पूर्व की भीषण वीरता, और उनके पूर्वजों के देशभक्तिपूर्ण कार्यों के बारे में उनकी उत्तेजक कहानियों को सुना, जब तक कि उसे ऐसा महसूस नहीं हुआ कि वह एक राजपूत था, और वह अंधकारमय उत्तरी देश जिसमें उसका बचपन बीता है, रात के सपने से ज़्यादा कुछ नहीं था। लेकिन फिर भी उसकी वंशानुगत सावधानी-कुशलता ने, यदि आप उसे ख़त्म नहीं करेंगे, तो ऐसी मोहक परिस्थितियों में उसका साथ नहीं छोड़ा।[17]

टॉड में अन्वेषण और संग्रह की भी नैसर्गिक प्रवृत्ति थी। उसने अपने इस स्वभाव के सम्बन्ध में एक जगह लिखा है :

> ये खोजबीन की बातें जो किसी निरुद्योगी पुरुष को यकायक थका देने वाली और भयावह प्रतीत होंगी, मेरे लिए राजकाज से अवकाश के समय मन-बहलाव के सौदे बन जाती हैं।[18]

उसने अपने अर्जित धन का बहुत-सा अंश अपने शोध-कार्य के लिए संसाधन एकत्र करने में व्यय किया। उसने अपने कार्यकाल के दौरान यहाँ से कई शिलालेख, ताम्रपत्र, सिक्के, पांडुलिपियाँ आदि अपना धन व्यय करके एकत्र किये और वह इनको इकतालीस बक्सों में भरकर इंग्लैंड ले गया। गौरीशंकर ओझा ने उसके इस उद्यम का विस्तृत विवरण देते हुए लिखा है :

> राजपूताना में जब पैर रखा, उसी दिन से टॉड साहिब ने अपना समय प्रथम भूगोल सम्बन्धी कार्यों में लगाया, और...तत्पश्चात् वे राजपूताने के इतिहास का उद्धार करने की इच्छा से ऐतिहासिक शोध में प्रवृत्त हुए। इस काम में उनको यहाँ तक अभिरुचि थी, कि जहाँ-जहाँ जाते, वहाँ के वृद्ध और जानकार पुरुषों को बुलाकर उनसे इतिहास सम्बन्धी वृत्तांत पूछते। प्रत्येक प्राचीन महल आदि-आदि स्थानों के बनवानेवाले का यथासाध्य पता लगाते और लड़ाइयों में मरे हुए पुरुषों के चबूतरे जहाँ देखते, उन पर के लेख पढ़ाकर या लोगों से पूछकर उनका हाल एकत्र करते। अपने गुरु जती ज्ञानचन्द्र, जो उनके वास्ते संस्कृत लेखों को पढ़ते और उनका अनुवाद करते थे, को सदैव साथ रखते थे। जहाँ ठहरते, वहाँ के सब स्थल वे स्वयं देखते और उनका हाल पूछकर टिप्पण ले लेते थे। दूर-दूर के स्थलों के प्राचीन लेखों का पता लगाने लिए अपने गुरु और पंडितों को भेज देते, और किसी विशेष प्राचीन लेख की ख़बर लगती, तो आप भी वहाँ जाकर उसको देख लेते थे। यदि उठाने लायक़ होता, तो उसे ऊँट पर डालकर अपने साथ लिवा लाते थे। ऐसे ही स्थल पर चारण-भाटों को अपने पास बुलाते, उनसे क्षत्रियों की वीरता की बातें, गीत, दोहे आदि बड़े प्रेम से सुनते। उनमें जो भी उपयोगी होते, उनको लिखवा लेते और उनका सम्मान भी करते थे।[19]

टॉड ने राजपूताना में रहकर जो सामग्री एकत्र की, अपना इतिहास ग्रंथ पूरा करने के बाद इसको इंडिया हाउस और रॉयल एशियाटिक सोसायटी में जमा करवा दिया।

3

टॉड का *एनल्स* 1829-32 ई. में इंगलैंड में प्रकाशन के बाद भारत में बहुत तेज़ी से लोकप्रिय हुआ—इसके हिन्दी, गुजराती, मराठी और बंगाली भाषाओं में कई, सम्पूर्ण और आंशिक संस्करण निकले और यह एक आधिकारिक रचना के रूप में पाठयक्रमों में भी सम्मिलित किया गया।[20] भारतीय विद्वत्ता, इतिहास लेखन और साहित्य पर भी इसका बहुत व्यापक और गहरा असर रहा और यह कुछ हद तक आज भी है। ख़ास तौर पर राष्ट्रीय आन्दोलन के दौरान भारतीय बुद्धिजीवियों, राजनेताओं और साहित्यकारों ने *एनल्स* में वर्णित राजपूतों द्वारा मुग़लों के प्रतिरोध और इसके नायकों को स्वाधीनता के आदर्श की तरह प्रस्तुत किया। दरअसल *एनल्स* का प्रभाव बहुत गहरा और कई पीढ़ियों पर है। जेसन फ्रीटेग ने लिखा है :

> तथ्य यह है कि टॉड विद्वानों और लेखकों की कई पीढ़ियों के लिए एक स्रोत था, जो अक्सर पूर्ववर्ती विद्वत्ता की परतों के पीछे अपनी मौजूदगी को छुपाता था।[21]

मेवाड़ के दरबारी इतिहासकार श्यामलदास के *वीर विनोद* (1886 ई.) पर टॉड के मेवाड़ के अतीत सम्बन्धी रूमानी नज़रिये का गहरा प्रभाव है। ख़ास तौर पर बंगाली बद्धिजीवियों और साहित्यकारों—बंकिमचन्द्र, द्विजेंद्रलाल राय, रवीन्द्रनाथ ठाकुर, अबीन्द्रनाथ ठाकुर, माइकेल मधुसूदन दत्त, रंगनलाल बंद्योपाध्याय आदि सभी ने टॉड के *एनल्स* के राजपूतों के चित्रण और नायकों को अपनी राष्ट्रीय भावना और देशप्रेम सम्बन्धी रचनाओं में प्रयुक्त किया। सिस्टर निवेदिता और इतिहासकार जदुनाथ सरकार 1912-15 ई. के दौरान 'दि मॉडर्न रिव्यू' में *एनल्स* को आधार बनाकर राजपूत शौर्य और बलिदान पर लेख लिखे।[22]

जेम्स टॉड के *एनल्स* का राष्ट्रीय आन्दोलन, भारतीय इतिहास और रचनात्मक लेखन पर दूरगामी और गहरा प्रभाव पड़ा, लेकिन यह भी सही है कि यह अपने समय में व्यापक साम्राज्यवादी परियोजना का भी हिस्सा था। कम्पनी के भारत की उपनिवेशीकरण की प्रक्रिया के ही बीच एक अनुशासन के रूप भारत विद्या का भी विकास हुआ। चार्ल्स विल्किंस, सर विलियम जोंस, हेनरी कोल ब्रुक, एल्क्जेंडर डो, ब्रेसे हलहेड आदि ने भारतीय धर्मशात्र, संस्कृत साहित्य आदि क्षेत्रों में बहुत महत्त्वपूर्ण कार्य किया। यह कार्य इतना महत्त्वपूर्ण था कि आज भी इसमें से अधिकांश की उपयोगिता बनी हुई है, लेकिन कम्पनी के साम्राज्य विस्तार के लिए किये गए सैन्य अभियानों में इन धार्मिक-दार्शनिक रचनाओं की कोई उपयोगिता नहीं थी। कम्पनी के धर्मनिरपेक्ष और समाजार्थिक साम्राज्य विस्तार के लिए दूसरी प्रकार की विद्वत्ता की ज़रूरत थी, जिसकी कमी ग्रांट डफ, मालकॉम और लेफ्टिनेंट

जेम्स टॉड के काम से पूरी हुई। ये रचनाएँ कम्पनी के सैन्य अभियानों और देशी शासकों से सम्बन्ध और व्यवहार के लिए रणनीतिक ज्ञान के महत्त्वपूर्ण और उपयोगी स्रोत बन गईं। कम्पनी और ब्रिटिश शासन ने तो इनका रणनीतिक उपयोग किया ही, कालांतर में ये स्रोत भारतीया मनीषा के लिए भी मार्गदर्शक सिद्ध हुए। टॉड के *एनल्स* के अध्येता जेसन फ्रेटिज ने लिखा है :

> हालाँकि, *भगवद्गीता, धर्मशास्त्र* और कालिदास के कार्यों जैसे ग्रंथ कम्पनी के लिए सैन्य अभियानों में वास्तविक उपयोग नहीं हो सकते थे, जैसाकि उसने ख़ुद पाया। दार्शनिक, ब्राह्मण ग्रंथ एक विस्तारित साम्राज्यवादी उपस्थिति की धर्मनिरपेक्ष, राजनीतिक-सैन्य आवश्यकताओं की पूर्ति नहीं कर सके। इस रिक्त स्थान को भरने के लिए एक अलग तरह की विद्वत्ता का विकास हुआ, और यह लंदन के महानगर से नहीं आई, न ही बंगाल के उपनिवेश केन्द्र से, बल्कि देश के बाहरी क्षेत्रों के प्रशासकों से आई। ग्रांट डफस की *हिस्ट्री ऑफ़ दि मराठाज* (1826 ई.), मैल्कम के *मेमॉयर ऑफ़ सेंट्रल इंडिया* (1823 ई.) और टॉड की *एनल्स* ने भारत की एक ऐसी छवि का आधार बनाया, जो पूरी तरह से धार्मिक, संस्कृत केन्द्रित, रूढ़िवादी भाषाशास्त्रीय विश्लेषण पर निर्भर नहीं थी। ये स्थानीय इतिहास स्थानीय सामग्री से सम्बन्धित थे और केवल ब्राह्मणों से सम्बन्धित नहीं थे। न तो प्राच्यवादी बौद्धिक परियोजनाओं में शामिल शिक्षाविदों, और न ही भारत में अंग्रेज़ी न्यायपालिका के सदस्यों ने, एक व्यापक, क़ानूनी संहिता का मसौदा तैयार करते हुए इन मूलभूत ग्रंथों को लिखा; बल्कि उनके लेखक प्रशासक/इतिहासकार थे, जो सैन्य और राजनीतिक लाभ से प्रेरित थे। हालाँकि, अक्सर, भारतीयों के साथ अपने परिचित होने के कारण इन लोगों ने देशी इतिहास और रीति-रिवाज़ों को समझने के सकारात्मक परिणाम पर ध्यान केन्द्रित किया। इन ग्रंथों के परिणामस्वरूप उपयोगी रणनीतिक ज्ञान उत्पन्न हुआ, लेकिन इससे भी महत्त्वपूर्ण ये सांस्कृतिक और ऐतिहासिक जानकारी के महत्त्वपूर्ण स्रोत थे, जिनको बाद के विद्वानों ने पीढ़ियों तक बनाए रखा।[23]

4

पवित्रात्मा संत-भक्त और असाधारण रहस्यवादी-रूमानी कवयित्री के रूप में मीरां के कैननाइजेशन और छवि-निर्माण सम्बन्धी टिप्पणियाँ *एनल्स* और *ट्रैवल्स* में आई हैं। टॉड के समय तक राजस्थान के इतिहास से सम्बन्धित बहुत सारी सामग्री

उपलब्ध नहीं थी। रासो, ख्यात, वंशावली आदि कुछ उपलब्ध ग्रंथों का सहयोग लेने के अलावा टॉड ने भाट, चारण, यति, ब्राह्मण आदि लोगों से सुन-सुनकर ही अपना इतिहास लिखा था। मीरां का उल्लेख मेवाड़ की किसी भी ख्यात, बही, वंशावली आदि में नहीं था, इसलिए टॉड को इसके लिए धार्मिक चरित्र-आख्यानों और जनश्रुतियों पर ही निर्भर रहना पड़ा होगा। यही कारण है कि मीरां विषयक उसकी टिप्पणियों में तथ्यात्मक भूलें रह गई हैं। उसने अपने इतिहास में मीरां को राणा कुम्भा (1433-1468 ई.) की पत्नी लिखा है, जबकि यात्रा-वृत्तांत में वह उसे राणा लाखा (1382 ई.-1419-1421 ई.) की पत्नी बताता है। इस सम्बन्ध में वह गहरी उलझन में था। उसने अपने इतिहास में इस उल्लेख से सम्बन्धित पाद-टिप्पणी में यह लिखा कि यह ग़लत भी हो सकता, क्योंकि मेवाड़ का इतिहास अभी अनिश्चित है। परवर्ती इतिहासकारों ने नवीन शोधों के आधार पर यह स्पष्ट किया कि मीरां राठौड़वंशी राव जोधा के मेड़ता के संस्थापक पुत्र राव दूदा के चौथे पुत्र रत्नसिंह की पुत्री थी, जिसका विवाह राणा सांगा (1509-1528 ई.) के ज्येष्ठ पुत्र भोजराज के साथ हुआ था। टॉड की ये टिप्पणियाँ मीरां के जन्म, विवाह आदि की तथ्यात्मक जानकारियों के लिए तो उपयोगी नहीं हैं, लेकिन इनका इतर महत्त्व बहुत है। इनसे इतिहास में मीरां की प्रतिष्ठा एक असाधारण संत-भक्त और रूमानी और रहस्यवादी कवयित्री के रूप में हो गई। टॉड के इतिहास *एनल्स* के पहले भाग के 'मेवाड़ का इतिहास' अध्याय में मीरां विषयक टिप्पणी इस प्रकार है :

> कुम्भा ने मारवाड़ के श्रेष्ठतम में से एक, मेड़ता के राठौड़ कुल की पुत्री से विवाह किया। मीरांबाई सौन्दर्य और रूमानी भक्ति की दृष्टि से अपने समय की सर्वाधिक यशस्वी राजकुमारी थी। उसके द्वारा रचित पद फक्कड़ चारणों की तुलना में कृष्ण-भक्तों में अधिक प्रचलित हैं। कृष्ण को सम्बोधित और उसकी स्तुति में रचित उसके कुछ पद सुरक्षित हैं तथा सराहे जाते हैं। हम यह निश्चपूर्वक नहीं कह सकते कि मीरां ने अपने पति से काव्यात्मक भक्ति प्राप्त की या उसके पति ने उससे वह अनुभूति प्राप्त की, जिससे वह *गीत गोविन्द* और *उत्तर कथा* रच सके। मीरां का इतिहास एक प्रेमाख्यान है और यमुना से लेकर दुनिया के छोर (द्वारिका) तक पूरे भारत में, हर मन्दिर में उसके आराध्य के प्रति भक्ति की अतिशयता ने अनेक प्रवादों को जन्म दिया।[24]

मीरां विषयक टॉड की दूसरी टिप्पणी उसके यात्रा-वृत्तांत *ट्रैवल्स* में है। इस वृत्तांत के बीसवें प्रकरण में वेरावल, आरमरा, गुरेजा, बेट, समुद्री लुटेरों के दुर्ग, विष्णु मन्दिर सहित मीरां निर्मित कृष्ण मन्दिर का वर्णन आते हैं। टॉड यहाँ भक्त और कवयित्री राजपूत रानी मीरां सम्बन्धी अपनी धारणाएँ इस प्रकार रखता है :

परन्तु जो देवालय मेरे लिए सबसे अधिक आकर्षण की वस्तु सिद्ध हुआ, वह था मेरी भूमि मेवाड़ की रानी लाखा की स्त्री सुप्रसिद्ध मीरांबाई का बनवाया हुआ सौरसेन के गोपाल देवता का मन्दिर, जिसमें वह नौ (आठ पटरानियाँ और नवीं मीरांबाई) का प्रेमी अपने मूल स्वरूप में विराजमान था, और निस्सन्देह यह राजपूत रानी उसकी सबसे बड़ी भक्त थी। कहते हैं कि उसके कवित्वमय उदगारों से किसी भी समकालीन भाट (कवि) की कविता बराबरी नहीं कर सकती थी। यह भी कल्पना की जाती है कि यदि *गीत गोविन्द* या कन्हैया के विषय में लिखे गए गीतों की टीका की जाए, तो ये भजन जयदेव की मूल कृति की टक्कर के सिद्ध होंगे। उसके और अन्य लोगों के बनाए भजन, जो उसके उत्कृष्ट भगवत् प्रेम के विषय में अब तक प्रचलित हैं, इतने भावपूर्ण और वासनात्मक (Sypphi) हैं कि सम्भवत : अपर गीत उसकी प्रसिद्धि के प्रतिस्पर्धी वंशानुगत गीत पुत्रों के ईर्ष्यापूर्ण आविष्कार हों, जो किसी महान कलंक का विषय बनने के लिए रचे गए हों। परन्तु यह तथ्य प्रमाणित है कि उसने सब पद-प्रतिष्ठा छोड़कर उन सभी तीर्थ स्थानों की यात्रा में जीवन बिताया, जहाँ मन्दिरों में विष्णु के विग्रह विराजमान थे और वह अपने देवता की मूर्ति के सामने रहस्यमय रासमंडल की एक स्वर्गीय अप्सरा के रूप में नृत्य किया करती थी, इसलिए लोगों को बदनामी करने का कुछ कारण मिल जाता था। उसके पति और राजा ने भी उसके प्रति कभी कोई ईर्ष्या अथवा सन्देह व्यक्त नहीं किया, यद्यपि एक बार ऐसे भक्ति के भावावेश में मुरलीधर ने सिंहासन से उतर कर अपनी भक्त का आलिंगन भी किया था। इन सब बातों से अनुमान किया जा सकता है कि (मीरां के प्रति सन्देह करने का) कोई उचित कारण नहीं था।[25]

इस तरह कुल मिलाकर टॉड ने मीरां के सम्बन्ध यह में धारणा बनाई :

1. असाधारण सौन्दर्य और रूमानी भक्ति के कारण वह अपने समय की सर्वाधिक यशस्वी राजकुमारी थी।
2. उसका इतिहास एक प्रेमाख्यान है।
3. वह उत्कृष्ट कोटि की कवयित्री थी और उसकी कविता जनसाधारण में लोकप्रिय थी।
4. उसने पद-प्रतिष्ठा छोड़कर कृष्ण के मन्दिरों की यात्राएँ कीं।
5. अतिशय भक्ति, नृत्य और देशाटन के कारण समाज में उसके सम्बन्ध में कुछ लोकावाद भी चले और
6. उसके पति और राणा ने उस पर कभी सन्देह नहीं किया। ज़ाहिर है, टॉड ने

मीरां के जागतिक स्त्री अस्तित्व के संघर्ष और अनुभव से जाने-अनजाने परहेज़ करते हुए अपने संस्कार, रुचि और ज़रूरत के अनुसार उसका एक अमूर्त रहस्यवादी और रूमानी संत-भक्त और कवयित्री रूप गढ़ दिया।

5

जेम्स टॉड के इस कैननाइजेशन के दूरगामी नतीज़े निकले। राजवंशों के ख्यात, बही, वंशावली आदि पारम्परिक इतिहास-रूपों में लगभग बहिष्कृत मीरां को अब राज्याश्रय में लिखे जाने वाले आधुनिक इतिहासों में भी जगह मिलने लगी। श्यामलदास, मुंशी देवीप्रसाद और गौरीशंकर ओझा ने मीरां का उल्लेख अपने इतिहासों में किया है। मीरां की टॉड द्वारा निर्मित रूमानी छवि में इससे कोई बदलाव नहीं हुआ, क्योंकि ये सभी कमोबेश टॉड से प्रभावित थे। श्यामल दास टॉड की इतिहास-दृष्टि और उसमें ख़ास तौर पर उसके रोमांटिसिज़्म से बहुत गहरे और दूर तक प्रभावित थे। लोयड रूडोल्फ के अनुसार :

> श्यामलदास ने कर्नल जेम्स टॉड की छाया में काम किया। ऐसा नहीं है कि वे तथ्य या व्याख्या के सभी बिंदुओं पर टॉड से सहमत थे; वे नहीं थे। लेकिन श्यामलदास ने टॉड की छाया में इस अर्थ में काम किया कि उन्होंने टॉड के रोमांटिक प्रतिमान को स्वीकार किया—एक ऐसा प्रतिमान, जिसने न केवल राजपुताना के सामन्तवाद का बल्कि विशेष रूप से मेवाड़ की 'स्वतंत्रता के लिए वीरतापपूर्ण लड़ाई' का उत्सव की तरह वर्णन किया।[26]

रूडोल्फ ने तो श्यामलदास को 'टॉड का चेला' कहा है। उसने लिखा है :

> चारण से पेशेवर इतिहासकर में बदला रोमांटिक टॉड का यह चेला (शिष्य) यक़ीनन भारत के पहले आधुनिक इतिहासकारों में से एक माना जा सकता है।[27]

श्यामलदास ने मेवाड़ के राज्याश्रय में 1886 ई. में लिखे गए अपने इतिहास *वीर विनोद* (मेवाड़ का इतिहास) में मीरां का उल्लेख बहुत सम्मानपूर्वक किया है। उन्होंने मीरां के राणा कुम्भा से विवाह की कर्नल टॉड की तथ्यात्मक भूल को दुरुस्त करने के बाद आगे लिखा :

> मीरांबाई बड़ी धार्मिक और साधु-संतों का सम्मान करने वाली थी। यह विराग के गीत बनाती और गाती, इससे उसका नाम बड़ा प्रसिद्ध है।[28]

स्पष्ट है कि मीरां का यह रूप कर्नल टॉड की मीरां सम्बन्धी कैननाइजेशन से प्रभावित है और इसमें भक्ति और वैराग्य को ख़ास महत्त्व दिया गया है। अलबत्ता, श्यामलदास ने पाद-टिप्पणी में यह उल्लेख ज़रूर किया है :

> मीरां महाराणा विक्रमादित्य व उदयसिंह के समय तक जीती रही, और महाराणा ने उसको जो दु:ख दिया, वह उसकी कविता से स्पष्ट है।[29]

श्यामलदास का *वीर विनोद* मेवाड़ के समग्र इतिहास पर एकाग्र था और उसमें मीरां विषयक केवल कुछ पंक्तियाँ और पाद-टिप्पणियाँ ही थीं।

वीर विनोद के प्रकाशन के कुछ वर्षों बाद ही 1898 ई. में जोधपुर रियासत के मुहकमे तवारीख़ (इतिहास विभाग) से सम्बद्ध मुंशी देवीप्रसाद ने एक पुस्तकाकार विनिबन्ध *मीरां का जीवन चरित्र* लिखा। उन्होंने और भी कई इतिहास पुरुषों पर इसी तरह के शोधपूर्ण विनिबन्ध लिखे। मुंशी देवीप्रसाद ने दावा किया कि उनकी जानकारियाँ *भक्तमाल* और कर्नल टॉड कृत इतिहास *एनल्स* से ज़्यादा सही और प्रामाणिक हैं। उनके अनुसार मध्यकालीन ग्रंथों की मीरां विषयक जानकारियाँ 'तवारीख़ी सबूत और तवारीख़ी दुनिया से बहुत दूर' और 'अटकलपच्छू और सुनी-सुनाई बातों' पर आधारित हैं।[30] मीरां के जीवन से जुड़ी कुछ बहुप्रचारित घटनाओं; जैसे अकबर और तानसेन की मीरां से भेंट और मीरां का तुलसीदास से पत्राचार को मुंशी देवीप्रसाद ने 'भोले-भाले भक्तों की मीठी गप्पें' कहा।[31] उनके अनुसार : "भक्तों ने मीरांबाई के सलूक और अहसानों का बदला ऐसी-ऐसी मनोरंजन कथाओं के फैलाने से दिया।"[32] इस विनिबन्ध से मीरां के पति, पिता, ससुर, जन्म, विवाह आदि से जुड़ी कुछ भ्रांतियों का निराकरण हुआ। उसके पीहर के राठौड़ और ससुराल के सिसोदिया वंश के सम्बन्ध में कुछ नई जानकारियाँ सामने आईं। मुंशी देवीप्रसाद ने दावा तो यह किया था कि वे मीरां विषयक वर्णन में *भक्तमाल* और कर्नल टॉड से 'ज़्यादा सही' हैं। उनका मानना भी यह था कि "इस ज़माने में असली बातों की छानबीन ज़ियादा होती है,"[33] लेकिन यथार्थ में ऐसा था नहीं। उनके इस विनिबन्ध ने भी मीरां के संत-भक्त रूप को ही पुष्ट और विस्तृत किया। उन्होंने भी सहारा तथ्यों के बजाय जनश्रुतियों का ही लिया। इतिहास पर निर्भर रहने के दावे के बावजूद उनकी कुछ सीमाएँ थीं। एक तो वे सामन्तों के यहाँ आश्रित थे, इसलिए उनके अतीत के सम्बध में कोई अप्रसन्नकारी टिप्पणी करने का साहस उनमें नहीं था और दूसरे, मीरां सम्बधी अपनी अधिकांश जानकारियाँ उन्होंने श्यामलदास और गौरीशंकर ओझा से पत्राचार कर जुटाई थीं[34], जिनका नज़रिया सामन्ती अतीत से अभिभूत कर्नल टॉड से प्रभावित था। मुंशी देवीप्रसाद ने अपने इस निबन्ध में मीरां से सम्बन्धित कुछ घटनाओं को गप्पें कहकर ख़ारिज कर दिया, लेकिन दूसरी तरफ़ उससे सम्बन्धित कुछ अपुष्ट

संकेतों को बढ़ा-चढ़ा कर इसमें शामिल भी कर लिया। उनके द्वारा अतिरंजित ये संकेत इस प्रकार हैं :

1. "मीरांबाई को भी बचपन से ही गिरिधरलाल जी का इष्ट हो गया था और वे उनकी मूरति से दिल लगा बैठी थीं और ससुराल में गईं जब भी उसको अपने साथ इष्टदेव की तरह ले गई थीं और अब जो विधवा हुईं तो रात-दिन उसी मूरति की सेवा-पूजा जी जान से करने लगीं।"[35]
2. (पति भोजराज की मृत्यु के बाद) "मीरांबाई ने इस तरह ठीक तरुणावस्था से संसार के सुखों से शून्य होकर अपनी बदक़िस्मती का कुछ ज़्यादा संताप और विलाप नहीं किया बल्कि परलोक के दिव्यभोग और विलासों की प्राप्ति के लिए भगवत् भगति में एकचित्त रत होकर इस असार संसार को स्वप्न तदवत् सम्पत्ति का ध्यान एकदम से छोड़ दिया।"[36]
3. (चितौड़ से लौटकर) "मीरांबाई का क्या परिणाम हुआ, यह तवारीख़ी वृत्तांत की तरह तो कुछ मालूम नहीं लेकिन भगत लोग ऐसा कहते हैं कि वे द्वारिका जी के दर्शन करने को गई थीं। वहाँ एक दिन ब्राह्मणों के धरना देने से, जिन्हें राणा ने उनको लौटा लाने के वास्ते भेजा था, यह पद गाया—*मीरां के प्रभु मिल बिछड़न नहीं कीजे*—और रणछोड़ जी की मूरति में समा गईं।"[37]

मीरां विषयक इन उल्लेखों का कोई ऐतिहासिक आधार नहीं था। मुंशी देवीप्रसाद इनकी पुष्टि केवल 'ऐसा कहते हैं' से करते हैं। इस तरह कमोबेश वे भी उन्हीं जनश्रुतियों का सहारा लेते हैं, जिनको पहले वे 'अटकलपच्छू और सुनी-सुनाई बातें' कहकर ख़ारिज कर देते हैं। स्पष्ट है कि ऐतिहासिक होने के दावे के साथ प्रस्तुत इन अनैतिहासिक जानकारियों से मीरां के संत-भक्त रूप के विस्तार और पुष्टि में ही मदद मिली। सत्ता के साथ मीरां के तनावपूर्ण सम्बन्धों पर भी मुंशी देवीप्रसाद कोई नई रोशनी नहीं डालते। इस सम्बन्ध में वे भी टॉड की तरह दोष मीरां के साधु-संतों से अत्यधिक मेलजोल को देते हैं। वे लिखते हैं :

> राणाजी ने मीरांबाई को तक़लीफ़ दी क्योंकि उनकी भगति देखकर साधु-संत उनके पास बहुत आया करते थे। यह बात राणा जी को बुरी लगती थी और ये बदनामी के ख़याल से उन लोगों का आना-जाना रोकने के वास्ते मीरांबाई के ऊपर सख़्ती किया करते थे।[38]

मेवाड़ के इतिहास कार्यालय के मंत्री और श्यामलदास के सहायक गौरीशंकर हीराचन्द ओझा भी 1928 ई. में मेवाड़ के राज्याश्रय में लिखे गए अपने *उदयपुर राज्य के इतिहास* में टॉड की धारणा को ही दोहराते हैं। वे टॉड के इतिहासकार व्यक्तित्व से अभिभूत थे। उन्होंने लिखा है :

युद्धवृत्ति धारण करनेवाले क्षत्रिय वर्ग के वे बड़े शुभचिन्तक थे। भारत के क्षत्रियों के पुरुषार्थ और कीर्ति, जो पहिले अन्धकार में पड़े थे, उन्हें अपने श्रम से प्रकाश में लाकर उनके यश का प्रवाह संसार भर में फैला दिया। इस देश के राजपूतों का, जहाँ तक बन सका, शुद्ध इतिहास लिखने वाले टॉड साहिब ही थे। उन्होंने अपने इस महान उद्योग से भारतवासियों को ही स्वदेश के इतिहास का ज्ञान सम्पादन करने में सहायता न दी, वरन् यूरोप के देशवासियों की रुचि भी इधर आकर्षित कर आगे के लिए इस अपूर्ण भंडार को पूर्ण करने का मार्ग खोल दिया। इस अवस्था में यदि टॉड साहिब भारत सम्बन्धी इतिहास के पितामह कहे जावें, तो अनुचित नहीं है।[39]

मीरां की लोकप्रियता का उल्लेख जेम्स टॉड ने भी किया था और लगभग इसे ही दोहराते हुए ओझा भी लिखते हैं :

हिन्दुस्तान में बिरला ही ऐसा गाँव होगा जहाँ भगवद्भक्त हिन्दू स्त्रियाँ या पुरुष मीरांबाई के नाम से परिचित न हों और बिरला ही ऐसा मन्दिर होगा जहाँ उनके बनाए भजन न गाए जाते हों।[40]

ओझा मेवाड़ राजवंश की मीरां से नाराजगी की बात तो स्वीकार करते हैं, लेकिन वे भी कर्नल टॉड, श्यामलदास और मुंशी देवीप्रसाद की तरह इसके लिए दोष मीरां के संत-भक्तों से अत्यधिक मेलजोल को देते हैं। वे लिखते हैं :

मीरांबाई के भजनों की ख्याति दूर-दूर तक फैल गई थी और सुदूर स्थानों से साधु-संत उससे मिलने आया करते थे। इसी कारण विक्रमादित्य उससे अप्रसन्न रहता था और उसको तरह-तरह की तक़लीफ़ें देता था।[41]

उन्नीसवीं सदी में टॉड और उसके अनुकरण पर श्यामलदास और मुंशी देवीप्रसाद और बीसवीं सदी के आरम्भ में गौरीशंकर ओझा ने इतिहास में मीरां की जो लोकप्रिय संत-भक्त स्त्री छवि निर्मित की, कालांतर में साहित्य सहित दूसरे प्रचार माध्यमों में यही छवि चल निकली।

6

मीरां के कैननाइजेशन, मतलब उसकी असाधारण और पवित्रात्मा स्त्री संत-भक्त और रूमानी-रहस्यवादी कवयित्री छवि के निर्माण में जाने-अनजाने टॉड के भारतीय इतिहास विषयक ख़ास यूरोपीय नजरिए, रोमांटिसिज़्म और इस आधार पर राजपूतों

में ख़ास तौर पर मेवाड़ के राजपूतों के सम्बन्ध में उसके वैयक्तिक पूर्वग्रहों की निर्णायक और महत्त्वपूर्ण भूमिका रही है। टॉड राजपूताना के इतिहास और समाज को जानने-समझने के लिए बौद्धिक जिज्ञासा के कारण ही आकृष्ट हुआ था। उसका नज़रिया भी यहाँ से गहरे लगाव और सहानुभूति का था, इसलिए उसकी विश्लेषण-विधि को संग्रहाध्यक्षीय के अन्तर्गत ही रखा जाएगा। इस विधि के अन्तर्गत आने वाले विलियम जोन्स, थामस कोलब्रुक आदि अन्य विद्वानों की तुलना में यहाँ के सम्बन्ध में टॉड की धारणाएँ और निष्कर्ष कई बार ज़्यादा युक्तिसंगत थे। इनमें से कुछ धारणाएँ बाद में भारतीय शोधों से भी सही साबित हुई हैं। उन्नीसवीं सदी के आरम्भ में उसने अपने राजपूताना विषयक शोध-कार्यों से सिद्ध किया कि भारतीय अनैतिहासिक नहीं हैं और उनके पास अपने इतिहास से सम्बन्धित पर्याप्त सामग्री है, जबकि उसके समकालीन अधिकांश यूरोपीय इतिहासकार मानते थे कि भारतीयों की अपना इतिहास लिखने में कभी दिलचस्पी नहीं रही। उसने एक जगह लिखा है :

> कुछ लोग आँख मींचकर यह मान बैठे हैं कि हिन्दुओं के पास ऐतिहासिक ग्रंथों जैसी कोई चीज़ नहीं है।....मैं फिर कहूँगा कि इस प्रकार के अर्थहीन अनुमान लगाने में प्रवृत्त होने से पहिले हमें जैसलमेर और अणहिलवाड़ा (पाटण) के जैन ग्रंथ भंडारों और राजपूताना के राजाओं और ठिकानेदारों के अनेक निजी संग्रहों का अवलोकन कर लेना चाहिए।[42]

अन्य अधिकांश यूरोपीय इतिहासकारों से भिन्न टॉड की यह भी धारणा थी कि भारतीय सामन्त प्रथा ठीक वैसी ही है, जैसी यूरोप में पाई जाती थी। यूरोपीय इतिहासकार मानते थे कि भारत में भूमि का स्वामी राजा होता है, जबकि टॉड का निष्कर्ष इससे एकदम अलग था। उसके अनुसार, राजस्थान में रैयत अथवा किसान ही भूमि का असली मालिक होता है।[43] बाद में रोमिला थापर आदि भारतीय इतिहासकार भी इसी निष्कर्ष पर पहुँचे।[44] टॉड की संग्रहाध्यक्षीय विश्लेषण विधि कुछ हद तक युक्तिसंगत और निष्पक्ष थी, लेकिन यह विदेश प्रेमी और दंडाधिकारी व्याख्याओं से पूरी तरह अप्रभावित नहीं रह पाई। यह बात टॉड सहित सभी संग्रहाध्यक्षीय विश्लेषणों पर लागू होती है। अमर्त्य सेन के शब्दों में : "ये विश्लेषण पूरी तरह निष्पक्ष नहीं रह पाए, उनमें किसी न किसी तरह के रुझान अवश्य प्रभावी हुए।"[45] विदेश प्रेमी विश्लेषकों की तरह कुछ हद तक टॉड का आग्रह भी यहाँ के 'परम अद्‌भुत'[46], धार्मिक-आध्यात्मिक, रहस्यमय और ग़ैर भौतिक के प्रति ज़्यादा है। इसी तरह दंडाधिकारी विश्लेषकों की तरह टॉड भी यूरोपीय जाति को भारतीयों से श्रेष्ठ मानता था। कवि चन्दरबरदाई के काव्यानुवाद से सम्बन्धित एक हस्तलिखित टिप्पणी में उसने लिखा :

> मैंने इन लोगों के साथ हिल-मिलकर इनकी भावनाओं को ग्रहण किया, यद्यपि उत्तमता में ये हमारी श्रेणी तक नहीं पहुँच सकते, परन्तु यह ज्ञात कर लिया जाए कि अत्याचार और दमन से पूर्व ये कैसे रहे होंगे तो ग्राह्य प्रतीत होंगे।[47]

मीरां के छवि-निर्माण में टॉड का नज़रिया जाने-अनजाने विदेशी प्रेमी और दंडाधिकारी रुझानों से भी प्रभावित रहा है। टॉड मीरां के भौतिक स्त्री अस्तित्व के जागतिक संघर्ष और अनुभव से अपरिचित नहीं था। सत्ता से मीरां के कटु और तनावपूर्ण सम्बन्ध की जानकारी भी उसको धार्मिक-साम्प्रदायिक चरित्र-आख्यानों और जनश्रुतियों के माध्यम से थी। उसकी मीरां विषयक दोनों टिप्पणियों में इसके संकेत विद्यमान हैं। पहली में वह लिखता है :

> भक्ति की अतिशयता ने उसके सम्बन्ध में अनेक प्रवादों को जन्म दिया।[48]

दूसरी में वह लिखता है :

> वह अपने देवता की मूर्ति के सामने रहस्यमय रासमंडल की अप्सरा की तरह नृत्य किया करती थी, इसलिए लोगों को कुछ बदनामी करने का कुछ कारण मिल जाता था। इसी टिप्पणी में वह आगे लिखता है कि '(मीरां के प्रति सन्देह करने का) कोई उचित कारण नहीं था।'[49]

टॉड मीरां के जागतिक सरोकार और संघर्ष के इन संकेतों को विस्तृत नहीं करता। वह विदेश प्रेमी व्याख्याओं के प्रभाव में उसके व्यक्तित्व से सम्बद्ध ग़ैर भौतिक, रोमांटिक और धार्मिक-आध्यात्मिक संकेतों को आधार बनाकर अपनी कल्पनाशीलता से उसकी सर्वथा नई और असाधारण छवि गढ़ता है। संग्रहाध्यक्षीय विश्लेषण विधि, दंडाधिकारी विश्लेषण विधि से अलग थी, लेकिन उससे एकदम अछूती नहीं थी। अनजाने ही मीरां की यह ग़ैर भौतिक, रहस्यवादी और रूमानी छवि गढ़ने में टॉड इससे भी प्रभावित हुआ। दंडाधिकारी विश्लेषण भारतीय समाज को गतानुगतिक और अपरिवर्तनशील मानकर यहाँ पर ब्रिटिश साम्राज्य की उपयोगिता का तर्क देते थे। यह धारणा सही नहीं थी। दरअसल यहाँ जब भी वर्चस्ववादी ताक़तों का ज़ोर बढ़ा, तो उनके विरुद्ध प्रतिरोध के स्वर भी मुखर हुए हैं। मध्यकालीन सामन्ती और पितृसत्तात्मक विचारधारा के अधीन अपने लैंगिक दमन और शोषण के विरुद्ध मीरां का संघर्ष यहाँ की निरन्तर सामाजिक गतिशीलता और द्वंद्व का ही एक रूप था, लेकिन दंडाधिकारी रुझान के प्रभाव में टॉड ने जाने-अनजाने इसकी भी अनदेखी की।

मीरां के छवि-निर्माण में टॉड के रोमांटिक नज़रिये और राजपूताना के सामन्तों के सम्बन्ध में टॉड के वैयक्तिक पूर्वग्रहों की भी महत्त्वपूर्ण भूमिका थी। मध्यकालीन

यूरोपीय रोमांटिसिज्म के संस्कार ने उसे राजपूतों की वीरता, शौर्य और पराक्रम, निष्ठा आदि मूल्यों पर एकाग्र कर दिया। वह राजपूताना के सामन्तों का अन्तरंग होकर उनमें घुलमिल गया। वह यहाँ के सामन्तों को 'अपने राजपूत'[50] और मेवाड़ को 'मेरी भूमि'[51] कहता था। पोलिटिकल एजेंट के रूप में अपने कार्यकाल के दौरान मिले अपार स्नेह और सम्मान के कारण यहाँ के सामन्तों के प्रति उसके मन में गहरी कृतज्ञता थी। उसके इतिहास ग्रंथ के सम्पादक विलियम क्रूक के शब्दों में :

> वह राजस्थान के राजपूत राजाओं और उनमें भी ख़ास तौर पर मेवाड़-मारवाड़ का कुख्यात पक्षधर था।[52]

अपने इतिहास ग्रंथ की भूमिका में उनके सम्बन्ध में उसने एक जगह लिखा :

> अनेक शताब्दियों तक एक वीर जाति का अपनी स्वतंत्रता के लिए लगातार युद्ध करते रहना, अपने पूर्वजों के सिद्धान्तों की रक्षा के लिए प्राणोत्सर्ग करना और अपनी मान-मर्यादा के लिए बलिदान हो जाने की भावना रखना मनुष्य के जीवन की ऐसी अवस्था है, जिसको देखकर और सुनकर शरीर में रोमांच हो जाता है।[53]

मीरां मारवाड़ की बेटी और मेवाड़ की बहू थी और उसका वैयक्तिक जीवन और विद्रोही तेवर इन दोनों राजवंशों के कुछ लोगों के लिए निरन्तर चुभने वाली कील की तरह असुविधा भी था। मीरां जनसाधारण में लोकप्रिय थी, इसलिए टॉड उसकी अनदेखी तो नहीं कर पाया, लेकिन उसने उसकी छवि इस तरह से गढ़ी कि सामन्तों को असुविधा लगने वाली उसकी चारित्रिक विशेषताएँ गौण होकर ध्यानाकर्षक नहीं रह गईं। उसने मीरां के सम्पूर्ण जीवन को एक रूमानी और रहस्यमय प्रेमाख्यान में बदल दिया। मीरां सामन्ती इतिहास और स्मृति में अब तक वर्जित थी, लेकिन उसका यह रूप अब इनमें स्वीकार्य हो गया। इतिहास और मीरां की कविता में इस बात के पर्याप्त साक्ष्य हैं कि मीरां कुछ समय तक अपने समय में सतारूढ़ शासकों की कोप भाजन रही और उसे एकाधिक प्रताड़ित भी किया गया, लेकिन टॉड इसके लिए सामन्तों पर दोषारोपण करने से साफ़ बच गया। उसने अपने यात्रा-वृत्तांत में किन्तु-परन्तु के साथ यह लिखा :

> उसके पति और राजा ने भी उसके प्रति कभी कोई ईर्ष्या अथवा सन्देह व्यक्त नहीं किया यद्यपि एक बार ऐसे भक्ति के भावावेश में मुरलीधर ने सिंहासन से उतरकर अपनी भक्त का आलिंगन भी किया था—इन सब बातों से अनुमान किया जा सकता है कि (मीरां के प्रति सन्देह करने का) कोई कारण नहीं था।[54]

टॉड ने यह तो स्वीकार किया कि समाज में मीरां के सम्बन्ध में लोकापवाद प्रचलित थे, लेकिन उसने इसके लिए दोषी सामन्तों को नहीं माना। उसने इसकी ज़िम्मेदारी भी मीरां की भक्ति और देशाटन की अतिशयता पर डाल दी।

मीरां के विद्रोही तेवर की टॉड द्वारा की गई अनदेखी का एक कारण और था। दरअसल रोमांटिसिज़्म के बद्धमूल संस्कार वाले टॉड के मन में आदर्श स्त्री की छवि मध्यकालीन यूरोपीय इतिहास की त्याग और बलिदान देने वाली स्त्री की थी। उसने चारण-भाटों के अन्तिरंजनापूर्ण वृत्तांतों पर आधारित राजपूत स्त्री की छवि अपने मन में इसी तरह की बनाई। राजपूताना के इतिहास में उसका सामना भी ऐसी स्त्रियों से हुआ था, जो अपने पति के प्रति निष्ठावान, समर्पित और अपने कुल-वंश के मान-सम्मान के लिए त्याग और बलिदान करनेवाली थीं। इन स्त्रियों ने अपने पिता या पति की मान-मर्यादा की रक्षा के लिए अवसर आने पर सती होना, जौहर करना या ज़हर पीना स्वीकार किया था। टॉड ने अपने इतिहास में राजपूत स्त्री की जमकर सराहना की है। उसने उसका वर्णन एक सच्चरित्र, स्नेहशील, समर्पित, घर-परिवार के निर्णयों में भागीदारी करने वाली, युद्ध और संकट में अपने पति का साथ देने वाली और कायर पति को प्रताड़ित करने वाली स्त्री के रूप में किया है।[55] चारण-भाटों के वृत्तांतों के अलावा राजपूत स्त्री की यह छवि टॉड के मन में मेवाड़ की राजकुमारी कृष्णा के अमानुषिक बलिदान से मज़बूत हुई, जिसका 1806 ई. में एक युवा अंग्रेज़ अधिकारी के रूप में वह स्वयं साक्षी था।[56] आदर्श राजपूत स्त्री की यह छवि उसके मन में इतनी गहरी और मज़बूत थी कि उसने अपने समय की राजपूत स्त्रियों की असली हैसियत और हालत के तमाम विवरणों को नज़रअन्दाज़ कर दिया। पितृसत्तात्मक विधि-निषेधों के अधीन उनका शोषण और दमन होता था, बहुविवाह के कारण वे औपचारिक दाम्पत्य जीवन व्यतीत करती थीं। उनके विवाह कूटनीतिक गठबन्धन के लिए होते थे और उनमें उनकी इच्छा और उम्र को ध्यान में नहीं रखा जाता था। कन्या भ्रूण-हत्याएँ भी होती थीं, लेकिन टॉड ने अपने इतिहास में कहीं भी इन पर विचार नहीं किया है। उसके इतिहास ग्रंथ के सम्पादक विलियम क्रूक के अनुसार वह राजवंशों में विवाह, इसके नियमन, और उत्सव आदि के वर्णन से परहेज़ करता है।[57] ई. एम. केले के अनुसार, उस समय एक वर्षीय पुरुष शिशुओं की तुलना में स्त्री शिशुओं की संख्या कम थी[58], लेकिन टॉड इस तरह विवरणों में जाने से बचता है। मीरां का टॉड की इस आदर्श राजपूत स्त्री से कोई मेल नहीं था। निष्ठा, समर्पण और त्याग जैसे आदर्श राजपूत स्त्री के गुण उसमें नहीं थे। कुछ हद तक अवज्ञा और स्वेच्छाचार उसके व्यक्तित्व की मुखर विशेषताएँ थीं और कुल-वंश की मान-मर्यादा के लिए उसने सती होकर बलिदान भी नहीं दिया। देशाटन और सभी तरह के लोगों से मेलजोल के कारण उसने सामन्ती मान-मर्यादा का भी

उल्लंघन किया था। सामन्त समाज में उसकी चर्चा और उल्लेख भी कहीं-कहीं वर्जित थे। वह राजपूत स्त्रियों में अपवाद थी और उसका यह रूप टॉड के मन में जमी आदर्श राजपूत स्त्री छवि के प्रतिकूल था, इसलिए उसने उसको अपनी निगाह में नहीं लिया। टॉड यूरोपीय साहित्य की क्लासिकल और रोमांटिक परम्परा में संस्कारित था। प्रेम और रोमांस इस परम्परा में ख़ूब थे, इसलिए उसने मीरां के जीवन और चरित्र के इन्हीं पहलुओं को उसकी छवि में सर्वोपरि कर दिया। इस तरह मीरां का जीवन-संघर्ष और स्त्री-अनुभव के आख्यान के बजाय प्रेम, रोमांस और भक्ति का आख्यान बन गया।

निष्कर्षत: कहा जा सकता है कि इतिहास और साहित्य में मीरां का प्रचलित और लोकप्रिय रूप पूरी तरह टॉड की निर्मिति है। इस निर्मिति में भारतीय इतिहास की यूरोपीय व्याख्याओं और विश्लेषणों की अलग-अलग विधियों के रुझानों के साझा प्रभाव के साथ टॉड के स्वभाव की स्कॉटिश बुनावट, रोमांटिसिज्म की उसकी शिक्षा और संस्कार तथा राजपूताना के सामन्तों विषयक उसके व्यक्तिगत पूर्वग्रहों का भी निर्णायक योगदान है। तत्कालीन राजपूताना में टॉड की वर्चस्वकारी हैसियत और वैदुष्य का ही प्रभाव था कि पारम्परिक इतिहास-रूपों से लगभग बहिष्कृत मीरां आधुनिक इतिहास में रूमानी और रहस्यवादी संत-भक्त और कवयित्री के रूप में मान्य हो गई। निरन्तर स्वेच्छाचार और अवज्ञा के कारण मीरां के सत्ता से उसके सम्बन्ध कुछ समय के लिए कटु और तनावपूर्ण रहे और इस कारण उसका जागतिक अनुभव बहुत कष्टमय और त्रासपूर्ण रहा, लेकिन अपने वैयक्तिक पूर्वग्रहों के कारण टॉड को उसका यह रूप स्वीकार्य नहीं हुआ। उसने अपने यूरोपीय रूमानी संस्कार, ज्ञान और रुचि के अनुसार प्रेम, रोमांस और भक्ति के मेल से उसका नया स्त्री संत-भक्त और कवयित्री रूप गढ़ दिया। बाद में हुए अधिकांश देशी इतिहासकार पीढ़ियों तक टॉड के गहरे प्रभाव में रहे थे, इसलिए उन्होंने मीरां के जीवन के सम्बन्ध में उसकी कुछ तथ्यात्मक भूलों को तो ठीक किया, लेकिन उन्होंने उसकी निर्मित छवि में बुनियादी रद्दोबदल की कोई पहल नहीं की।

सन्दर्भ और टिप्पणियाँ

1. अमर्त्य सेन, *भारतीय अर्थतंत्र, इतिहास और संस्कृति, आर्ग्यूमेंटेटिव इंडियन* का हिन्दी संस्करण, राजपाल एंड संस, दिल्ली, 2005, पृ. 151
2. जेम्स टॉड, *एनल्स एंड एंटिक्विटीज़ ऑफ़ राजस्थान*, खंड-1, सम्पा. विलियम क्रूक, मोतीलाल बनारसीदास, दिल्ली, पुनर्मुद्रित संस्करण, 1931, स्मिथ एल्डर, लंदन, प्रथम संस्करण, 1929
3. जेम्स टॉड, *ट्रैवल्स इन वेस्टर्न इंडिया*, विलियम एच. एलन एंड कम्पनी, लंदन, 1839
4. जेम्स टॉड, *एनल्स एंड एंटिक्विटीज़ ऑफ़ राजस्थान*, खंड-1, पृ. 546

5. 'ग्रंथकर्ता विषयक संस्मरण', *पश्चिमी भारत की यात्रा, ट्रैवल्स इन वेस्टर्न इंडिया* का गोपालनारायण बहुरा कृत हिन्दी अनुवाद, प्राच्यविद्या प्रतिष्ठान, जोधपुर, द्वितीय संस्करण, 1996, पृ. 11
6. *पश्चिमी भारत की यात्रा* के विज्ञापन की पाद-टिप्पणी में दिये गए टॉड के एक पत्रांश से उद्धृत। यह विज्ञापन हिन्दी अनुवाद के आरम्भिक पृष्ठों में सम्मिलित किया गया है।
7. जेसन फ्रीटेज, *सर्विंग एंपायर, सर्विंग नेशन-जेम्स टॉड एंड दि राजपूत्स ऑफ़ राजस्थान*, ब्रिल, लंदन, 2009, पृ. 38
8. अमर्त्य सेन, *भारतीय अर्थतंत्र, इतिहास और संस्कृति*, पृ. 134
9. लॉयड आई. रूडोल्फ़ एवं सुज़ैन होबेरे, *रोमांटिसिज़्म्स चाइल्ड—एन इंटेलेक्चुएल हिस्ट्री ऑफ़ जेम्स टॉड्स इनफ्लुएंस ऑन इंडियन हिस्ट्री एंड हिस्ट्रोग्राफ़ी*, ऑक्सफोर्ड यूनिवर्सिटी प्रेस, नई दिल्ली, 2017, पृ. 121
10. वही, पृ. 122
11. हेनरी हालम, *व्यू ऑफ़ द स्टेट ऑफ़ यूरोप ड्यूरिंग मिडल एजेज*, तीन खंड, डब्ल्यू. जे. विडल्टन, न्यूयॉर्क, 1818
12. एडवर्ड गिब्बन, *दि डिक्लाइन एंड फॉल ऑफ़ दि रोमन एम्पायर*, तीन खंड, फ्रेडरिक वार्ने एंड कम्पनी, लंदन, 1786-88
13. जेम्स टॉड, *एनल्स एंड एंटिक्विटीज़ ऑफ़ राजस्थान*, खंड-1, पृ. 153-169
14. जेसन फ्रीटेज, सर्विंग एंपायर, *सर्विंग नेशन-जेम्स टॉड एंड दि राजपूत्स ऑफ़ राजस्थान*, पृ. 44
15. 'ग्रंथकर्ता विषयक संस्मरण', *पश्चिमी भारत की यात्रा*, पृ. 4
16. जेसन फ्रीटेज, सर्विंग एंपायर, *सर्विंग नेशन-जेम्स टॉड एंड दि राजपूत्स ऑफ़ राजस्थान*, पृ. 6
17. आर. चेंबर्स एवं टी. थॉमसन, *ए बायोग्राफ़िकल डिक्शनरी ऑफ़ एमिनेंट स्कॉट्समेन*, एंजिलिस्टिका एंड अमरीकाना, न्यूयॉर्क, 1971, पृ. 459
18. 'ग्रंथकर्ता विषयक संस्मरण', *पश्चिमी भारत की यात्रा*, पृ. 5
19. गौरीशंकर ओझा, 'जेम्स टॉड का जीवन चरित्र', *परम्परा*, भाग-160-161, राजस्थानी शोध संस्थान, चौपासनी, जोधपुर, 2011, पृ. 22
20. जेसन फ्रीटेज ने *एनल्स* के भारतीय प्रकाशनों और इसके भारतीय इतिहास-दृष्टि और लेखन पर प्रभाव का विस्तृत विवरण और विवेचन प्रस्तुत किया है। देखिए, *सर्विंग एंपायर, सर्विंग नेशन-जेम्स टॉड एंड दि राजपूत्स ऑफ़ राजस्थान*, पृ. 171-196
21. वही, पृ. 186
22. वही, पृ. 186-192
23. वही, पृ. 13.
24. जेम्स टॉड, *एनल्स एंड एंटिक्विटीज़ ऑफ़ राजस्थान*, खंड-1, पृ. 337
25. जेम्स टॉड, *पश्चिमी भारत की यात्रा*, पृ. 442
26. लॉयड आई. रूडोल्फ़ एवं सुज़ैन होबेरे, *रोमांटिसिज़्म्स चाइल्ड—एन इंटेलेक्चुएल हिस्ट्री ऑफ़ जेम्स टॉड्स इनफ्लुएंस ऑन इंडियन हिस्ट्री एंड हिस्ट्रोग्राफ़ी*, पृ. 119
27. वही, पृ. 134

28. श्यामलदास, *वीर विनोद* (मेवाड़ का इतिहास), प्रथम भाग, मोतीलाल बनारसीदास, दिल्ली, राज यंत्रालय, उदयपुर, प्रथम संस्करण, 1886, पुनर्मुद्रण, 1986, पृ. 371
29. वही।
30. मुंशी देवीप्रसाद, *मीरांबाई का जन्म चरित्र,* बंगीय साहित्य परिषद्, कलकत्ता, प्रथम संस्करण, 1898, 1954, पृ. 1
31. वही, पृ. 28
32. वही।
33. वही, पृ. 2
34. वही, पृ. 10
35. वही, पृ. 11
36. वही, पृ. 10
37. वही, पृ. 26
38. वही, पृ. 12
39. गौरीशंकर ओझा, *जेम्स टॉड का जीवन चरित्र,* पृ. 35
40. गौरीशंकर ओझा, *उदयपुर राज्य का इतिहास,* राजस्थानी ग्रंथागार, जोधपुर, प्रथम संस्करण, 1928, पुनर्मुद्रण, 1996-97, पृ. 359
41. वही, पृ. 360
42. जेम्स टॉड, *एनल्स एंड एंटिक्विटीज़ ऑफ़ राजस्थान,* खंड-1, पृ. 268
43. ग्रंथकर्ता विषयक संस्मरण, *पश्चिमी भारत की यात्रा,* पृ. 39
44. रोमिला थापर, *आदिकालीन भारत की व्याख्या,* हिन्दी अनुवाद मंगलनाथ, ग्रंथ शिल्पी, नई दिल्ली, 1998, पृ. 11
45. अमर्त्य सेन, *भारतीय अर्थतंत्र, इतिहास और संस्कृति,* पृ. 141
46. 'ग्रंथकर्ता विषयक संस्मरण', *पश्चिमी भारत की यात्रा,* पृ. 37
47. पाद-टिप्पणी, वही, पृ. 18
48. जेम्स टॉड, *एनल्स एंड एंटिक्विटीज़ ऑफ़ राजस्थान,* खंड-1, पृ. 337
49. जेम्स टॉड, *पश्चिमी भारत की यात्रा,* पृ. 442
50. 'ग्रंथकर्ता विषयक संस्मरण', वही, पृ. 32
51. वही, पृ. 442
52. विलियम क्रूक, 'सम्पादकीय', *एनल्स एंड एंटिक्विटीज़ ऑफ़ राजस्थान,* खंड-1, पृ. XXVII
53. लेखक का पूर्व कथन, वही, पृ. IXIII
54. जेम्स टॉड, *पश्चिमी भारत की यात्रा,* पृ. 443
55. विलियम क्रूक, 'सम्पादकीय', *एनल्स एंड एंटिक्विटीज़ ऑफ़ राजस्थान,* खंड-1, पृ. XXXVIII.
56. यह घटना उस समय हुई जब फूट, आपसी प्रतिद्वंद्विता और मराठों-पिंडारियों की निरन्तर लूटपाट के कारण राजस्थान की अधिकांश रियासतों की हालत बहुत ख़राब थी। कृष्णाकुमारी मेवाड़ रियासत के महाराणा भीमसिंह की राजकुमारी थी, जिसका सम्बन्ध जोधपुर रियासत के महाराजा भीमसिंह के साथ हुआ था। भीमसिंह के देहान्त के बाद उसका सम्बन्ध जयपुर के महाराजा जगतसिंह के साथ कर दिया गया। जयपुर से नाराज चल रहे ग्वालियर के शासक

दौलतराव सिन्धिया को यह बात नागवार गुजरी। उसने विवाह का प्रस्ताव लेकर आए जयपुर के प्रतिनिधि को उदयपुर से बाहर निकाल देने का आग्रह किया, जो महाराणा भीमसिंह ने नहीं माना। नाराज सिन्धिया ने मेवाड़ पर आक्रमण कर दिया। विवश होकर भीमसिंह को उसकी बात माननी पड़ी। कृष्णाकुमारी का पहला सम्बन्ध जोधपुर में हुआ था, इसलिए वहाँ के महाराजा मानसिंह ने उसके जगतसिंह से सम्बन्ध को अपना अपमान समझा। नतीजा यह हुआ कि जोधपुर और जयपुर की सेनाएँ एक-दूसरे से भिड़ गईं। पिंडारी नवाब अमीर ख़ाँ ने इस लड़ाई में जयपुर का साथ दिया, जिससे मानसिंह पराजित होकर जोधपुर लौट गया। जगतसिंह ने जोधपुर को घेर लिया, लेकिन इस बार मानसिंह ने घूस देकर अमीर ख़ाँ को अपनी तरफ़ मिला लिया। जगतसिंह पराजित होकर जयपुर लौट गया। अमीर ख़ाँ ने मानसिंह की तरफ़ से उदयपुर पहुँचकर महाराणा भीमसिंह के सामने यह प्रस्ताव रखा कि कृष्णाकुमारी मानसिंह से विवाह करे या ज़हर पीकर मर जाए। असहाय भीमसिंह ने अपने राज्य को उपद्रव से बचाने के लिए यह प्रस्ताव स्वीकार कर लिया। कृष्णाकुमारी ने अपने पिता की इच्छा के अनुसार ज़हर पीकर अपने प्राण दे दिये। टॉड ने अपने इतिहास में इस घटना का वर्णन बहुत भावपूर्ण और मर्मस्पर्शी भाषा में किया है। उसने कृष्णाकुमारी की तुलना रोम के योद्धा वियूसियस की बेटी वर्जिनिया से की है। कहते हैं कि वियूसियस ने अपनी बेटी की हत्या उसके सतीत्व की रक्षा के लिए सबके सामने कर दी थी।

57. विलियम क्रूक, 'सम्पादकीय', *एनल्स एंड एंटिक्विटीज़ ऑफ़ राजस्थान*, खंड-1, पृ. XXXVIII.

58. वही, पृ. XXXVIII

अध्याय-2

विभाजित मस्तिष्क

जर्मन भारतविद् हरमन गुस्ताव गोएत्ज़ (1898-1976 ई.) लेफ्टिनेंट कर्नल जेम्स टॉड (1782-1835 ई.) के बाद मीरां के जीवन पर विस्तार से विचार करनेवाले पहले यूरोपीय विद्वान थे। टॉड ने मीरां पर स्वतंत्र रूप से कुछ नहीं लिखा—उन्होंने *एनल्स एंड एंटिक्विटीज़ ऑफ़ राजस्थान* (1829-1832 ई.) और *ट्रैवल्स इन वेस्टर्न इंडिया* (1839 ई.) में मीरा पर प्रसंगवश दो बहुत संक्षिप्त टिप्पणियाँ कीं। टॉड के बाद गोएत्ज़ ही पहले विदेशी विद्वान थे, जिन्होंने मीरां के जीवन की अपने समय में उपलब्ध सभी स्रोतों और पारिस्थितिक साक्ष्यों के आधार पर पुनर्रचना की। उन्होंने 1956 ई. में दिल्ली की पी. ई. एन. की शाखा में पूर्व राष्ट्रपति और दार्शनिक डॉ. राधाकृष्णन् की उपस्थिति में मीरां पर एक व्याख्यान दिया, जो बाद में, 1966 ई. में विद्याभवन, मुम्बई से *मीरांबाई : हर लाइफ़ एंड टाइम्स* नाम से पुस्तकाकार प्रकाशित हुआ। मीरां के सम्बन्ध में गोएत्ज़ की राय बहुत ऊँची थी। वे लिखते हैं :

> हम केवल एक अन्य व्यक्तित्व के बारे में जानते हैं, जिसको उसके समान कहा जा सकता है और वह है यीशु मसीह। यदि कविता परमात्मा से प्रेरित है, तो वह पिछली सहस्राब्दी के दौरान भारत की सबसे बड़ी कवयित्री थी, क्योंकि वह एक असाधारण व्यक्तित्व, एक संत, मानव जाति में से सर्वोच्च पवित्रात्मा थी![1]

उनका कार्य मीरां के जीवन का इतिहास नहीं है, यह उसके जीवन की पुनर्रचना है। हरमन गोएत्ज़ कुछ हद तक टॉड के समान और अन्य यूरोपीय विद्वानों से अलग थे। उन्होंने आग्रहपूर्वक मीरां से सम्बन्धित सभी प्रकार के उपलब्ध स्रोतों का इस्तेमाल किया—वे इतिहास, जनश्रुतियों, पारिस्थितिक साक्ष्यों आदि में बहुत गहरे और दूर तक गए। मेवाड़, मारवाड़ और मेड़ता सहित मध्यकालीन इतिहास की उनकी जानकारियाँ और समझ कभी-कभी चमत्कृत करती हैं। पुनर्रचना के लिए उन्होंने उपलब्ध जनश्रुतियों को भी ऐतिहासिक परिप्रेक्ष्य में रखकर 'सुसंगत'

रूप देने या उनके युक्तीकरण का प्रयास किया। गोएत्ज़ यह जानते थे कि मीरां के सम्बन्ध में उपलब्ध स्रोत सीमित हैं और जो हैं, वे 'आधुनिक' अर्थ में प्रामाणिक नहीं हैं, इसलिए उन्होंने अपने को पारिस्थितिक साक्ष्यों और सम्भावनाओं पर एकाग्र किया। सम्भावनाओं के आधार पर उन्होंने उपलब्ध तथ्यों को भी नई व्यवस्था में रखा। वे पहले व्यक्ति थे, जिन्होंने मीरां के जीवन से सम्बन्धित इतिहास से छूटी हुई जगहों को सम्भावनाओं से भरने की कोशिश की। उन्होंने लगभग अपनी सभी स्थापनाओं का समाहार यह कहकर किया कि "यह सब केवल परिस्थितिजन्य साक्ष्य हैं, दस्तावेज़ीकरण नहीं।"[2] मीरां के जीवन की यह पुनर्रचना उनको मीरां के ऐसे व्यक्तित्व तक ले गई, जो उसकी पारम्परिक और प्रचलित छवि से बहुत अलग और हटकर था। उन्होंने लिखा कि इस तरह "मीरां का जो व्यक्तित्व उभरता है, वह संत कवयित्री की पारम्परिक तसवीर से काफ़ी अलग है।"[3] उन्होंने आगे इसे और स्पष्ट करते हुए लिखा :

> हमारी टिप्पणियों की समीक्षा करने से मीरांबाई का एक चित्र उभरता है, जो उनके पारम्परिक रूप से बहुत अलग है। एक भावुक गायिका नहीं, देव प्रतिमा के सामने उन्मादित होकर नाचते हुए और एक मध्यमवर्गीय मानसिकता वाले राणा द्वारा प्रताड़ित नहीं, बल्कि राजनीति में पारंगत एक महान् राजकुमारी, एक समाज-सुधारक और मिशनरी, एक अद्भुत कवयित्री और कलाकार, और फिर, पहले अपनी शाही हैसियत और उसके बाद एक कवि और संत के रूप में अपनी ख्याति, फिर अपने व्यक्तित्व और अन्त में भारतीय इतिहास की सर्वाधिक निर्णायक राजनीतिक और सांस्कृतिक क्रान्तियों में से एक—भारतीयों और तुर्कों, हिन्दुओं और मुसलमानों पर अकबर के साम्राज्य की वैचारिक रचनाकार और अपने व्यक्तित्व का सतत उत्सर्ग करने वाली।"[4]

मीरां की इस पुनर्रचना से उसके जीवन सम्बन्धित कई नये तथ्य और मोड़-पड़ाव उजागर हुए। यह कार्य गोएत्ज़ ने बहुत मनोयोग, परिश्रम से किया, लेकिन कई बार केवल अनुमान पर एकाग्रता ने उनको दूसरे उपलब्ध तथ्यों से अलग कर दिया और उनकी कुछ धारणाएँ तर्क और युक्ति के दायरे से बाहर, इतनी दूर भी चली चली गईं कि उन पर विश्वास करना मुश्किल हो गया। मीरां का संत-भक्त और कवि रूप उसके स्त्री-मनुष्य रूप का विस्तार था, गोएत्ज़ ने कुछ हद तक उसकी मनुष्य यात्रा की पहचान भी की, लेकिन उपनिवेशकालीन यूरोपीय विद्वानों की तरह महत्त्व उन्होंने भी उसके संत-भक्त, कवि और रहस्यवादी पवित्रात्मा रूप को ही दिया। उन्होंने इस तरह अपने यूरोपीय ज्ञान-मीमांसीय आग्रह के कारण मीरां के ऐतिहासिक स्त्री-मनुष्य को उसके संत-भक्त और कवि रूप से अलग कर दिया,

जबकि भारतीय परम्परा और धर्म में यह विभाजन नहीं है। भारतीय परम्परा में धर्म दैनन्दिन जीवन में सम्मिलित है। रवीन्द्रनाथ भारतीय जीवन में पश्चिम से अलग धर्म की मौजूदगी की इस ख़ासियत पर रेखांकित किया है। उन्होंने एक जगह लिखा है :

> भारतीय भाषा में जिसे 'धर्म' कहा गया है, उसे किसी यूरोपीय भाषा द्वारा अनुवाद कर अभिव्यक्त करना असम्भव है, आस्था के क्षेत्र में भारतवर्ष ने विभाजित मस्तिष्क का विरोध किया है। हमारी बुद्धि, हमारी धारणा, हमारा आचरण, जिसे हम इस दुनिया में और उसके बाद भी प्रिय मानते हैं, ये सभी एक साथ मिलकर हमारे धर्म का गठन करते हैं। भारतवर्ष ने विश्वास को 'रोज़मर्रा के उपयोग' और 'औपचारिक अवसरों' जैसे वर्गों में विभाजित नहीं किया। उदाहरण के लिए जो जीवनशक्ति हाथों, पैरों, सिर, पेट आदि शरीर के विभिन्न अंगों का संचालन करती है, वास्तव में एक़ ही इकाई है और हाथ, पैर आदि में पृथक्-पृथक् जीवन नहीं है। इसी प्रकार, भारतवर्ष ने धर्म के अलग-अलग भाग नहीं किए, मसलन विश्वास का धर्म, कार्य का धर्म, रविवार का धर्म, अन्य छह दिनों का धर्म, चर्च का धर्म, घर का धर्म आदि-आदि। भारतवर्ष का धर्म, सम्पूर्ण समाज का धर्म है। इसकी जड़ें पृथ्वी में, तो शीर्ष आकाश में उदीयमान हैं। भारतवर्ष जड़ों और शीर्ष को अलग-अलग हिस्सों के रूप में नहीं देखता। भारतवर्ष तो धरती से आकाश तक फैले एक विराट वृक्ष के रूप में धर्म को देखता है, जो पूरे जीवन को आच्छादित किये हुए है।[5]

1

जर्मन मूल के कला इतिहासकार हरमन गुस्ताव गोएत्ज़ भारतीय कला इतिहास के क्षेत्र में अपने विद्वत्तापूर्ण योगदान के लिए प्रसिद्ध हैं। गोएत्ज़ का जन्म 17 जुलाई, 1898 ई. को जर्मनी के कार्लज़ूए में हुआ और उनकी शिक्षा म्यूनिख़ की रियल-व्यायामशाला में हुई। उन्होंने प्रथम विश्वयुद्ध के दौरान जर्मनी की सेना में अपनी सेवाएँ दीं। अपने व्यावसायिक जीवन की शुरुआत में, प्रथम विश्वयुद्ध के दौरान, उन्होंने ओटोमन तुर्कों में रुचि ली। बाद में उनकी दिलचस्पी ईरान (फ़ारस) और भारत के फ़ारसी मुग़ल साम्राज्य में बढ़ गई। भारतीय कला इतिहास पर उनका काम मुग़ल लघु चित्रकला के अध्ययन से शुरू हुआ। गोएत्ज़ ने इसका आलंकारिक कला, नृवंशविज्ञान और इतिहास के अपने ज्ञान का उपयोग करते हुए विस्तार से अध्ययन किया। गोएत्ज़ ने 'महान मुग़ल काल में भारतीय रियासतों में पोशाक और फ़ैशन' विषय पर म्यूनिख विश्वविद्यालय से डॉक्टरेट की उपाधि प्राप्त की। कुछ

समय के लिए वे बर्लिन के नृवंशविज्ञान संग्रहालय में सहायक क्यूरेटर भी रहे। गोएत्ज़ ने नीदरलैंड में लीडेन विश्वविद्यालय के कर्न इंस्टीट्यूट फ़ॉर आर्कियोलॉज़ी एंड इंडियन हिस्ट्री के सहायक सचिव और भारतीय पुरातत्त्व की वार्षिक ग्रंथ सूची के सम्पादन का कार्य भी किया। नीदरलैंड में जब विदेशियों के रोज़गार पर कुछ प्रतिबंध लगा दिये गए, तो गोएत्ज़ ने ब्रिटिश भारत में काम करना स्वीकार कर लिया। बड़ौदा राज्य के शासक सयाजीराव गायकवाड़, तृतीय ने उन्हें 1939 ई. में बड़ौदा के संग्रहालय और पिक्चर गैलरी का निदेशक नियुक्त किया, जहाँ उन्होंने 1953 ई. तक अपनी सेवाएँ दीं। उन्होंने यहाँ रहते हुए महाराजा सयाजीराव विश्वविद्यालय में संग्रहालय विज्ञान विभाग स्थापित करने में मदद की और यहाँ कला इतिहास के प्रोफ़ेसर भी रहे। यहाँ से वे दिल्ली गए, जहाँ वे नेशनल गैलरी ऑफ़ मॉडर्न आर्ट के निदेशक बने। अगले दो वर्षों में, उन्होंने इस गैलरी का पुनर्गठन किया। भारत में 19 साल की सेवा के बाद गोएत्ज़ अस्वस्थ हो गए, इसलिए उन्होंने 1955 ई. में जर्मनी वापस जाने का निर्णय किया। उनको भारतीय कला के इतिहास लेखन में योगदान के लिए 1971 ई. में जवाहरलाल नेहरू पुरस्कार दिया गया। गोएत्ज़ के 32 पुस्तकों सहित कई प्रकाशन हैं। उनका सबसे महत्त्वपूर्ण और उल्लेखनीय कार्य *इंडिया—फाइव थाउजेंड ईयर ऑफ़ इंडियन आर्ट* है। 8 जुलाई, 1976 ई. को उनका निधन हो गया।[6]

कार्ल जेट्टमार ने उनके अवदान का मूल्यांकन करते हुए लिखा है : "हरमन गोएत्ज़ ने विरासत के रूप में हमारे लिए क्या छोड़ा है, यह स्पष्ट किया जाना उचित रहेगा : यानी, एक जागरूकता कि पूरी दुनिया में नई स्थिति के साथ, कठिन और चुनौतीपूर्ण अनुसन्धान परियोजनाओं का एक असीमित क्षेत्र सामने आया है। कई विद्वानों के जीवन में इससे पूर्णता आने की सम्भावना है। सामान्य संस्कृति में इन शोधों के कौन-से फिल्टर उस युग के कई कष्टों पर स्वस्थ प्रभाव डाल सकते हैं, जिसमें हम रहते हैं? और परिवर्तनशील विचारधाराओं को मिलाकर प्राप्त किये गए उनके निष्कर्ष मनगढ़ंत तरीकों से प्राप्त निष्कर्षों से अधिक फ़ायदेमन्द साबित होते हैं।"[7]

2

हरमन गोएत्ज़ की इतिहास-दृष्टि आम यूरोपीय इतिहासकारों से कुछ हद तक अलग थी। वे इतिहासकार नहीं, कला इतिहासकार और पुरातत्त्व संग्रहालय निदेशक थे, इसलिए उनकी दृष्टि आधुनिक इतिहास दर्शन में प्रशिक्षित आम 'आधुनिक' यूरोपीय इतिहासकारों जैसी नहीं थी। उन्होंने अपने जीवन का बहुत महत्त्वपूर्ण समय भारत में व्यतीत किया किया और भारतीय मध्यकालीन कला और साहित्य सम्बन्धी सामग्री

के सीधे सम्पर्क में भी आए, इसका सीधा प्रभाव भी उनकी दृष्टि पर दिखता है। मीरां के जीवन की इस पुनर्रचना में उनका यूरोपीय इतिहासकार और मध्यकालीन भारतीय साहित्य का उनका ज्ञान और समझ एक साथ सक्रिय दिखते हैं। भारतीय मध्यकालीन कला और समझ के कारण भक्ति के सम्बन्ध में उन्होंने कोई सरलीकरण नहीं किया, जो यूरोपीय और 'आधुनिक' संस्कार वाले भारतीय विद्वान अक्सर करते हैं। उन्होंने मीरां की ख़ास प्रकार की क्षेत्रीय सांस्कृतिक पारिस्थितिकी को उसकी जीवन-यात्रा के निर्धारण में ख़ास महत्त्व दिया। उन्होंने माना :

> धार्मिक अनुभव अनिर्वचनीय होता है, जो केवल उपमाओं, प्रतीकों, मिथकों और अनुष्ठानों के माध्यम से व्यक्त किया जा सकता है। भाषाओं में नहीं, हर देश और सभ्यता में, बल्कि एक ही धार्मिक व्यवस्था के भीतर भी यह भिन्न होता है। माननीय समझ के विभिन्न स्तरों के साथ, यह न केवल बुद्धि का मामला है, बल्कि हृदय का भी है।[8]

जनश्रुतियों के सम्बन्ध में गोएट्ज़ का नज़रिया यूरोपीय इतिहासकारों से कुछ हद तक अलग था। वे इनको अधिकांश आधुनिक इतिहासकारों की तरह सर्वथा ख़ारिज नहीं करते। वे उपलब्ध सूचनाओं में से इतिहास-सम्मत सूचनाओं के चयन का आग्रह करते हैं। मीरां के जीवन की पुनर्रचना के प्रस्थान के दौरान ही वे यह संकल्प व्यक्त करते हैं। वे लिखते हैं :

> मीरांबाई की जीवनी का निर्धारण उपलब्ध सभी सूचनाओं के आलोचनात्मक विश्लेषण के साथ, उन सभी सूचनाओं को जो उसके सुसंगत जीवन विकास या ऐतिहासिक पृष्ठभूमि के साथ असंगत है, हटाकर ही सम्भव है।[9]

जनश्रुतियाँ भी उनके लिए जिस रूप में वे होती हैं, 'मूर्खतापूर्ण' हैं, लेकिन वे यह भी मानते हैं कि उनमें ऐतिहासिक तथ्यों का 'निर्विवाद मूल' होता है। उन्होंने मीरां के सम्बन्ध में उपलब्ध प्राथमिक स्रोतों पर टिप्पणी करते हुए लिखा है :

> प्राथमिक स्रोत नाभाजी की *भक्तमाल,* प्रियादास की टीका और महिपति की *भक्तिविजय,* केवल मूर्खतापूर्ण और भावुक किंवदंतियों का एक संग्रह प्रस्तुत करते हैं, जैसाकि अधिकांश जीवनियों में पाया जाता है, जिनमें ऐतिहासिक तथ्यों का निर्विवाद मूल होता है, लेकिन स्पष्ट रूप से ग़लत समझा जाता है और ग़लत तरीके से प्रस्तुत किया जाता है।[10]

गोएट्ज़ का यूरोपीय इतिहासकार उनको देशज स्रोतों के प्रति सन्देहशील बनाता है। उनके अनुसार, ये स्रोत कुछ हद तक सन्दिग्ध हैं। इनके कारण ही मीरां

के जीवन का विरूपीकरण हुआ है। देशज दस्तावेज़, शिलालेख, ताम्रपत्र, उनके अनुसार, मीरां की जीवन-यात्रा के मोड़-पड़ाव तय करने में बहुत उपयोगी नहीं हैं। उनका स्पष्ट मानना है कि—

> दुर्भाग्य से, पाठ आलोचना, स्रोतों के बारे में हमारे ज्ञान की, कम-से-कम वर्तमान स्थिति में हमारी बहुत मदद नहीं कर सकती है। आम तौर पर, विभिन्न लेखक अपने स्रोतों का उल्लेख नहीं करते हैं, जिससे सम्बन्धित परम्परा की जाँच नहीं होती है। इसके अलावा, दरबार में या उसके प्रभाव में लिखे गए अधिकांश काम पक्षतापूर्ण थे। राजवंश या सैन्यशासक और पुरोहित वर्ग की प्रतिष्ठा के लिए हानिकारक तथ्यों को शिलालेखों और ताम्रपत्र अनुदानों के मामले में दबा दिया जाता है। ऐतिहासिक दस्तावेज़ आम तौर पर सुलभ नहीं थे और ऐतिहासिक ज्ञान और आलोचना अविकसित थी। कोई भी त्रुटि या सचेत विकृति न केवल परम्परा का स्थायी हिस्सा बनने के लिए उत्तरदायी थी, आगे और आगे विस्तृत और संयुक्त होने के लिए उत्तरदायी थी। सम्भवतः अधिकांश विसंगतियों को इन कमज़ोरियों के परिणामस्वरूप समझाया जाना चाहिए।[11]

गोएत्ज़ मीरां के जीवन की पुनर्रचना आख्यान और इतिहास की सीमाओं को ध्यान में रखकर करते हैं। उन्होंने साफ़ लिखा है :

> किसी भी संगठित सम्प्रदाय द्वारा उन्हें स्वीकार नहीं किये जाने के बाद, उनका जीवन जल्द ही एक गाथा बन गया। ऐसा इसलिए और ज़्यादा हुआ कि धार्मिक लेखक राजनीतिक इतिहास और उस दरबारी समाज के बारे में बहुत कम जानते थे, जिसमें वह रहती थी, और साथ ही इतिहास को जल्द ही ऐतिहासिक रिकॉर्ड में ग़लत साबित कर दिया गया था, क्योंकि बाद की पीढ़ियों के लिए यह एक गौरवशाली समय नहीं था।[12]

गोएत्ज़ की इतिहास-दृष्टि की एक ख़ास बात और है, जो उन्हें सबसे अलग करती है, वह है उनकी सम्भावना या अनुमान पर निर्भरता। यहाँ उनका यूरोपीय इतिहासकार सक्रिय दिखता है। वे ज्ञात और प्रचारित को तर्क और युक्ति का सहारा लेकर सम्भावनाओं और अनुमानों के माध्यम से उलटते-पलटते हैं और यह 'दूर की कौड़ी' लाने की सीमा तक होता है। वे मीरां के जीवन के ज्ञात मोड़-पड़ावों के सम्बन्ध में कोई नया अनुमान करते हैं, जो कभी-कभी किसी तर्क को बहुत दूर तक खींचने जैसा होता है। अक्सर वे सम्भावना या अनुमान लगाने के बाद यह कहकर प्रकरण ख़त्म करते हैं :

"यह हम सभी परिस्थितियों पर विचार करने से अनुमान लगा सकते हैं—कोई प्रत्यक्ष प्रमाण नहीं हैं।"[13]

यह टिप्पणी उनके कमोबेश सभी निष्कर्षों के समाहार में दुहराई गई है। गोएत्ज़ की इस मिली-जुली समझ और इतिहास-दृष्टि का मिला-जुला प्रभाव उनकी मीरां के जीवन की पुनर्रचना पर साफ़ दिखाई पड़ता है।

3

हरमन गोएत्ज़ की जो दृष्टि और पद्धति है, वह उन्हें मीरां के जीवन की पुनर्रचना में कई नये ऐसे युक्तिसंगत मोड़-पड़ावों और निष्कर्षों की तरफ़ ले जाती है, जिनका उनसे पहले किसी ने अनुमान भी नहीं किया था। मीरां के जीवन की पुनर्रचना में गोएत्ज़ की यह स्थापना महत्त्व रखती है कि मीरां महाराणा कुम्भा (1433-1468 ई.) की जगह महाराणा सांगा (1509-1528 ई.) के सबसे बड़े पुत्र भोजराज की विवाहिता थी। गोएत्ज़ के समय तक जेम्स टॉड[14] और के. एम. झवेरी[15] की यही धारणा अधिकांश विद्वानों में मान्य और प्रचारित थी कि मीरां महाराणा कुम्भा की रानी थी। बाद में इस पर विस्तार से विचार हुआ और अब इस सम्बन्ध में कोई सन्देह नहीं है कि मीरां भोजराज की विवाहिता और मेड़ता के राव दूदा के पाँच में से चौथे बेटे रत्नसिंह की पुत्री थी। गोएत्ज़ ने इस सम्बन्ध में जो तर्क दिये थे, बाद में विद्वानों ने कमोबेश उन्हीं को दोहराया। ये तर्क इस प्रकार हैं :

1. यह कि अन्त:साक्ष्यों में मीरां अपने को राठौड़ मानती है और अपने को दूदा से सम्बन्धित (*दूदाजीनी*) कहती है। *भक्तमाल* में भी उसके मेड़ता की होने का उल्लेख आता है।
2. मीरां के पिता रत्नसिंह थे, यह सभी तरह से प्रमाणित है। सांगा के सामन्त के रूप में उनका निधन 1527 ई. के खानवा के युद्ध में हुआ।
3. कुम्भा की रानियों के उल्लेख मिलते हैं, उनमें मीरां का नाम नहीं है।
4. कुम्भा अल्पवय में 1433 ई. में सत्तारूढ़ हुआ और उसका जन्म 1419 ई. में और मीरां का जन्म 1403 ई. (के. एम. झवेरी के अनुसार) में हुआ, तो विवाह के समय उसकी उम्र 14 वर्ष होनी चाहिए। कुम्भा का इस उम्र में विवाह सम्भव नहीं लगता।
5. महाराणा कुम्भा अत्यन्त सहिष्णु और कृष्ण-भक्त था। उसके द्वारा मीरां को प्रताड़ित करने की बात युक्तिसंगत नहीं है।
6. धर्माख्यानों में मीरां के जीव गोस्वामी के साथ वाद-विवाद का प्रकरण आता है। जीव गोस्वामी 1510 ई. के बाद वृन्दावन में रहने लगे और

7. चित्तौडगढ़ का मीरांबाई का मन्दिर (वराह) कुम्भश्याम मन्दिर की तुलना में नया है।[16]

यह अलग बात है कि गोएत्ज़ ने अपनी धारणा की पुष्टि के लिए जो तर्क दिये, उनमें से कुछ बाद में विवादित हो गए, लेकिन, जो भी हो, अपने समय में गोएत्ज़ की इस स्थापना का बहुत महत्त्व था और इससे यह निर्विवाद स्थापित हो गया कि मीरां कुम्भा की रानी नहीं थी।

मीरां के प्रचारित पगली और प्रेमदीवानी रूप[17] के विरुद्ध गोएत्ज़ की यह धारणा भी सही है कि मीरां एक सचेत, स्वावलम्बी और अपने समय में अच्छी तरह से शिक्षित युवती थी, जिसका विवाह महाराणा सांगा ने ख़ूब सोच-समझकर अपने बड़े और उत्तराधिकारी पुत्र भोजराज से किया।[18] इस सम्बन्ध में दो बहुत मजबूत पारिस्थितिक और ऐतिहासिक साक्ष्य उपलब्ध हैं। पहला यह कि महाराणा सांगा अपने समय का बड़ा कूटनीतिज्ञ और अनुभवी शासक था और वह अपने सबसे बड़े उत्तराधिकारी पुत्र के लिए पगली और प्रेम दीवानी युवती का चुनाव कभी नहीं करता। दूसरा यह कि आन्तरिक शक्ति-सन्तुलन में जोधपुर (मारवाड़) के राठौड़ पहले एक बार मेवाड़ पर आधिपत्य का प्रयास कर चुके थे[19] और महाराणा सांगा उनको फिर से मज़बूत नहीं देखना चाहते थे, इसलिए इस विवाह से उन्होंने वीरमदेव, जो ख़ुद राठौड़ था, को अपनी तरफ़ रखा। गोएत्ज़ ने पारिस्थितिक साक्ष्यों के आधार पर यह निष्कर्ष भी सही निकाला कि राणा सांगा की जोधपुर मूल की रानी धनाबाई अपने पुत्र रत्नसिंह को सत्तारूढ़ देखना चाहती थी और मेड़ता और वीरमदेव से मीरां की सम्बद्धता इसमें बाधा थी, इसलिए उसके सम्बन्ध मीरां से तनाव और कटुता रहे होंगे।[20] गोएत्ज़ से पहले और बाद में कुछ विद्वानों की यह धारणा थी कि राठौड़ों का भानजा होने के कारण रत्नसिंह की सहानुभूति मीरां के प्रति रही होगी[21], लेकिन पारिस्थितिक साक्ष्य इसकी पुष्टि नहीं करते। दरअसल जोधपुर में राव गांगा (1515-1532 ई.) के बाद के सतारूढ़ मालदेव (1532-1562 ई.) और वीरमदेव के सम्बन्ध शत्रुता के थे। उसने वीरमदेव को बहुत समय तक निराश्रय भटकने के लिए मजबूर किया था। राणा सांगा को पदच्युत कर उसके स्थान पर रत्नसिंह को सत्तारूढ़ करने की धनाबाई और उसके पीहर जोधपुर के राठौड़ों की मुहिम की गोएत्ज़ की धारणा भी बहुत हद तक तर्कसंगत और ऐतिहासिक है।[22] राणा सांगा के समय में अन्त:पुर में होनेवाले षड्यंत्र और जोधपुर के मालदेव के महत्त्वाकांक्षी होने की बात इसकी पुष्टि करती है। राणा सांगा निरन्तर युद्धों और उनमें घायल होने से कमज़ोर और निराश भी हो गया था—गोएत्ज़ की यह बात भी सही है।[23] इस धारणा की पुष्टि इस तथ्य से होती है कि इसकी अन्तिम परिणति उसको ज़हर देकर मारने में हुई और यह ऐतिहासिक सत्य है।

मीरां के जीवन की पुनर्रचना में गोएत्ज़ का सबसे बड़ा योगदान उसके द्वारिका प्रवास और बाद के उसके जीवन की घटनाओं की पुनर्रचना है। दरअसल मीरां के द्वारिका में मूर्ति में विलीन हो जाने की अलौकिक घटना का कोई ऐतिहासिक निहितार्थ तो ज़रूर है। हो सकता है कि इसमें कुछ सच्चाई है और कुछ कल्पना, लेकिन यह बहुत महत्त्वपूर्ण पुनर्रचना है। ख़ुद गोएत्ज़ ने भी कहा है कि यह ग़लत हो सकता है, लेकिन यह मानकर कि जनश्रुतियों में इतिहास का मूल बीज होता है, उन्होंने इनको मीरां के जीवन के सुसंगत विकास में समायोजित करने चेष्टा की है। उन्होंने 1546 ई. के बाद की अकबर, तानसेन, बीरबल, तुलसीदास से मीरां की भेंट सम्बन्धी जनश्रुतियों पर निर्भर जीवन-यात्रा की भी ऐतिहासिक परिप्रेक्ष्य के साथ पुनर्रचना की। उनकी इस पुनर्रचना में लोक-धारणाओं और इतिहास की अद्भुत जुगलबंदी है। लोक में प्रचारित हो गया कि 1546 ई. के आसपास मीरां भगवान रणछोड़जी की मूर्ति में समा गई। मीरां के अध्येताओं और इतिहासकारों ने भी मान लिया कि किसी दुर्घटना, बीमारी या जल-समाधि लेने से हुई मीरां की मृत्यु को लोक ने अपने स्वभाव के अनुसार चमत्कार के रूप में प्रचारित किया है। क्योंकि यह घटना 1546 ई. के आसपास हुई, इसलिए इसके बाद मीरां की अकबर, मानसिंह, तुलसीदास, तानसेन और बीरबल से भेंट से सम्बन्धित जनश्रुतियों को अनैतिहासिक और कपोल-कल्पित मानकर ख़ारिज कर दिया गया।[24] गोएत्ज़ का यह अनुमान है कि मीरां का निधन 1546 ई. के आसपास नहीं हुआ। अधिकांश पारम्परिक स्रोतों के अनुसार मीरां की मृत्यु 65-67 वर्ष की उम्र में हुई, इसलिए इस हिसाब से 1498 ई. के आसपास जन्म लेनेवाली मीरां का निधन 1563-1565 ई. में हुआ होगा। उनका मानना है कि मूर्ति में समा जाने की कहानी मीरां से मेवाड़ लौटने का आग्रह करनेवाले ब्राह्मणों ने अपनी असफलता छिपाने के लिए गढ़ी होगी। उनका अनुमान है कि मीरां द्वारिका से चुपचाप निकलकर चली गई। उनके अनुसार, द्वारिका से अदृश्य हो जाने के बाद मीरां दक्षिण और पूर्वी भारत के तीर्थस्थानों की यात्रा और प्रवास पर रही होगी। इन यात्राओं के सम्बन्ध में कोई जानकारी उपलब्ध नहीं है। लोक में भी इस सम्बन्ध में कोई विश्वास या धारणा नहीं है। लगभग एक दशक बाद 1560 ई. से कुछ पहले सबसे पहले उत्तर भारत में बाँधवगढ़ (रीवाँ) के राजा रामचन्द्र बाघेला (1555-1592 ई.) के दरबार में उसकी मौजूदगी के फिर संकेत मिलते हैं। लोक-धारणाओं के अनुसार, यहाँ कुछ समय रहने के बाद वह आम्बेर और मथुरा गई। जनश्रुतियों में वर्णित तानसेन, तुलसीदास, अकबर, मानसिंह और बीरबल से उसकी भेंट इसी दौरान हुई होगी।[25] ये जनश्रुतियाँ एकबारगी पूरी तरह अनैतिहासिक और कपोल-कल्पित लगती हैं, लेकिन यदि मीरां का निधन 1546 ई. के आसपास नहीं हुआ और वह 1563-1565 ई. तक जीवित थी, तो इस दौरान के ऐतिहासिक घटनाक्रम और

परिस्थितियों के साथ इनका तालमेल बैठ जाता है। हरमन गोएत्ज़ ने इस सम्बन्ध में लिखा है :

> ये जनश्रुतियाँ, जैसीकि वे मौजूद हैं, निहायत मूर्खतापूर्ण हैं लेकिन फिर भी तुलनात्मक रूप से स्पष्ट ऐतिहासिक परिप्रेक्ष्य में वे बहुत अच्छी तरह समायोजित हो जाती हैं।[26]

गोपीनाथ शर्मा[27] सहित कुछ इतिहासकार विद्वानों की धारणा के विरुद्ध गोएत्ज़ की यह मान्यता कि मीरां जीवन के उत्तरार्द्ध में द्वारिका में थी, कुछ हद तक सही है। मीरां जिस तरह गुजरात में लोकप्रिय है और उसकी रचनाएँ जिस तरह से गुजराती में मिलती हैं, उससे लगता है कि मीरां ने अपने जीवन का कुछ हिस्सा गुजरात के द्वारिका में भी व्यतीत किया। उसके विधवा जीवन के अन्तिम वर्ष द्वारिका और बेट द्वारिका में भजन-कीर्तन, पुण्यकार्य और सत्संग आदि में निकले। इतिहास, लोकाख्यान, कविता, जनश्रुतियाँ आदि सभी इसकी पुष्टि करते हैं। गुजरात में मध्यकालीन भक्ति-आन्दोलन को वहाँ के जनसाधारण के सरल समावेशी और उदार होने के कारण व्यापक स्वीकृति मिली। नरसी मेहता (1414-1481 ई.), ईसरदास (1539-1618 ई.) आदि कई संतों ने वहाँ के सामन्तों और जनसाधारण को गहराई तक प्रभावित किया। यहाँ के गिरनार, जूनागढ़, डाकौर आदि कई स्थान बड़े भक्ति केन्द्रों के रूप में विकसित हुए। यहाँ गुजरात से बाहर के भी कई संतों का आवागमन हुआ। कहते हैं कि मीरां के गुरु रैदास भी गिरनार के पास सरसई गाँव में बस गए थे।[28] मीरां के द्वारिका आने के तीन कारण प्रतीत होते हैं—एक तो उस समय गुजरात भक्ति-आन्दोलन का केन्द्र हो गया था; दूसरे, यहाँ वह सुरक्षित थी, क्योंकि उस समय यहाँ उसके पितृपक्ष के राठौड़ वंश की एक शाखा वाढ़ेल (वाढ़ेर) का शासन था और तीसरे, यह उसके आराध्य कृष्ण का निवासस्थान था। कहते हैं कि मीरां सौराष्ट्र से पहले जूनागढ़ आई। जूनागढ़ से सरसई, सोमनाथ, गौरखमणि, माधवपुर, घेड, सूदामापुरी, पोरबन्दर और नियाड़ी होते हुए वह आरम्भड़ा पहुँची, जहाँ उस समय शिवा सांगा नामक वाढ़ेल राजा शासक था। शिवा सांगा तेरहवीं सदी में मारवाड़ से आए राठौड़ वेरावलजी बीजल का वंशज था। वेरावलजी और बीजलजी ने कच्छ के छोटे रेगिस्तान के पास वेदमती नदी तक का इलाक़ा कब्ज़े में ले लिया था और उन्होंने द्वारिका की उत्तरी खाड़ी के किनारे आरम्भड़ा गाँव में नई बस्ती बसाकर वहाँ पर सत्ता क़ायम की।[29] शिवा सांगा स्वयं कृष्ण-भक्त था। कहते हैं कि मीरां काफ़ी समय तक आरम्भड़ा में रही।[30] मीरां आरम्भड़ा के बाद वह बेट द्वारिका में रही। यहाँ उसने एक मन्दिर बनवाया। मीरां ने बेट द्वारिका में मन्दिर बनवाया, यह उल्लेख इतिहास में सर्वप्रथम *पश्चिमी भारत की यात्रा* में लेफ्टिनेंट कर्नल जेम्स टॉड ने किया। टॉड ने 1822 ई. में इंग्लैंड जाने के लिए उदयपुर से

प्रस्थान किया और वह आबू, सिद्धपुर, पाटन आदि होते हुए द्वारिका पहुँचा। बेट द्वारिका सम्बन्धी अपने वृत्तांत में उसने लिखा कि "जो देवालय मेरे लिए अधिक आकर्षण की वस्तु सिद्ध हुआ, वह था मेरी भूमि मेवाड़ की रानी, लाखा की स्त्री सुप्रसिद्ध मीरांबाई का बनवाया हुआ सौरसेन के गोपाल देवता का मन्दिर जिसमें वह नौ का प्रेमी अपने मूल स्वरूप में विराजमान था; और निस्सन्देह यह राजपूत रानी उसकी सबसे बड़ी भक्त थी।"[31] टॉड का यह उल्लेख प्रामाणिक होना चाहिए, क्योंकि टॉड को मीरां के बेट में मन्दिर बनवाने की जानकारी मेवाड़ में मिली होगी और उसने इस जानकारी को मन्दिर को साक्षात् देखकर प्रमाणित किया होगा। मीरां के बेट में मन्दिर बनवाने की जानकारी बेट के इतिहास और लोक-स्मृतियों में भी है। पुरातत्त्व और ऐतिहासिक साक्ष्यों के आधार पर तैयार की गई *द्वारिका परिचय* में मीरांबाई सम्बन्धी प्रकरण में एक जगह उल्लेख है :

> मीरांबाई आरम्भड़ा पहुँची। उस समय आरम्भड़ा में शिवा सांगा नाम का वाढ़ेर राजा था। वह मीरांबाई की ही तरह रणछोड़ का भक्त था और मीरां के पीहर का था। मीरां काफ़ी समय तक आरम्भड़ा में रही। शिवा सांगा को प्रेरित कर बेट में द्वारिकाधीश का मन्दिर बनवाया।[32]

यह असम्भव नहीं है—सामन्त स्त्रियाँ दूरस्थ तीर्थस्थानों पर मन्दिर और बावड़ियाँ आदि बनवाती थीं और उनका जीर्णोद्धार करवाती थीं। कहते हैं कि स्वयं मीरां ने चित्तौड़ में कुम्भस्वामी मन्दिर के समीप कृष्ण का मन्दिर बनवाया था। *चितौड़-उदयपुर पाटनामा* में मीरां द्वारा मन्दिर बनवाने और इसके निर्माण और प्रतिष्ठा में हुए व्यय का विवरण मिलता है।[33] एक धारणा यह भी है कि मीरां ने द्वारिका के लगभग नष्ट हो गए मुख्य मन्दिर का जीर्णोद्धार करवाया। द्वारिका का वर्तमान मन्दिर बहुत बाद में अठारहवीं शती में गोपाल नायक तांबेकार ने बनवाया था। मीरां 1537 ई. में द्वारिका पहुँची तब वहाँ का मुख्य कृष्ण मन्दिर नष्टप्राय अवस्था में था। सम्भवतया मीरां की प्रेरणा से इसका पुनर्निर्माण हुआ। मीरां द्वारा पुनर्निर्मित मन्दिर वर्तमान मन्दिर की तुलना में बहुत छोटा था।[34] द्वारिका में मन्दिर निर्माण के अलावा मीरां द्वारा एक अन्न क्षेत्र क़ायम करने का भी उल्लेख मिलता है। इस अन्नक्षेत्र में साधुओं और तीर्थयात्रियों को भोजन मिलता था। मीरां के निधन के बाद महाराणा उदयसिंह ने अपने परिवार सहित द्वारिका की तीर्थयात्रा की थी और उनके साथ गए उनके सामन्त सुरजणजी हाड़ा ने मीरां के अन्नक्षेत्र की तरह एक नया अन्नक्षेत्र क़ायम किया था।[35]

मीरां के द्वारिका परवर्ती जीवन के सम्बन्ध में गोएत्ज़ का अनुमान भी सर्वथा निराधार नहीं है। इसकी पुष्टि कतिपय ऐतिहासिक और पारिस्थितिक साक्ष्यों से होती है। इस सम्बन्ध में कुछ साक्ष्यों का उल्लेख गोएत्ज़ ने किया है और कुछ

बाद में नये उजागर स्रोतों से सामने आए हैं। मीरां के लम्बी और दीर्घकालीन तीर्थयात्रा पर निकल जाने के स्पष्ट कारण थे। मीरां मेवाड़ लौटना नहीं चाहती थी। वहाँ स्थितियाँ अभी अनुकूल नहीं थी। उदयसिंह को अधिकांश सामन्तों ने मिलकर शासक तो घोषित कर दिया था, लेकिन मेवाड़ पर उसका आधिपत्य अभी पूर्ण और निर्विघ्न नहीं था। उसकी हैसियत अभी शेरशाह सूरी के सामन्त की थी। 1543 ई. में मालदेव को पराजित करने के बाद शेरशाह ने अजमेर पर कब्ज़ा किया और फिर वह चित्तौड़ की तरफ़ बढ़ा। उदयसिंह ने उसको क़िले की चाबियाँ सौंपकर सन्धि कर ली। शेरशाह चित्तौड़ आया और वहाँ अपना प्रतिनिधि रखकर बिना लड़े ही चला गया।[36] उदयसिंह के सम्बन्ध में अधिकांश इतिहासकारों की राय अच्छी नहीं है। गौरीशंकर ओझा के अनुसार उसमें वीरोचित साहस का अभाव था और वह विलासप्रिय और विषयी था।[37] मीरां के मन में भक्ति-आन्दोलन का उत्स और केन्द्र होने के कारण दक्षिण भारत के लिए ख़ास अनुराग और आग्रह रहा होगा। निरन्तर देशाटन और साधु-संतों के सत्संग से वह दक्षिण से अच्छी तरह परिचित भी थी। रैदास के गुरु रामानन्द दक्षिण के ही थे और वल्लभाचार्य और चैतन्य भी दक्षिण की यात्रा पर गए थे।

दक्षिण भारत की अपनी लम्बी यात्रा का समापन मीरां ने शायद पुरी और नदिया होते हुए बाँधवगढ़ में राजा रामचन्द्र बाघेला के यहाँ किया। रामचन्द्र बाघेला 523 या 626 ई. में गुजरात से वहाँ आकर बाघेला राज्य की बुनियाद रखने वाले व्याघ्रदेव का वंशज था।[38] उसका दरबार मध्यकाल में संत-भक्तों, कवियों और कलाकारों का प्रमुख आश्रय स्थल था। वह संतों-भक्तों का भी सम्मान करता था। कहते हैं कि कबीर भी वहाँ गए थे। बाँधवगढ़ के अभयारण्य में अभी भी कबीर का मन्दिर बना हुआ है। वल्लभाचार्य के पुत्र विठ्ठलनाथ भी जगन्नाथपुरी की यात्रा से लौटते हुए यहाँ रुके थे।[39] मेवाड़-मारवाड़ के लोक में भी मीरां के बाघेलों के यहाँ जीवित होने की अपुष्ट जानकारी थी। यह उल्लेख उसके पदों में एक स्थान पर आता है। मीरां की ननद ऊदां एक पद में कहती है कि—राणाजी के बाघेलो, तुम ख़बर लो कि मेडतणी मीरां जीवित है या मर गई (*राणाजी रा बाघेला थे ल्यो ने मीरां जी री खबरि, मुईक जीवै मीरां मेड़ती?*)[40] मीरां यहीं तानसेन के सम्पर्क में आई होगी। तानसेन 1560 ई. से पूर्व तक रामचन्द्र बाघेला के दरबार में था। बाद में यहीं से अकबर आग्रहपूर्वक उसको अपने दरबार में ले गया। बीरबल के नाम से विख्यात महेशदास भी रामचन्द्र बाघेला के दरबार में रहा था, इसलिए वह, हो सकता है, यहीं उसके भी सम्पर्क में आई होगी। बाँधवगढ़ के पास ही रामभक्ति के लिए प्रसिद्ध और प्राकृतिक सुषमा से भरपूर चित्रकूट में तुलसीदास (1532-1623 ई.) भी थे।[41] सम्भवतया मीरां यहीं उनसे भी मिली होगी। तुलसीदास इस समय तक युवा थे और बहुत प्रसिद्ध भी नहीं थे। बाँधवगढ़ में कुछ समय प्रवास

के बाद सम्भवतया मीरां ने आम्बेर और मथुरा का रुख़ किया होगा। मीरां यहाँ शायद आम्बेर के राजा भगवानदास के दत्तक पुत्र मानसिंह[42] के सम्पर्क में आई। मानसिंह और बीरबल, दोनों ही युवा अकबर के बहुत आत्मीय और निष्ठावान सामन्त और मित्र थे, इसलिए आश्चर्य नहीं है कि वह इन दोनों के ज़रिये अकबर (1556-1605 ई.) के भी सम्पर्क में आई हो। अकबर बहुत आरम्भ में ही हिन्दू संतों-भक्तों और रहस्यवादियों के पास आने-जाने लग गया था।[43]

आम्बेर के राजाओं के साथ मीरां की घनिष्ठता भी असामान्य नहीं थी। दरअसल वे अपने समय के सबसे अधिक उदार और प्रगतिशील राजपूत शासक थे। उनकी नीतियाँ और विचार मीरां से मेल खाते थे। आम्बेर का राजा भारमल अकबर के राज्यारोहण में गया था और युवा अकबर पर उसका अच्छा प्रभाव था।[44] बाद में 1562 ई. में उसने अपनी बेटी हरखाबाई का विवाह अकबर से करके मुग़लों के साथ वैवाहिक सम्बन्धों की शुरुआत की।[45] अकबर ने अपनी इस हिन्दू रानी को मरियम ज़मानी का ख़िताब दिया। मुग़लों के साथ गठबन्धन में आम्बेर के राजा अग्रणी तो थे ही, अकबर की राजपूत नीति के निर्धारण में भी उनकी निर्णायक भूमिका थी। उन्होंने भक्ति-आन्दोलन के नये और उदार विचारों को भी प्रश्रय दिया। उन्होंने ब्रज, गोवर्धन और वृन्दावन में हरदेवजी, गोविन्ददेवजी और राधावल्लभ के मन्दिर बनवाए।[46] वे परम्परा से कृष्ण-भक्त थे। भारमल का पिता पृथ्वीराज कृष्णदास पयहारी का शिष्य और प्रसिद्ध कृष्ण-भक्त था। उसका उल्लेख *भक्तमाल* में भी आता है।[47] बाबर के विरुद्ध खानवा के युद्ध में वह सांगा का सहयोगी था। बालाबाई के नाम से विख्यात उसकी एक राठौड़ रानी अपूर्वादेवी भी मीरां की तरह कृष्ण-भक्त थी।[48] शायद मीरां का मानसिंह पर ख़ास प्रभाव पड़ा। अकबर ने भगवानदास और मानसिंह के साथ 1568 ई. में चित्तौड़ पर आक्रमण किया। यह आक्रमण बहुत विध्वंसकारी था। इसमें नरसंहार भी ख़ूब हुआ, लेकिन मानसिंह इस दौरान मीरां सेवित गिरधरजी की मूर्ति को सुरक्षित बचाकर अपने साथ ले गया। भगवानदास और मानसिंह ने बाद में आम्बेर में सुन्दर और भव्य जगतशिरोमणिजी का मन्दिर बनवाकर इसमें उसको प्रतिष्ठापित किया।[49] वृंदावन में मानसिंह ने भारतीय और मुग़ल शैली के मिले-जुले स्थापत्यवाला गोविन्ददेव का जो विशालकाय और भव्य मन्दिर बनावाया, उससे भी मीरां के सम्बन्ध का कुछ अनुमान किया जा सकता है। कहते हैं कि वृन्दावन पहले जंगल था। 1514 ई. के आसपास महाप्रभु चैतन्य वृन्दावन आए और उन्होंने वहाँ *भागवतपुराण* में वर्णित कई स्थान खोज निकाले। वे वहाँ कुछ समय रुककर चले गए लेकिन बाद में उन्होंने अपने दो शिष्यों—रूप और सनातन को वहाँ भेजा। आगे चलकर रूप गोस्वामी के भतीजे जीव गोस्वामी और चैतन्य के कुछ और शिष्य-गोपाल भट्ट, रघुनाथदास और रघुनाथ भट्ट भी वहाँ आ गए। चैतन्य के इन छह शिष्यों ने वृन्दावन से कृष्ण की कई प्रतिमाएँ खोज निकालीं। उन्होंने मुस्लिम

आक्रांताओं के भय से इनको ज़मीन या घरों में यहाँ-वहाँ छिपा दिया। गोविन्ददेव की प्रतिमा रूप गोस्वामी को वृन्दावन के गोमा टीले से मिली थी। रूप गोस्वामी का निधन 1563 ई. में हुआ। मानसिंह ने 1590 ई. वृन्दावन में गोविन्ददेव के मन्दिर में इसी प्रतिमा को स्थापित किया।[50] यह तो लगभग मान्य तथ्य है कि जीव गोस्वामी रूप गोस्वामी के भतीजे थे और उनकी मीरां से भेंट हुई थी और वे उससे प्रभावित भी थे। मीरां मन्दिर की प्रतिष्ठा तक जीवित नहीं थी, लेकिन सम्भव है कि मानसिंह के मन में मीरां से सम्बन्ध के कारण जीव गोस्वामी और रूप गोस्वामी के प्रति आदर-सम्मान और श्रद्धा का भाव रहा हो।

अकबर पर मीरां के प्रभाव के सम्बन्ध में कुछ भी ज्ञात नहीं है। शायद उस पर सीधा कोई प्रभाव नहीं रहा होगा, लेकिन ऐसा हो सकता है कि वह मीरां के सीधे सम्पर्क में आनेवालों से प्रभावित रहा हो। कहते हैं कि अकबर की पहली और सबसे प्रभावशाली हिन्दू रानी हरखाबाई उर्फ़ मरियम जमानी मीरां की शिष्या थी।[51] यह तय है कि अकबर की हिन्दू समर्थक और राजपूत राजाओं के साथ गठबन्धन की नीति को मरियम ज़मानी ने दूर तक प्रभावित किया। यह उल्लेखनीय है कि इस प्रभाव के कारण ही अकबर ने आरम्भ में हिन्दू समर्थक और राजपूत राजाओं के साथ सद्भावपूर्ण गठबन्धन की नीति को खुलकर बढ़ावा दिया। 1562 ई. में, जब वह केवल बीस वर्ष का था, तो उसने युद्धबंदियों को दास बनाने की प्रथा समाप्त कर दी। उसने 1563 ई. में हिन्दुओं पर पूर्व के मुस्लिम शासकों द्वारा लगाया तीर्थ-कर समाप्त कर दिया। यही नहीं, उसने 1564 ई. में ग़ैर-मुस्लिमों के विरुद्ध लगया गया सबसे अधिक घृणास्पद कर जज़िया भी उठा लिया। वह हिन्दुओं की तरह वस्त्राभूषण पहनने लगा और मांसाहार के भी ख़िलाफ़ हो गया। तत्कालीन मुस्लिम इतिहासकारों के अनुसार, यह सब युवा अकबर पर उसके हरम की हिन्दू राजकुमारियों के मज़बूत नियंत्रण और प्रभाव के कारण हुआ।[52]

4

हरमन गोएत्ज़ की मीरां के जीवन की यह पुनर्रचना सर्वथा निर्दोष नहीं है। जनश्रुतियों का ऐतिहासिक परिप्रेक्ष्य में समायोजन या युक्तीकरण और इस आधार पर अनुमान और सम्भावना का उनका आग्रह कई बार उनको ग़लत निष्कर्षों तक ले गया है। ख़ास बात यह है कि गोएत्ज़, जिसको मीरां के जीवन का सुसंगत विकास या ऐतिहासिक पृष्ठभूमि कहते हैं, उसमें ये निष्कर्ष बेमल और कई बार खींच-तानकर जबरन निकाले हुए लगते हैं। मीरां और रैदास के गुरु-शिष्य सम्बन्ध को लेकर की गई गोएत्ज़ की सम्भावना 'दूर की कौड़ी' है। लोक में यह धारणा है कि रैदास मीरां के गुरु थे और मीरां की रचना के कुछ अन्तःसाक्ष्य भी इसकी पुष्टि करते हैं।

गोएत्ज़ की यह बात भी कुछ हद तक ही सही है कि "रैदास मीरां के क्रान्तिकारी सामाजिक और धार्मिक विचारों के मुख्य प्रेरणास्रोत रहे होंगे।"[53] रैदास (1410-1500 ई.)[54] के मीरां (1498-1565 ई.) के गुरु होने में सबसे बड़ी बाधा दोनों के बीच का समयांतराल है। गोएत्ज़ ने अनुमान किया है कि बाल्यकाल में एक साधु द्वारा मीरां को कृष्ण की मूर्ति देने की जो जनश्रुति है, उसमें आया साधु रैदास है। यही रैदास महाराणा सांगा की माँ रतनकुँवर झाली के भी गुरु थे। गोएत्ज़ लिखते हैं :

> मीरां सीधे अपने को रैदास की शिष्या मानती है और झाली रानी उसमें बहुत अधिक दिलचस्पी लेती है, इसका कोई कारण होना चाहिए। इसका एक ही उत्तर है, जो मैं देख सकता हूँ, वह यह कि बाबा, जिसने गिरधरजी की मूर्ति मीरां को दी, वह वास्तव में रैदास स्वयं थे।[55]

रैदास द्वारा बाल्यकाल में मीरां को मूर्ति देने की धारणा और गोएत्ज़ की धारणा—दोनों के समय में अन्तर होने की आपत्ति भी नहीं रही और जनश्रुति को भी आधार मिल गया, लेकिन इसका ऐतिहासिक और पारिस्थितिक साक्ष्यों तथा प्रचलित आख्यानों और जनश्रुतियों के साथ तालमेल नहीं बैठता। यह सही है कि मीरां की कविता में एकाधिक स्थानों पर रैदास के उसके गुरु होने का उल्लेख है और पारिस्थितिक साक्ष्य झाली रानी रतनकुँवर द्वारा मीरां को संरक्षण देने की पुष्टि करते हैं, लेकिन बाल्यकाल में रैदास द्वारा गिरधरजी की मूर्ति मीरां को देने की बात गले उतरने वाली नहीं है। यह सही है कि मीरां का रैदास से अनौपचारिक गुरु सम्बन्ध रहा होगा, लेकिन बाल्यकाल में एक अबोध कन्या द्वारा मूर्ति पाकर किसी बाबा को गुरु मान लेने की बात युक्तिसंगत नहीं है। फिर, झाली रानी को यह जानकारी होना कि यह मूर्ति उसके गुरु रैदास ने ही मीरां को दी, यह भी अविश्वसनीय है। यह भी कि निर्गुण मतानुयायी रैदास के पास कृष्ण की प्रतिमा का होना भी आश्चर्यजनक है। यह सही है कि रैदास और मीरां के बीच गुरु-शिष्य का अनौपचारिक सम्बन्ध ज़रूर रहा होगा। लोक में भी सदियों से यह धारणा है कि रैदास मीरां के गुरु थे। मीरां की कविता के कुछ अन्तःसाक्ष्य भी इसकी पुष्टि करते हैं। इस धारणा को बल इस तथ्य से भी मिलता है कि चित्तौड़गढ़ में कुम्भश्याम मन्दिर के पास बनी छतरी को लोग अभी भी रैदास की छतरी कहते हैं। शोभालाल शास्त्री की 1932 ई. की एक संस्कृत रचना से भी इसकी पुष्टि होती है। इसमें लिखा गया है :

श्री नन्दनन्दन-पदा-म्बरुहस्य भृंगी मीरां हरेनिर्लयमुच्चमिमं चकार।
यस्याग्रतो लसति मंडपिकांतरस्थं त्स्या गुरोश्चरण-पंकज-युम-चिह्नम॥

(श्री नन्दनन्दन के चरणारविंदों की मधुकरी मीरांबाई ने यह ऊँचा विष्णु मन्दिर बनावाया था, जिसके सन्मुख ही छत्री के भीतर गुरु के चरणों के चिह्न शोभायमान

हैं।)[56] लोक की स्मृति में रैदास और मीरां के गुरु-शिष्य सम्बन्ध को लेकर कई धारणाएँ हैं। लोक मर्मज्ञ महेन्द्र भानावत ने मीरां की लोक-स्मृतियों से जुड़े राजस्थान और गुजरात के कई स्थानों की यात्राएँ कीं। उनके अनुसार, लोक मानता है कि राजस्थान के जोधपुर ज़िले के पिपलोदा गाँव के रैदास जाति से चमार थे, पढ़े-लिखे नहीं थे, पर अन्तर्ज्ञानी थे। मीरां उनके साथ चित्तौड़ से निकल गई और कई स्थानों की यात्रा करती हुई द्वारिका पहुँची। उसने डाकोर में रैदास को अपना गुरु बनाया। लोक की यह भी धारणा है कि रैदास मीरां के वाट गुरु (मार्गदर्शक) थे। वे मीरां के भक्ति और अध्यात्म गुरु ही नहीं थे, उसके सच्चे पालक, सँभालक और प्रदर्शक थे और उनका और मीरां का साथ अन्त तक रहा।[57] पश्चिमी राजस्थान की निम्न जातियों में मीरां के भजन हरजस के रूप में सदियों से गाए जाते हैं और वहाँ भी यह माना जाता है कि रैदास ही मीरां के गुरु थे।[58] गुजरात में भी इस तरह की लोक-स्मृतियाँ हैं। वहाँ प्रसिद्ध है कि मीरां के गुरु रैदास गिरनार के पास सरसई गाँव में बस गए थे और मीरां भी वहाँ गई थी।[59] मीरां की कविता में भी रैदास के उसके गुरु होने का उल्लेख आता है। वह कहती है :

खोजत फिरूँ भेद वा घर को, कोई न करत बखानी।
रैदास संत मिले मोहि सतगुरु, दीन्ही सुरत सहदानी॥
मेरो मन लाग्यो हरिजी सूं, अबन रहूँगी अटकी।
गुरो मिलिया रैदासजी, म्हाने दीनी ज्ञान की गुटकी॥[60]

एक अन्य स्थान पर वह कहती है :

नहिं मैं पीहर सासरे, नहीं पियाजी री के साथ।
मीरां ने गोविन्द मिल्या जी, गुरु मिलिया रैदास॥[61]

रैदास रामानन्द के शिष्य और कबीर के समकालीन सन्त-भक्त थे। रैदासपंथियों के अनुसार, उनका जन्म 1376 ई. में और निधन 1506 ई. में हुआ।[62] *भक्तमाल* की प्रियादास टीका के अनुसार चित्तौड़गढ़ की एक झाली रानी ने काशी जाकर उनसे दीक्षा ली।[63] टीका में इस रानी का नामोल्लेख नहीं है, लेकिन हर्मन गोएत्ज़ सहित कुछ विद्वानों का अनुमान है यह रानी गुजरात के काठियावाड़ के हलवद के झाला राजपूत राजधर की बेटी रतनकुँवर है, जिसका विवाह महाराणा सांगा के पिता रायमल (1473-1509 ई.) के साथ हुआ था। भक्ति के संस्कार इस रानी को बचपन में सौराष्ट्र से मिले होंगे, जो उस समय भक्ति-आन्दोलन का केन्द्र था और जहाँ नरसी मेहता आदि सक्रिय थे। भक्ति-सम्बन्धी अपने अनुराग और सक्रियता के कारण मीरां को मेवाड़ के अन्तःपुर में इसी रानी का संरक्षण और समर्थन भी हासिल रहा होगा।[64] इसी झाली रानी के आग्रह पर रैदास चित्तौड़ आए और वहीं

उनका निधन हुआ। जनसाधारण में रैदास की स्वीकार्यता और सम्मान बहुत था। उनकी लोकप्रियता का अनुमान इस तथ्य से लगाया जा सकता है कि भक्ति पर ब्राह्मणों का एकाधिकार मानने वाले लोगों ने उनके पूर्वजन्म में ब्राह्मण होने की कथाएँ गढ़कर उन्हें सन्त-भक्त मान लिया था। कथा के अनुसार मांसादि सेवन के कारण शापित होकर उन्हें चमार के घर जन्म लेना पड़ा, लेकिन उन्होंने स्तनपान तब किया, जब रामानन्द ने उन्हें राममंत्र का उपदेश दिया। दूसरी कथा के अनुसार चित्तौड़गढ़ में ब्राह्मणों ने जब उनके साथ बैठकर भोजन करना स्वीकार नहीं किया, तो उन्होंने पूर्वजन्म में अपने ब्राह्मण होने के प्रमाणस्वरूप चमड़ी चीरकर अपनी जनेऊ दिखाई।[65] कुछ विद्वानों के अनुसार, मीरां के जन्म के आस-पास रैदास का निधन हो गया था, इसलिए मीरां का रैदास की शिष्य होना सम्भव नहीं है।[66] उनकी धारणा है कि या तो सामन्त स्त्री और लोकप्रिय होने के कारण अन्य सम्प्रदायों से प्रतिद्वंद्विता के चलते रैदासपंथियों ने अपने पंथ से सम्बद्ध दिखाने के लिए यह कथा गढ़ी हो या रैदास के परवर्तीकाल में होते हुए भी मीरां ने उनका पुण्य स्मरण गुरु के रूप में किया हो अथवा किसी रैदासी साधु के प्रति उसका गुरु-भाव रहा हो। उत्तर भारत के लोक की स्मृति में जिस तरह रैदास और मीरां के गुरु-शिष्य सम्बन्ध की कहानियाँ प्रचलित हैं, उससे यह तो तय है कि मीरां किसी-न-किसी तरह रैदास से परिचित ज़रूर रही होगी। जहाँ तक मीरां के रैदास के परवर्ती होने का सवाल है तो रैदास के जन्म का समय अधिकांश आधिकारिक विद्वान अज्ञात मानते हैं।[67] धार्मिक साहित्य में रैदास के जन्म और निधन के सम्बन्ध में जो तिथियाँ दी गई हैं, वे बहुत प्रामाणिक नहीं हैं। यह भी तय है कि मीरां ने रैदास से शिष्यत्व की स्थायी और कोई औपचारिक दीक्षा भी नहीं ली होगी। मध्यकालीन भक्ति-आन्दोलन के दौरान जनसाधारण सभी तरह के संत-भक्तों का सम्मान करता था और उनसे प्रभावित होने पर उनके प्रति अनौपचारिक गुरु-भाव रखता था। इस आन्दोलन में कई सन्त-भक्त निम्न जातियों से थे। आरम्भिक कुछ अन्तर्बाधाओं के हट जाने के बाद जब वे स्वीकार्य और सम्माननीय हो जाते थे तो उनसे मेलजोल की वर्जनाएँ नहीं रहती थीं। राजस्थान के मेवाड़-मारवाड़ में ऐसे कई सन्त हुए, जिनका जनसाधारण और सामन्त समाज में सम्मान और स्वीकार्यता थी।[68] झाली रानी के रैदास से औपचारिक दीक्षा लेने के प्रकरण से सिद्ध है कि इस सम्बन्ध में सामन्त समाज में कोई वर्जना नहीं थी। सम्भवतया मीरां झाली रानी रतनकुँवर के संरक्षण में और उससे सम्पर्क के कारण रैदास से प्रभावित रही होगी और इस कारण उसके मन में उनके प्रति अनौपचारिक गुरु-भाव रहा होगा। एक सामन्त स्त्री और एक निम्न जाति के संत के बीच का यह सम्बन्ध जनभावनाओं और आकांक्षाओं के अनुसार था, इसलिए ख़ूब प्रचारित हुआ। इसको लेकर जनसाधारण ने कई कहानियाँ गढ़ीं और उनको भजनों में गूँथकर ख़ूब गाया। गोएत्ज़ की रैदास द्वारा बालिका मीरां को मूर्ति देने

की धारणा बहुत दूर तक खींचकर किया गया अनुमान है। वे स्वयं इस सम्बन्ध आश्वस्त नहीं हैं। उन्होंने लिखा है :

> लेकिन हम परिस्थितियों पर विचार करने से ही यह अनुमान लगा सकते हैं। कोई प्रत्यक्ष प्रमाण नहीं है।[69]

मीरां और भोजराज के तनावपूर्ण वैवाहिक सम्बन्ध के बारे में गोएत्ज़ के अनुमान का भी कोई पारिस्थितिक या ऐतिहासिक आधार नहीं है। *पदप्रसंगमाला* के नागरीदास (1699-1765 ई.) के उल्लेख के आधार पर गोएत्ज़ अनुमान करते हैं कि मीरां ने यह कहकर कि उसका विवाह कृष्ण से हो गया है, भोजराज के साथ वैवाहिक सम्बन्ध के निर्वाह से इनकार कर दिया। नागरीदास का उल्लेख इस तरह है :

> मीरांबाई सौं राना बहौत दुष पायें रहै, राना के घर की रीततें इनके भिन्य रीत, यह भगवत सम्बन्ध सत्य संग विसेस करें, देह सम्बन्ध को नातो व्यौहार कछु न मानें, राना बहुत समुझाय रह्यौ चरनामृत को नाम लेकें दीजियों, उनको प्रण हैं, चरणामृत के नाम तें पी ही जाएँगे, सो ऐसे ही भयो, जानि बूझ पीयो, राना तो इनके मरिबे की राह देखत रह्यौ, अरु वह झाँझ मृदंग संग लैके परम रंग सों एक नयो पद बनाय ठाकुर आगे गावत भये, पद बहुत प्रसिद्ध भयो।

सो वह यह पद :

रानै जू विष दोनौ, हम जानी
जान बूझि चरनामृत सुनि पियो, नहिं बौरी भौ रानी
कंचत कसत कसौटी जैसैं, तन रह्यो बारह बानी
आपुन गिरधर न्याव कियो यह, छांन्यौ दूध रू पानी
राना कोटक वारौ जिहि पर, हौं तिहिं हाथ बिकानी
'मीरां' प्रभु गिरधर नागर कैं, चरन कमल लपटानी।[70]

गोएत्ज़ इसी आधार पर यह लिखते हैं :

> विवाह समारोह में अपने पति के स्थान पर गिरधरजी की मूर्ति की परिक्रमा करते हुए, उसने राजकुमार के बजाय हृदय में स्वयं के साथ अपने आराध्य को पाया। बेशक, ग़लती को सुधारा गया और पहले इसे गम्भीरता से नहीं लिया गया। लेकिन जब मीरा ने वैवाहिक सम्बन्ध के निर्वाह से इनकार कर दिया और ज़ोर देकर कहा कि वह भगवान से

> विवाह कर चुकी है, तो कहा जाता है कि भोज की माँ कँवरबाई सोलंकी ने राणा से शिकायत की थी, जो निश्चित रूप से, नाराज़ हो गया था।[71]

गोएत्ज़ यह भी कहते हैं कि इसके बाद मीरां को महाभूतालय में क़ैद कर दिया गया है और भोजराज ने दूसरा विवाह कर लिया। वे लिखते हैं :

> वास्तव में क्या हुआ, हम और नहीं जानते हैं, लेकिन इतना निश्चित है कि मीरांबाई का 'महाभूतालय' तक सीमित रहने के बाद, कौमार्य अछूता रहने दिया गया। और एक धारणा के अनुसार, भोज ने दूसरी राजकुमारी से शादी कर ली थी।[72]

भोजराज के सम्बन्ध मीरां से तनाव और कटुता के होने और इस कारण भोजराज के दूसरा विवाह कर लेने की धारणा सही नहीं है। उपलब्ध ऐतिहासिक और पारिस्थितिक साक्ष्य इसकी पुष्टि नहीं करते। मीरां की कविता में बार-बार 'राणा' सम्बोधन को उसके पति भोजराज से सम्बन्धित मानने से पति से उसके सम्बन्ध कटु और तनावपूर्ण होने की बात प्रचारित हो गई, जबकि ऐसा नहीं था। गोएत्ज़ भी उन विद्वानों में शामिल हैं, जो मीरां के पदों में आए 'राणा' को उसका पति मानते हैं। वे यह भी मानते हैं कि इस राणा से मीरां उत्पीड़ित भी हुई। दरअसल 'राणा' सम्बोधन केवल सत्तारूढ़ के लिए प्रयुक्त होता है। मीरां की कविता में जिस राणा से तनावपूर्ण सम्बन्ध और नाराज़गी का बार-बार उल्लेख आता है, वह भोजराज नहीं है। भोजराज तो सतारूढ़ ही नहीं हुआ और राणा सांगा के जीवित रहते ही उसका 1518 और 1523 ई. के बीच निधन हो गया, इसलिए यह संज्ञा उससे सम्बन्धित हो ही नहीं सकती। सही तो यह है कि 'राणा' संज्ञा उसने अपने सतारूढ़ देवर विक्रमादित्य (1531-1536 ई.) और रत्नसिंह (1528-1531 ई.) के लिए प्रयुक्त की है। विक्रमादित्य मूर्ख और दंभी था, जबकि अल्प समय के लिए सत्तारूढ़ रत्नसिंह से भी मीरां के सम्बन्ध अच्छे नहीं थे। रत्नसिंह और उसकी माँ धनाबाई राठौड़ वीरमदेव के ख़िलाफ़ थे। इसलिए, ज़ाहिर है, उनके मीरां से भी सम्बन्ध ख़राब रहे होंगे। ससुराल में परिजनों से मीरां के सम्बन्ध प्रतिरोध और तनावपूर्ण होने का एक प्रकरण *भक्तमाल* की टीका में आता है। इसके अनुसार विवाह के तत्काल बाद परम्परा के अनुसार देवी-पूजन के सास के आग्रह को मीरां ने यह कहकर ठुकराया दिया कि उसके आराध्य तो कृष्ण हैं, इसलिए वह देवी की पूजा नहीं करेगी।[73] इस प्रकरण के कई निहितार्थ निकाले गए। कुछ लोगों का मानना है कि परम्परा से मीरां के ससुराल मेवाड़ में शैव भक्ति की परम्परा थी और एकलिंग यहाँ के शासकों के आराध्य थे और मीरां अपने पारिवारिक वैष्णव भक्ति के संस्कारों के कारण कृष्ण-भक्त थी, इसलिए देवी-पूजा का विरोध करती

है। वस्तुस्थिति इससे एकदम अलग है। दरअसल शैव और वैष्णव भक्ति और पूजा के शास्त्रीय रूप जो भी रहे हों, लोक के दैनन्दिन जीवन में उनके बीच कोई स्पष्ट विभाजक रेखा नहीं थी। लोक में शिव हो या विष्णु, सभी भगवान थे और पूज्य थे। यह निराधार है कि मेवाड़ में केवल शैव भक्ति की परम्परा थी। यहाँ शैव पूजा के समानांतर विष्णु की पूजा-आराधना की लम्बी परम्परा थी और लोक में उसका प्रभाव शैव पूजा की तुलना में ज़्यादा ही गहरा और व्यापक था।[74] दरअसल यह प्रकरण प्रियादास ने कुछ बढ़ा-चढ़ाकर अपने साम्प्रदायिक आग्रह के कारण गढ़ा प्रतीत होता है। मध्यकाल में वैष्णव भक्ति के कुछ सम्प्रदाय लोक में अपने वर्चस्व के लिए आग्रही थे और शैव और शाक्त पूजा की निन्दा-भर्त्सना भी करते थे। प्रियादास चैतन्य गौड़ीय सम्प्रदाय से सम्बन्धित थे, इसलिए भक्ति के अपने ढंग और पूजा विधानों के लिए उनमें ख़ास प्रकार का आग्रह था। मीरां सामन्त स्त्री थी और अपने जीवनकाल में ही लोक में प्रसिद्ध हो गई थी, इसलिए उसको अपने रंगढंग में दिखाना प्रियादास को अपने सम्प्रदाय की लोकप्रियता के लिए उपयोगी लगा होगा। नागरीदास का तत्सम्बन्धी उल्लेख मीरां के संत-भक्त रूप के निर्माण और प्रतिष्ठा की प्रक्रिया का हिस्सा है और इस तरह के उल्लेख अन्य स्त्री संत-भक्तों के सम्बन्ध में भी मिलते हैं। गोएत्ज़ का यह तर्क भी 'दूर की कौड़ी' है कि भोजराज के वैवाहिक सम्बन्ध नहीं रखने के कारण से मीरां को उसकी पत्नी ही नहीं माना गया और इस कारण ही उससे सती होने का आग्रह भी नहीं किया गया। मीरां भोजराज की विवाहिता थी—यह उल्लेख एकाधिक जगह आता है। मुँहता नैणसी की ख्यात में यह उल्लेख है कि *भोजराज सांगावत। इणनुं, कहे छे मीरांबाई राठौड़ परणाई हुती।*[75] इसी तरह रामदान लालस (1761-1825 ई.) कृत *भीमप्रकाश* में भी उल्लेख है के *भोजराज जेठो अभंग कंवरपणे म्रत कीध।*[76] दरअसल मीरां के समय में सती-प्रथा इतनी व्यापक नहीं थी और सती होना स्वैच्छिक था, इसलिए उससे सती होने का आग्रह नहीं किया गया।

गोएत्ज़ का यह अनुमान कि मीरां का अकबर के बजाय बाबर से मिलने और उसकी भेंट ग्रहण करने से प्रताड़ित किया गया, भी सर्वथा निराधार है। प्रियादास की टीका में यह उल्लेख है कि मीरां के सौन्दर्य और गायन की ख्याति सुनकर भेष बदलकर अकबर मीरां का गायन सुनने गया था और उसने उसको बहुमूल्य भेंट भी दी। राणा ने इससे कुपित होकर मीरां को प्रताड़ित किया। युवती मीरां (1498-1565 ई.) और अकबर (1556-1605 ई.) के बीच के समयांतराल के कारण यह भेंट सम्भव नहीं थी। मीरां की युवावस्था में अकबर ने जन्म लिया था और अधिक से अधिक वह बालक रहा होगा। गोएत्ज़ ने इस घटना को युक्तिसंगत बनाने के लिए यह अनुमान किया कि मीरां को भेंट अकबर से नहीं, बाबर (1483-1520 ई.) से मिली थी और इसका कारण मीरां का सौन्दर्य और उसका गायन नहीं था।

उनके अनुसार, अकबर मीरां के बड़े पिता वीरमदेव का समर्थन पाना चाहता था। गोएत्ज़ ने लिखा है :

> किंवदंती में वर्णित भेंट अकबर से नहीं, बल्कि बाबर से आई थी, और यह मीरा की सुन्दरता के कारण नहीं, बल्कि उसके चाचा वीरमदेव के लिए सब्सिडी के रूप में आई था। बाबर निश्चित रूप से राजपूत सत्ता को वापस मजबूत होने से रोकने में रुचि रखता था और इसलिए, रतनसिंह द्वारा प्रताड़ित किये गए दल का समर्थन करेगा।[77]

गोएत्ज़ का यह अनुमान असंगत होने के साथ निराधार भी है। मीरां का तत्कालीन राजनीतिक उठापटक में कोई हस्तक्षेप था, इसका कोई ऐतिहासिक साक्ष्य नहीं मिलता। अपने पुत्र को उत्तराधिकारी बनाने के लिए बाबर से सम्पर्क करने वाली करमेती की तरह मीरां अन्त:पुर में बहुत प्रभावशाली भी नहीं थी। विधवा राजपूत स्त्रियों का किसी आक्रांता विधर्मी शासक से भेंट पाने का और कोई प्रमाण भी नहीं मिलता। अकबर से भेंट की जनश्रुति में भी कृष्ण-प्रतिमा सम्मुख नृत्य-गायन के दौरान अकबर के आगमन से मीरां अनजान है।[78] वीरमदेव स्वयं बहुत पराक्रमी और प्रभावशाली था—उसके लिए बाबर की मीरां को भेंट देने की बात किसी भी तरह विश्वसनीय नहीं है।

गोएत्ज़ की यह धारणा कि चित्तौड़ से वापसी के बाद मेड़ता में मीरां के मर्यादा विरुद्ध आचरण का उसके बड़े पिता (पिता के बड़े भाई) वीरमदेव ने विरोध किया और इस कारण तत्काल उसे वहाँ से जाना पड़ा, पूरी तरह ग़लत है। गोएत्ज़ ने लिखा है :

> मीराबाई को मेड़ता लाया गया, लेकिन वीरमदेव ने अपनी भतीजी के रूप में उसकी रक्षा करते हुए, उसके क्रान्तिकारी विचारों और जीवन के तरीकों पर आपत्ति जताई, जो कि राजकुमारी के लिए नहीं, किसी भी विधवा के लिए अशोभनीय थे। उसे केवल अपने चचेरे भाई जयमल के रूप में, जिसके साथ वह राव दूदाजी द्वारा शिक्षित थी, एक समर्पित प्रशंसक और समर्थक मिला। इस प्रकार उसने जल्द ही मेड़ता को भी छोड़ दिया और तीर्थ-यात्राओं की एक श्रृंखला पर चली गई, जिसका वृन्दावन में जीव गोस्वामी के साथ उसके संघर्ष के अलावा कोई विवरण ज्ञात नहीं है।[79]

गोएत्ज़ की इस धारणा की पुष्टि किसी भी पारिस्थितिक और अन्त:साक्ष्य से नहीं होती। राव दूदा के निधन के बाद मीरां का लालन-पालन वीरमदेव और उसकी पत्नी राणा साँगा की बहन गोरज्यादेवी ने किया। उसका विवाह भी भोजराज से इसी दम्पती की पहल पर हुआ, इसलिए ज़ाहिर है, वह वीरमदेव की पालिता और

स्नेहपात्र थी। वीरमदेव से उसके स्नेह के सम्बन्ध थे। चित्तौड़ में प्रताड़ित होने पर मीरां ने अपने बड़े पिता वीरमदेव को ही स्मरण करते हुए कहा कि *'म्हारा बाबो सा न केजो म्हानै बेगा लेवा आवै'*।[80]

मीरां के मेड़ता से तत्काल चले जाने की बात भी आधारहीन है। मालदेव के आक्रमण के बाद टोडा तक मीरां भी विस्थापित वीरमदेव के साथ रही। मीरां की कविता के एक अन्त:साक्ष्य से लगता है कि वह टोडा तक वीरमदेव के साथ थी। उसके एक पद में यह उल्लेख मिलता है। वह कहती है—*जाण न दी जी प्यारे कारणे रे ज मीरां टोडारे बेस मोटी हुई।*[81]

हुकमसिंह भाटी ने *यशोधर चरित्र* के साक्ष्य से अनुमान लगाया है कि टोडा पर मालदेव का आधिपत्य 1538 ई. में हुआ, इसलिए सम्भावना है कि इस समय तक मीरां वीरमदेव के साथ रही होगी।[82]

रतनसिंह के बाद सत्तारूढ़ विक्रमादित्य मूर्ख और छिछोर था, इसकी पुष्टि पारम्परिक सभी इतिहास-रूपों से होती है, लेकिन गोएत्ज़ ने उसके समलैंगिक होने का जो अनुमान किया है, उसमें कोई बहुत सच्चाई नहीं लगती। गोएत्ज़ की यह धारणा सही है :

> वह पूरी तरह से अन्य महत्त्वाकांक्षी पुरुषों के प्रभाव में ही नहीं था, वह अपने परिवार के सदस्यों और अन्य सामन्तों के ख़िलाफ़ आसानी से चिढ़नेवाला और गम्भीर रूप से पूर्वग्रह से ग्रसित भी था।[83]

गोएत्ज़ की यह धारणा सच है कि वह मूर्ख और दंभी था और सामन्तों के प्रति उसकी राय भी अच्छी नहीं थी। सभी ऐतिहासिक साक्ष्य भी इसकी पुष्टि करते हैं। गौरीशंकर ओझा ने उसके सम्बन्ध में लिखा है :

> शासन करने लिए वह तो बिलकुल अयोग्य था। अपने ख़िदमतगारों के अतिरिक्त उसने दरबार में सात हज़ार पहलवानों को रख लिया, जिनके बल पर उसको अधिक विश्वास था और अपने छिछोरपन के कारण वह सरदारों की दिल्लगी उड़ाया करता था, जिससे वे अप्रसन्न होकर अपने-अपने ठिकानों में चले गए और राज्य-व्यवस्था बहुत बिगड़ गई।[84]

विक्रमादित्य के समलैंगिक होने सम्बन्धी गोएत्ज़ की धारणा अतिरंजना लगती है। उन्होंने लिखा है कि "लगता है, विक्रमजीत मानसिक रूप से विकृत, समलैंगिक था।"[85] अपनी धारणा की पुष्टि में गोएत्ज़ ने तर्क दिया है कि उसके वैवाहिक जीवन की कोई जानकारी इतिहास में नहीं मिलती। वे लिखते हैं :

> उसकी रानियाँ या उपपत्नियाँ ज्ञात नहीं हैं, हालाँकि उस उम्र में उसकी युवावस्था और स्थिति यौन अपव्यय के लिए प्रोत्साहन की रही होगी।[86]

गोएत्ज़ की यह धारणा आधारहीन है। विक्रमादित्य के वैवाहिक जीवन के सम्बन्ध में ऐतिहासिक साक्ष्य उपलब्ध हैं। बड़वा देवीदान की ख्यात में उसकी चार रानियों—राव भवानीदासजी की बाई सोलंखणी, राव सुरसेणजी की सोलंखणी राजमतां, राव गांगा की जोधपुरीजी-राठौड़जी हरखदे और चवाणजी बाईचन्द्रमतां का उल्लेख मिलता है। ख्यात में यह भी उल्लेख है कि इनमें पहली तीन रानियाँ उसकी मृत्यु पर सती भी हुईं।[87] स्वयं गोएत्ज़ भी इस सम्बन्ध में पूरी तरह आश्वस्त नहीं थे। उन्होंने लिखा है कि "यों यह साफ़ तौर पर नहीं कहा जा सकता, लेकिन इसकी सम्भावना है कि वह स्त्रैण चरित्र का समलैंगिक था।"[88]

5

गोएत्ज़ मीरां के जीवन की पुनर्रचना में इतिहास में बहुत गहरे और दूर तक जाते हैं और एक तरह से उसके जागतिक जीवन की पहचान कर कुछ हद तक उस स्त्री-मनुष्य की यात्रा के सभी मोड़-पड़ाव बना देते हैं। यह उनका अपने ढंग का पहला और नया कार्य था, लेकिन विचित्र यह है कि समाहार में उनका ज़ोर उसके रहस्यवादी पवित्रात्मा संत-भक्त रूप पर है। अन्त में मीरां की उपलब्ध कविता के सरोकारों को वे इसी नज़रिये से समझते हैं। उनका साफ़ मानना है कि राणा को सम्बोधनवाले राग-द्वेष, शिकायत आदि से सम्बन्धित मीरां के पदों को बहुत महत्त्व दे दिया गया है, क्योंकि यह मध्यवर्गीय गृहस्थ जीवन की उठापटक को प्रतिबिम्बित करते हैं। उन्होंने लिखा है कि "उसके नाम पर चलन में मौजूद ऐसे बहुत सारे पद, जिनकी भावभूमि संकीर्ण और बदले की कार्यवाही से पूर्ण है, और जो मीरां के भव्य पवित्र और ईश्वर-भक्ति में डूबे काव्य से भिन्न है। लेकिन इन पदों ने उसके जीवन की कुछ सबसे महत्त्वपूर्ण घटनाओं की स्मृति को सहेजा है। और अन्त में उसके बारे में लिखने वालों द्वारा निम्न मध्यवर्गीय लोगों के जीवन के अनुभव के आलोक में हर चीज़ की यानी रानी मीरांबाई की राजनीतिक समस्याओं की पुनर्व्याख्या की गई, और वह मध्यवर्गीय घरों की ज़िन्दगी की कथा बन गई। और यह व्याख्या जल्द ही आधिकारिक हो गई, क्योंकि यह बात धार्मिक क्षेत्रों में सबसे अधिक रुचि रखने वाले मध्यम वर्ग के स्त्री-पुरुषों और वैसे ही बौद्धिक धरातल पर रहने वाले उच्च वर्ग के लोगों की मानसिकता के अनुकूल थी।"[89] गोएत्ज़ का मानना है :

> मीरां की असल रचनाएँ कृष्ण के प्रति उसके समर्पण और प्रेम की रचनाएँ हैं।[90]

यहाँ पहुँचकर गोएत्ज़ कुछ हद तक फिर टॉड के समान हो जाते हैं और अन्ततः उनके लिए भी मीरां पवित्रात्मा और रहस्यवादी संत-भक्त और कवयित्री

हो जाती है। मीरां के लिए उसकी भक्ति और वैयक्तिक जीवन के रागद्वेष और द्वंद्व अलग-अलग नहीं हैं। उसकी भक्ति की जड़ें उसके वैयक्तिक जीवन की उठापटक में हैं—उसकी भक्ति इसी में से फूटती और इसी के अनुसार फलती-फूलती है, लेकिन गोएत्ज़ उसकी भक्ति और अध्यात्म को उसके वैयक्तिक जीवन की इस निरन्तरता और विस्तार को नहीं मानते। उनका इतिहास का यूरोपीय संस्कार अन्त में मीरां को 'पवित्र और ईश्वर-भक्ति में डूबे' संत-भक्त रूप को महत्त्व देकर उसमें उसके वैयक्तिक जीवन की भूमिका को अस्वीकर कर देता है। भारतीय 'धारणा' और 'आचरण' इस तरह का नहीं है—जैसाकि रवीन्द्रनाथ ठाकुर कहा है :

> जड़ों और शीर्ष को अलग-अलग हिस्सों के रूप में नहीं देखता।

गोएत्ज़ ने, कुछ अपवादों को छोड़ दें, तो बहुत मनोयोग और निष्ठा के साथ मीरां के जीवन की पुनर्रचना की। मध्यकालीन इतिहास और उसमें भी राजस्थान के क्षेत्रीय इतिहास की उनकी समझ और जानकारियाँ किसी भी भारतीय विद्वान की तुलना में बहुत गहरी और व्यापक हैं। यह विडम्बना है कि उनकी यह पुनर्रचना चर्चा में नहीं आई। आख्यानों और जनश्रुतियों का ऐतिहासिक परिप्रेक्ष्य में समायोजन और युक्तीकरण की उनकी पद्धति के कुछ अच्छे नतीजे भी निकले। इससे मीरां के जीवन के कुछ मोड़-पड़ावों के सर्वथा नये रूप समाने आए। उन्होंने पहली बार मेवाड़-मारवाड़ और मेड़ता की पारस्परिक सम्बन्धों की उठा-पटक के बीच मीरां के जीवन को समझने का प्रयास किया। उन्होंने मीरांकालीन महाराणा सांगा, रत्नसिंह, विक्रमादित्य, सूरजमल, करमेती, धनाबाई, उदयसिंह, दूदा, वीरमदेव, जयमल, गांगा, मालदेव, अकबर, बाबर आदि कई ऐतिहासिक चरित्रों के सम्बन्धों की बुनावट और ऐतिहासिक घटनाक्रम में मीरां की खोजबीन की। उन्होंने जनश्रुतियों को ऐतिहासिक परिप्रेक्ष्य में रखकर मीरां के द्वारिका और इसके बाद की अब तक अज्ञात जीवन-यात्रा की पहचान बनाई। उनके अनुसार, मीरां का मनुष्य रूप उसके प्रचारित संत-भक्त रूप से अलग था। ख़ास बात यह है कि इस पुनर्रचना की पुष्टि के लिए गोएत्ज़ के पास कोई दस्तावेज़ नहीं था, केवल पारिस्थितिक साक्ष्य या अनुमान थे और उन्होंने यह बात ज़ोर देकर बार-बार कही।

पुनर्रचना की गोएत्ज़ की यह पद्धति इतिहास की यूरोपीय धारणा के दायरे में आती है या नहीं, इस पर लम्बे विचार-विमर्श की ज़रूरत है। यहाँ केवल यह कहा जा सकता है कि इसके कुछ बहुत अच्छे और कुछ ख़राब नतीजे निकले। यूरोपीय इतिहासकारों के देशज और दरबारी स्रोतों पर अविश्वास के संस्कार और प्रशिक्षण के कारण वे अपने अनुमानों को इनसे पुष्ट नहीं कर पाए। देशज और दरबारी स्रोतों में इस तरह की सामग्री है, जो कुछ उनके समय में उपलब्ध थी और कुछ बाद में सामने आई, जो उनके कुछ अनुमानों के पुष्ट करती है। गोएत्ज़ ने

सारी क़वायद मीरां को उसकी प्रचारित रूमानी और रहस्यवादी संत-भक्त पहचान से अलग करने की है, लेकिन विचित्र यह है कि वे अपने समाहार में इसी पहचान को पुख़्ता करने में लग गए और उसकी केवल कृष्ण के प्रेम और समर्पण की रचनाओं को महत्त्व देकर उसके जागतिक जीवन की उठापटक की रचनाओं को इनसे कमतर ठहराने में लग गए। मीरां एक समग्र मनुष्य है—उसका संत-भक्त रूप उसके दैनन्दिन जीवन-संघर्ष और अनुभव का विस्तार है और उसके बीच में ही बनता-बढ़ता है। मीरां की कविता में यही समग्रता है, इसमें उसकी भक्ति और जीवन-संघर्ष सम्बन्धी कविताएँ अलग-अलग नहीं हैं, लेकिन विचित्र यह है कि अपनी मीरां की पहचान और समझ में गोएत्ज़ इनको अलग करके देखते हैं। गोएत्ज़ का यह कहना सही है कि मीरां ने :

> इस दुनिया की सारी चमक और सारे दु:खों का अनुभव किया था, वह समाज के शीर्ष पर सत्ता के खेल को और ग़रीब तथा सताए हुए उन लोगों के दु:खों को जानती थी, जो उसके भगवान की आभा में डूबे रहते थे, फिर भी राजाओं और पुजारियों की घातक घृणा से पीड़ित थे। वह जन्मना हिन्दू अभिजात थी और उसका विकास एक ऐसी दृष्टि में हुआ था जहाँ सभी पुरुष 'गोपियाँ' या एक ईसाई की भाषा में : भगवान के बच्चे थे।[31]

मीरां का यह अनुभव केवल उसके संत-भक्त का अनुभव नहीं है, यह उसके भक्त में शामिल मनुष्य का अनुभव भी है। मीरां इसीलिए अपने भक्ति के अनुभव को अपने मनुष्य के अनुभव और संघर्ष के साथ रखकर देखती-समझती है। मीरां की कविता में इसीलिए भक्ति के साथ उसके जीवन के राग-द्वेष, तनाव और द्वंद्व भी आते हैं, लेकिन विचित्र यह है कि गोएत्ज़ का 'विभाजित मस्तिष्क' इनको अलग करके देखता-समझता है।

सन्दर्भ और टिप्पणियाँ

1. हरमन गोएत्ज़, *मीरांबाई : हर लाइफ़ एंड टाइम*, भारतीय विद्या भवन, मुम्बई, 1966, पृ. 1
2. वही, पृ. 40
3. वही, पृ. 3
4. वही, पृ. 40
5. रवीन्द्रनाथ टैगोर, *विजन ऑफ़ हिस्ट्री*, अनु. सिबेश भट्टाचार्य एवं सुमिता भट्टाचार्य, इंडियन इंस्टिट्यूट ऑफ़ एडवांस्ड स्टडी, शिमला, 2003, पृ. 33
6. हरमन गोएत्ज़ के जीवन से सम्बन्धित अधिकांश जानकारियाँ *ग्रोव इनसाइक्लोपीडिया ऑफ़ इस्लामिक आर्ट एंड आर्किटेक्चर*, खंड-1, सम्पा. जोनाथन एम. ब्लूम एवं शेलिया ब्लेयर, आक्सफ़ोर्ड, न्यूयॉर्क, 2009, पृ. 118 पर आधारित हैं।

7. कार्ल जेट्टमार, 'ओरीजनल वेरोऑफंगटिल्चिंग : हरमन गोएत्ज़', *ईस्ट एंड वेस्ट-26*, 1976, पृ. 539-40
8. हरमन गोएत्ज़, *मीरांबाई : हर लाइफ़ एंड टाइम्स*, पृ. 1
9. वही, पृ. 3
10. वही, पृ. 2
11. वही।
12. वही, पृ. 40
13. वही, पृ. 7
14. लेफ्टिनेंट कर्नल जेम्स टॉड, *एनल्स एंड एंटीक्विटीज़ ऑफ़ राजस्थान*, खंड-2, सम्पा. विलियम क्रूक, मोतीलाल, बनारसीदास, पुनर्मुद्रित संस्करण, दिल्ली, 1971, प्र.सं., लंदन, 1920, पृ. 337
15. कृष्णलाल एम. झवेरी, *माइल स्टोन्स ऑफ़ गुजराती लिटरेचर*, एशियन एज्यूकेशनल लिटरेचर सर्विसेज, नई दिल्ली, 1993, पृ. 35
16. हरमन गोएत्ज़, *मीरांबाई : हर लाइफ़ एंड टाइम्स*, पृ. 5
17. बीसवीं सदी और उसके बाद मीरां का यही संत-भक्त रूप लोकप्रिय साहित्य, चित्रकथा, फ़िल्म और कैसेट्स-सीडीज में भी चल निकला। इन माध्यमों की पहुँच का दायरा आख्यानों और इतिहास की तुलना में बहुत बड़ा था इसलिए मीरां का निर्मित संत-भक्त रूप जनसाधारण में लोकप्रिय हो गया। इन माध्यमों ने अपनी व्यावसायिक ज़रूरतों के अनुसार इसको पुष्ट और परिवर्तित भी किया। गीता प्रेस (हनुमानप्रसाद पोद्दार, *भक्त नारी*—भक्त चरित माला-2, गीताप्रेस, गोरखपुर, 2001) और अमर चित्रकथा (अनंत पै, *मीराबाई*, इंडिया बुक हाउस प्रा. लि., मुम्बई, पुनर्मुद्रण, 2007) की मीरां अपनी धार्मिक अस्मिता के प्रति सचेत, मध्यवर्गीय जनसाधारण की आकांक्षाओं के अनुसार आदर्श हिन्दू पत्नी और संत-भक्त है, जबकि डायमंड बुक्स (गिरिजाशरण अग्रवाल, *प्रेम दीवानी मीरां*, डायमंड पॉकेट बुक्स प्रा.लि., नई दिल्ली, 2003) की मीरां भूमंडलीकृत अर्थ-व्यवस्था में पली-बढ़ी नई पीढ़ी के मध्यवर्ग की काम्य स्त्री छवि के अनुसार रूमानी, स्वतंत्र और अंशतः परम्परा विरोधी है। फ़िल्म (गुलज़ार निर्देशित *मीरां*) में भी मीरां असाधारण भक्त स्त्री और प्रेम दीवानी है। लोकप्रिय ऑडियो कैसेट्स-सीडीज में भी मीरां की ऐसी रचनाएँ संकलित की गई हैं, जो उसके भक्त और प्रेम दीवानी स्त्री-रूप को ही पुष्ट करती है।
18. वही, पृ. 8
19. महाराणा मोकल (1421-1433 ई.) के समय यह घटना हुई। लाखा के उत्तराधिकारी चूंडा ने स्वेच्छा से जोधपुर मूल की रानी हंसाबाई के पुत्र मोकल के पक्ष में मेवाड़ छोड़ दिया। अल्पवय मोकल के समय राज्य-कार्य हंसाबाई का भाई राठौड़ रणमल करने लगा। उसकी मंशा अच्छी नहीं थी—उसने मनमानी शुरू कर दी। विस्तृत विवरण के लिए देखिए—गौरीशंकर हीराचन्द ओझा, *उदयपुर राज्य का इतिहास*, राजस्थानी ग्रंथागार, जोधपुर, 1996-97, पृ. 270-279
20. हरमन गोएत्ज़, *मीरांबाई : हर लाइफ़ एंड टाइम्स*, पृ. 13
21. हुकुमसिंह भाटी, *मीरांबाई : ऐतिहासिक और सामाजिक विवेचन*, रतन प्रकाशन, जोधपुर, 1986, पृ. 17
22. हरमन गोएत्ज़, *मीरांबाई : हर लाइफ़ एंड टाइम्स*, पृ. 13

23. वही।
24. सी.एल. प्रभात, *मीरां : जीवन और काव्य,* खंड-1, राजस्थानी ग्रंथागार, जोधपुर, 1999, पृ. 153
25. हरमन गोएत्ज़, *मीरांबाई : हर लाइफ़ एंड टाइम्स,* पृ. 33
26. वही, पृ. 35
27. गोपीनाथ शर्मा, *भक्त मीरांबाई,* मीरां कला मन्दिर, उदयपुर, 1990, पृ. 18
28. भरत सी. सुखपरिया, प्रदीप आर. माधवाणी एवं गिरीश वी. गणात्रा, सम्पादन, 'मीरांबाई का जीवन चरित्र', *द्वारिका परिचय,* रवि प्रकाशन, द्वारिका, प्रथमाष्तृति-गुजराती, 2004, प्रथमावृति-हिन्दी, 2005, पृ. 79
29. "ओखामंडल का वाढ़ेल वंश के वेरावलजी और बिजलजी नाम के राठौड़ राजपूत भाई लगभग 13वीं सदी में (राजस्थान के) मारवाड़ से द्वारिका आ पहुँचे। उस प्रदेश में हिरौंल राजपूतों और चावड़ा राजपूतों के बीच विग्रह चल रहा था। इस विग्रह के अन्त में राठौड़ जीते और उस प्रदेश में से चावड़ाओं को नेस्तनाबूद कर दिया। उन्होंने आसपास के प्रदेशों पर कब्ज़ा करके एक छोटी पर प्रबल सत्ता की स्थापना की। अब इन राठौड़ों ने वाढ़ेल या वाढ़ेर अल्ल (उपनाम) लगाना शरू किया। वैरावलजी ने कच्छ के छोटे रेगिस्तान के पास वेदमती नदी तक का इलाक़ा कब्जे में ले लिया था। उसने अपनी राजधानी द्वारिका की उत्तरी खाड़ी के किनारे आरम्भड़ा गाँव में नई बस्ती बसाकर वहाँ पर सत्ता क़ायम की। उसकी मृत्यु के बाद उसके बेटे विकमसी ने सत्ता प्राप्त की। इस विकमसी के बाद लगभग 9 राणा हुए। सभी ने मिलकर लगभग 120 साल तक शासन किया। विकमसी की...(अस्पष्ट) पीढ़ी में सांगणजी आते हैं, जिन्होंने अपनी सत्ता जामखंभाळिया तक फैला ली थी। सांगणजी ने राव मांडलिक के शंखोद्धार द्वीप पर चढ़ाई करके उसे पराजित किया था। सांगणजी का माणेक अवटंक के वाघेरों के साथ संघर्ष होता रहता था, इसलिए उसने ओखामंडल पर वाढ़ेरों का शासन तथा द्वारिका पर वाघेरों का शासन रहे, ऐसी सन्धि की थी। उसने इस प्रकार का समझौता भी करवाया था कि दोनों सामंजस्य के साथ रहे, जिससे बाहर के शत्रु आकर दोनों का विनाश न करे। तब से दोनों जातियाँ साथ मिलकर रहने लगीं। सांगणजी के बाद उनका पुत्र भीमजी सत्ता पर आया। भीमजी के समय में द्वारिका के समुद्र में होने वाली सामुद्रिक लूट को रोकने के लिए महमूद बेगड़ा ने चढ़ाई की और भीमजी को भगाकर समग्र प्रदेश पर मुस्लिम सत्ता क़ायम की। पर बाद में वाढ़ेरों ने बलशाली सेना एकत्र कर समग्र प्रदेश को कब्ज़े में ले लिया था। लगभग ईसवी सन् 1592 में अकबर के दबाव से मुज़फ़्फ़र हार कर आरम्भड़ा के वाढ़ेर राणा शिव (सवजी) के आश्रय में आया। उस समय मुग़ल सत्ता ने चढ़ाई की थी। उसके साथ के युद्ध में शिवराणा ने अपने प्राणों का बलिदान दिया। इसका परिणाम यह हुआ कि ओखामंडल का प्रदेश मुस्लिम सत्ता के (उस समय मुग़ल सत्ता के नीचे) हस्तक आ गया था। इस समय शिवराणा का बेटा सांगणजी सिन्ध की तरफ़ भाग गया, परन्तु उसने मल्ल नाम के मुस्लिम शासकों को हथियार फेंककर भागने के लिए विवश कर दिया। सांमणा माणेक सिन्ध में सांगणजी को ढूँढ़ने गया। वह उसे वापस ले आया, तब जो भयंकर युद्ध हूआ, उसमें मुस्लिम सेना हार गई। युद्ध के बाद आरम्भड़ा की राजगादी पर सांगणजी का राज्याभिषेक हुआ। सांगणजी के बाद अखेराज सत्ता पर आया। वह अभी कुमार ही था तब उसके बहनोई नवानगर के जाम ने उसे क़ैद कर लिया था तब द्वारिका के माणेक के पुत्र पतरामेल ने वाघेरों

की फ़ौज ले जाकर उसे छुड़ाया था। ईसवी सन् 1664 में अखेराजजी का अवसान हुआ और उसका पुत्र भोज राजगद्दी पर बैठा। उसके राजकुमार वजेराजजी को अपने अन्य छः भाइयों के साथ अनबन हुई, इसीलिए भोजराजजी ने उसे पोशीतर की जागीर वंशपरम्परा के रूप में देकर उसे वहाँ का प्रशासन सौंपा। ईसवी सन् 1715 तथा 1718 के दरमियान आरम्भड़ा तथा पोशितर के वाढ़ेर सरदारों ने द्वारिका वाले वाघेरों की मदद से सौराष्ट्र के कुछेक स्थानों पर डाका डाला था। तब नवानगर, गौड़ल और पोरबंदर की सेनाओं ने चढ़ाई की और उन्हें दबाने की कोशिश की। इस अवसर पर नवानगर का वह प्रदेश, जो वाढ़ेरों ने हथिया लिया था, वह उन्हें छोड़ देना पड़ा। ओखामंडल के प्रदेश में ही उनकी सत्ता सीमित हो गई। वजेराजजी को पोशितरा की जागीर दे दिये जाने पर आरम्भड़ा के दो हिस्से हुए, तो वाघेरों के भी द्वारिका और वसई के ऐसे ही दो हिस्से हुए। ये चारों अपने-आपको राजा कहलवाते थे, फिर भी बाहर का कोई शत्रु आता था तो वे सभी एक साथ हो जाते थे।"—रसिकलाल पारीख, *गुजरात का राजकीय और सांस्कृतिक इतिहास* (मुग़लकाल), प्रकाशक सूचना विषयक पृष्ठ नहीं है, पृ. 138-140

30. 'मीरांबाई का जीवन चरित्र', *द्वारिका परिचय*, पृ. 80
31. जेम्स टॉड, पश्चिमी *भारत की यात्रा*, हिन्दी अनुवाद, गोपालनारायण बहुरा, राजस्थान प्राच्यविद्या प्रतिष्ठान, जोधपुर, द्वितीय संस्करण, 1996, पृ. 442
32. 'मीरांबाई का जीवन चरित्र', *द्वारिका परिचय*, पृ. 80
33. "महाराणी जी श्री मीरां कँवरी राठौड़ मेड़ता रा दूदा भारमलोत जोधउत की ने मन्दर करायो श्री नाराईण चारभुजाजी को जी को समोरथ संमत पदरसे चवदा से कामचलतो हुवो संमत 1514 का महा सुदी पंचमी रे दन नीम दीदी गढ़ चित्तौड़ उपरे भगवा श्री कुम्भ श्याम को मन्दर राणा जी श्री कुम्भाजी करायो जणी मन्दर नखे राणी मीरां कंवरी ने करायो संमत पदरासे छतीसा ताई हुवो बरस बीस महे हुवो संमत 1536 ताई हुवो। जी की खरचदाअरी का रुपिया 44799 उदीयापण का रुपीय बाब्बन हज़ार नसे चौतीस लागा 52934 चीतौपर आई ठाणा मन्दर का छ जी सु सगला सु सगस काम मीराबाई का मन्दर हुवो। अकंदर रुपीया पाँच लाख नवसे तेतीस लागा 500933 उदीयापण हुवो। संमत पदरासे छ्तीसा बरषे 1536 का माह बुदी आठम गुरुवार के दिन उदीयापण हुवा। (यहाँ मीरां को महाराणा सांगा की रानी लिखा गया है, जो ग़लत है। इसी तरह जो तिथियाँ दी गई हैं, वे भी इतिहाससम्मत नहीं हैं।—लेखक—*चित्तौड़-उदयपुर पाटानामा*, खंड-2, सम्पा. मनोहरसिंह राणावत, श्री नटनागर शोध संस्थान, सीतामऊ, 2003, पृ. 156
34. हरमन गोएत्ज़, *मीरांबाई : हर लाइफ़ एंड टाइम्स*, पृ. 31
35. ठाकुर चतुरसिंह, 'मीरां प्रकरण', *परम्परा* (विद्याभूषण हरिनारायण पुरोहित अंक), भाग-63-64, पृ. 70
36. अब्बास ख़ान सरवानी, 'तारीख़-ए-शेरशाही', *दि हिस्ट्री ऑफ़ इंडिया एज टोल्डबाई इट्स ऑन होस्टोरियन्स*, खंड-4, सम्पा. एवं अनुवाद, एच.एम. इलियट, ट्रयूबनेर एंड कम्पनी, लंदन, 1872, पृ. 406
37. गौरीशंकर हीराचन्द ओझा, *उदयपुर राज्य का इतिहास*, पृ. 422
38. *ए कनिंघम रिपोर्ट्स ऑफ़ ए ट्यूर इन रीवा, बुन्देलखंड, मालवा एंड ग्वालियर, इन 1884-1885 बाई आरकियोलोजिकल सर्वे ऑफ़ इंडिया*, सुपरिंटेंडेंट ऑफ़ गवर्नमेंट प्रिंटिंग, इंडिया, कलकत्ता, 1885, पृ. 103

39. जे.एम. सहेलात, *अकबर,* भारतीय विद्या भवन, मुम्बई, 1964, पृ. 218
40. मीरां, *मीरां बृहत् पदावली,* भाग-1, सम्पा. हरिनारायण पुरोहित, राजस्थान प्राच्यविद्या प्रतिष्ठान, जोधपुर, तृतीय संस्करण, 2006, पृ. 16
41. माताप्रसाद गुप्त, 'तुलसीदास : जीवन-वृत्त और कृतियाँ', *रामचरितमानस,* सम्पा. सुधाकर पांडेय, राधाकृष्ण प्रकाशन, दिल्ली, 1972, पृ. 9
42. जगदीशसिंह गहलोत के अनुसार मानसिंह भगवानदास के छोटे भाई भगवंत दास का पुत्र था।—*कछवाहों का इतिहास,* यूनिक ट्रेडर्स, जयपुर, संशोधित संस्करण, 2004, पृ. 91
43. जे.एम. सहेलात, *अकबर,* पृ. 221
44. वही, पृ. 195
45. विंसेट ए स्मिथ, *अकबर दि ग्रेट मुग़ल,1542-1605,* ऑक्सफ़ोर्ड यूनिवर्सिटी प्रेस, लंदन, 1917, पृ. 57
46. जगदीशसिंह गहलोत, *कछवाहों का इतिहास,* पृ. 91 एवं 101
47. नाभादास, *श्रीभक्तमाल* (श्रीप्रियादासजी प्रणीत टीका-कवित्त सहित), सम्पा. सीतारामशरण-भगवानप्रसाद रूपकला, तेजकुमार बुक डिपो (प्रा.) लिमिटेड, लखनऊ, ग्यारहवाँ संस्करण 2011, पृ. 724
48. देवीसिंह मंडावा, *कच्छवाहों का इतिहास,* राजस्थानी ग्रंथागार, जोधपुर, द्वि. सं. 2010, पृ. 15
49. *प्रोग्रेस रिपोर्ट आर्कियोलॉजिकल सर्वे ऑफ़ इंडिया—वेस्टर्न सर्किल, 1910,* परिग्रहण क्रमांक 22181, केन्द्रीय आर्कियोलॉजिकल लाइब्रेरी, नई दिल्ली, पृ. 47 एवं जगदीशसिंह गहलोत, *कछवाहों का इतिहास,* पृ. 23
50. असीमकुमार राय, *हिस्ट्री ऑफ़ जयपुर स्टेट,* मनोहर, नई दिल्ली, 1973, पृ. 161
51. हरमन गोएत्ज़, *मीराबाई : हर लाइफ़ एंड टाइम्स,* पृ. 37
52. एच.जी. कीने, *ए स्केच ऑफ़ दि हिस्ट्री ऑफ़ हिन्दुस्तान,* इदाराए अदबियात, दिल्ली, 1972, पृ. 98 और जे.एम. सहेलात, अकबर, पृ. 221
53. हरमन गोएत्ज़, *मीराबाई : हर लाइफ़ एंड टाइम्स,* पृ. 6
54. रैदास के अध्येता उनके जन्म और मृत्यु के समय के सम्बन्ध में एक राय नहीं हैं। उन्होंने इस सम्बन्ध में, जो विभिन्न तिथियाँ सुझाई हैं, उनमें समय का अन्तराल बहुत व्यापक है—इनके अनुसार रैदास का जन्म 1376 से 1443 ई और मृत्यु 1520 से 1540 ई. के बीच हुई। रैदासपंथियों के अनुसार उनका जन्म 1376 ई. में और निधन 1506 ई. में हुआ। रैदास के पहले आधुनिक अध्येता रामचरण कुरील ने पारम्परिक विश्वास के आधार पर रैदास का समय 1414 से 1540 ई. माना। रामानन्द शास्त्री ने माना कि रैदास का जन्म 1384 से 1398 ई. के बीच और मृत्यु 1520-1538 ई. के बीच हुई होगी। ए.पी. सिंह के अनुसार, उनका जन्म 1376 से 1538 के बीच हुआ होगा। दर्शन सिंह और योगेन्द्र सिंह की राय इससे अलग है—योगेन्द्र सिंह के अनुसार इस सम्बन्ध में निश्चयपूर्वक कुछ भी नहीं कहा जा सकता। उनके अनुसार, रैदास का जन्म 1443 ई. के आसपास हुआ होगा। (*संत रैदास,* लोक भारती प्रकाशन, इलाहाबाद, 208, पृ. 15) दर्शन सिंह के अनुसार, रैदास का जन्म 1414 और उनकी मृत्यु 1527 ई. में हुई। विनांद कैलवर्त्त और पीटर जी फ्रेडलेंडर ने रैदास की सक्रियता का समय 1450 से 1520 ई. के बीच माना है। (*लाइफ़ एंड वर्क्स ऑफ़ रैदास,* पार्ट-I, मनोहर, दिल्ली,

1992, पृ. 26.) रैदास के जीवनकाल के सम्बन्ध में भी बहुत प्रामाणिक साक्ष्य उपलब्ध नहीं है। उनका समय उनकी वाणी में उल्लिखित अन्य संत-भक्तों और अन्य संत भक्तों की वाणी में उनके उल्लेख तथा रामानन्द के समय के आधार पर तय किया जाता है। रैदास रामानन्द के शिष्य थे, यह उल्लेख *भक्तमाल* और *रैदास परचई* में मिलता है। रामानन्द के जन्म का समय अनुमान के आधार, 1356 ई. के आसपास माना गया है। रैदास ने कबीर का उल्लेख सम्मानपूर्वक किया है, जिनका समय 1398-1515 ई. ठहरता है। मीरां अपने पदों में एकाधिक स्थानों पर रैदास का उल्लेख गुरु की तरह करती है, जिसका समय 1498 से 1565 ई. तक है, लेकिन मीरां का रैदास से सम्बन्ध औपचारिक के बजाय अनौपचारिक शिष्यत्व का ही होना चाहिए। इसी तरह धन्ना भगत ने रैदास का स्मरण बहुत आदरपूर्वक किया है, जिनका जन्म 1415 ई. में हुआ। है। स्पष्ट है कि रैदास रामानन्द के समकालीन और उनसे कनिष्ठ, कबीर के समकालीन और कनिष्ठ और धन्ना भगत के समकालीन और उनसे वरिष्ठ होने चाहिए। *भक्तमाल* और *रैदास परचई* सहित कुछ ग्रंथों के विश्वास के अनुसार कबीर, रैदास आदि रामानन्द के बारह शिष्य थे। यह सही है कि रैदास ने कबीर की तरह अपने रामानन्द के शिष्य होने का उल्लेख नहीं किया, लेकिन *भक्तमाल* और *रैदास परचई* के उल्लेख रैदास के सक्रिय जीवन के बहुत बाद के नहीं हैं। रामानन्द के जीवनकाल की तिथियों को लेकर भी अभी अनिश्चय है—इनमें उनका जन्म 1338 से 1348 ई. के बीच और मृत्यु 1445 से 1460 ई. के बीच मानी गई है। रैदास की सक्रियता का समय इस आधार पर तय होना चाहिए कि वे रामानन्द, कबीर और धन्ना के समकालीन थे। रामानन्द की उम्र कबीर व धन्ना से कुछ ज़्यादा रही होगी और धन्ना कबीर से आयु में कम रहे होंगे। अनुमान किया जा सकता है कि रैदास का जन्म 1410 ई. के आसपास और उनका निधन 1500 ई. के आसपास हुआ होगा। ये तिथियाँ सभी देशज स्रोतों में वर्णित तिथियों के भी आसपास हैं। विनांद कैलवर्त्त और पीटर जी फ्रेडलेंडर ने रैदास को रामानन्द से असम्बद्ध और मीरां से सम्बद्ध दिखाने के लिए उनके जन्म और और मृत्यु की तिथियों को आगे किया है, जो युक्तिसंगत नहीं है।

55. हरमन गोएत्ज़, *मीरांबाई : हर लाइफ़ एंड टाइम्स*, पृ. 7
56. मोहनलाल दशोरा, *श्रीवीरभूमि : चित्तौड़गढ़*—श्रीचित्रकूट गुण मालिका, मोहनलाल दशोरा एडवोकेट, उदयपुर, द्वितीय संस्करण, 2013, पृ. 41
57. महेन्द्र भानावत, *निर्भय मीरां* (यह पुस्तक मीरां सम्बन्धी लोक-स्मृतियों पर आधारित है। इसके लिए भानावत ने 1982 से1987 ई. तक मीरां से सम्बन्धित अधिकांश स्थानों की शोध-यात्राएँ कीं।) (मुक्तक प्रकाशन, उदयपुर, 1994)
58. परिता मुक्ता, *अपहोल्डिंग दि कॉमन लाइफ़—दि कम्यूनिटी ऑफ़ मीराबाई,* (ऑक्सफोर्ड यूनिवर्सिटी प्रेस, कोलकाता, 1997, पृ. 105
59. 'मीरांबाई का जीवन चरित्र', *द्वारिका परिचय,* पृ. 79
60. मीरां, *मीरां बृहत् पदावली,* भाग-1, पृ. 207, पृ. 220
61. वही, पृ. 201
62. धर्मपाल मैनी, *रैदास,* साहित्य अकादेमी, नई दिल्ली, 2008, पृ. 14
63. बसत चित्तौर मांझ रानी एक झाली नाम, नाम बिन कान ख़ाली आन शिष्य भई है। —*श्री भक्तमाल* (श्रीप्रियादासजी प्रणीत टीका-कवित्त सहित), पृ. 477
64. हरमन गोएत्ज़, *मीराबाई, हर लाइफ़ एंड टाइम्स,* पृ. 11

65. वियोगी हरि, सम्पा., *संत सुधा सार*, सस्ता साहित्य मंडल, नई दिल्ली, तीसरी बार, 2004, पृ. 155
66. गोपीनाथ शर्मा, *भक्त मीरांबाई*, पृ. 19
67. वियोगी हरि, सम्पा., *संत सुधा सार*, पृ. 155
68. माधव हाड़ा, *पचरंग चोला पहर सखी री—मीरां का जीवन और समाज*, वाणी प्रकाशन, नई दिल्ली, 2015, पृ. 95-99
69. हरमन गोएत्ज़ : *मीराबाई, हर लाइफ़ एंड टाइम्स*, पृ. 7
70. नागरीदास, 'पद प्रसंग माला', *नागरीदास ग्रंथावली*, सम्पा. किशोरीलाल गुप्त, खंड-2, नागरीप्रचारिणी सभा, वाराणसी, 1955, पृ. 363
71. हरमन गोएत्ज़, *मीरांबाई : हर लाइफ़ एंड टाइम्स*, पृ. 10
72. वही।
73. देवी के पुजायबे कौं कियौ ले उपाय सासु, बर पै, पुजाइ सुनि वधू पूजि भाखियै।/ बोली, "जू बिकायौ माथौ लाल गिरधारी हाथ, और कौन नव, एक वही अभिलाखियै॥" —*श्री भक्तमाल* (*श्रीप्रियादासजी प्रणीत* टीका-कवित्त सहित), पृ. 716
74. माधव हाड़ा, *पचरंग चोला पहर सखी री*, पृ. 96
75. मुँहता नैणसी, *मुँहता नैणसीरी ख्यात*, भाग-1, सम्पा. बद्रीप्रसाद साकरिया, प्राच्यविद्या प्रतिष्ठन, जोधपुर, 2006, पृ. 21
76. रामदान लालस, *भीम प्रकाश*—पांडुलिपि, सेठ सूरजमल नागरमल पुस्तकालय, कोलकाता, पृ. 3
77. हरमन गोएत्ज़, *मीराबाई : हर लाइफ़ एंड टाइम्स*, पृ. 21
78. अमर चित्रकथा की तरह ही मकॉव बुक्स ने चित्र कथा (*मीराबाई*, 2009) प्रकाशित की, जिसमें अकबर और तानसेन का भेस बदलकर मीरां के यहाँ आने और उसकी पूजित प्रतिमा के चरणों में हार चढ़ाने की घटनाओं से सम्बन्धित जनश्रुति को अपेक्षाकृत अधिक विस्तार से चित्रित किया गया है। यहाँ हिन्दू धार्मिक आग्रह नहीं है, इसलिए इसमें अकबर की सराहना की गई है। एक चित्र में अकबर बैठा है और उसके सम्बन्ध में कैप्शन में लिखा गया है कि "उन दिनों दिल्ली में मुग़ल सम्राट अकबर का शासन था और वह उदार और सुसंस्कृत था।" आगे एक चित्र में वह दरबार में संगीत सुनकर उसकी तारीफ़ कर रहा है और उसके सम्बन्ध में कैप्शन है कि "वह अच्छा और पवित्र संगीत पसन्द करता था।"
79. हरमन गोएत्ज़, *मीराबाई : हर लाइफ़ एंड टाइम्स*, पृ. 25
80. *मीरां बृहत् पदावली*, भाग-1, पृ. 165
81. *मीरां बृहत् पदावली*, भाग-2, सम्पा. कल्याणसिंह शेखावत, राजस्थान प्राच्यविद्या प्रतिष्ठान, जोधपुर, 1975, पृ. 48
82. हुकुमसिंह भाटी, *मीरांबाई : ऐतिहासिक और सामाजिक विवेचन*, रतन प्रकाशन, जोधपुर, 1986, पृ. 20
83. हरमन गोएत्ज़, *मीराबाई : हर लाइफ़ एंड टाइम्स*, पृ. 22
84. गौरीशंकर ओझा, *उदयपुर राज्य का इतिहास*, पृ. 394
85. हरमन गोएत्ज़, *मीराबाई : हर लाइफ़ एंड टाइम्स*, पृ. 22
86. वही।

87. बड़वा देवी दान, *मेवाड़ के राजाओं की राणियों, कुँवरों और कुँवरियों का हाल*, सम्पा. देवीलाल पालीवाल, साहित्य संस्थान, राजस्थान विद्यापीठ, उदयपुर, 1985, पृ. 10
88. वही।
89. हरमन गोएत्ज़, *मीराबाई : हर लाइफ़ एंड टाइम्स*, पृ. 22
90. वही, पृ. 42
91. वही।

अध्याय-3

'हिस्ट्री' की कसौटी

पश्चिम में वहाँ की सांस्कृतिक ज़रूरतों के तहत अठारहवीं सदी में 'इतिहास' (हिस्ट्री) की एक अवधारणा का विकास हुआ, जो दूसरे देश-समाजों को समझने-जानने के लिए सर्वथा अनुपयोगी और अप्रासंगिक थी। भारतीय परम्परा और विरासत को इस धारणा के मानकों के आधार पर समझने-परखने का मतलब था—ग़लत निष्कर्षों पर पहुँचना। रवीन्द्रनाथ ठाकुर इतिहास की पश्चिमी अवधारणा से आधुनिक होने की हड़बड़ी और जल्दबाज़ी के दौर में भी सर्वथा अप्रभावित थे। उन्होंने 'हिस्ट्री' की इस पश्चिमी कसौटी पर भारतीय समाज, परम्परा, साहित्य और संस्कृति को परखने-समझने से निकलने वाले ग़लत और ख़राब नतीजों के प्रति बीसवीं सदी की शुरुआत में आगाह कर दिया था। उन्होंने अपने निबन्ध *भारतवर्षेर इतिहास* (1903 ई.) में लिखा :

> दरअसल इस अंधविश्वास का परित्याग कर दिया जाना चाहिए कि सभी देशों के इतिहास को एक समान होना चाहिए। रॉथ्सचाइल्ड की जीवनी को पढ़कर अपनी धारणाओं को दृढ़ बनाने वाला व्यक्ति जब ईसा मसीह के जीवन के बारे में पढ़ता हुआ अपनी ख़ाता-बहियों और कार्यालय की डायरियों को तलाश करे और अगर वे उसे न मिलें, तो हो सकता है कि वह ईसा मसीह के बारे में बड़ी ख़राब धारणा बना ले और कहे : 'एक ऐसा व्यक्ति जिसकी औक़ात दो कौड़ी की भी नहीं है, भला उसकी जीवनी कैसे हो सकती है?' इसी तरह वे लोग जिन्हें 'भारतीय आधिकारिक अभिलेखागार' में शाही परिवारों की वंशावली और उनकी जय-पराजय के वृत्तांत न मिले, तो वे भारतीय इतिहास के बारे में पूरी तरह निराश होकर कह सकते हैं कि 'जहाँ कोई राजनीति ही नहीं है, वहाँ भला इतिहास कैसे हो सकता है?' लेकिन ये धान के खेतों में बैंगन तलाश करनेवाले लोग हैं। और जब उन्हें वहाँ बैंगन नहीं मिलते

हैं, तो फिर कुंठित होकर वे धान को अन्न की एक प्रजाति मानने से ही इनकार कर देते हैं। सभी खेतों में एक-सी फ़सलें नहीं होती हैं। इसलिए जो इस बात को जानता है और किसी खेत विशेष में उसी फ़सल की तलाश करता है, वही वास्तव में बुद्धिमान होता है।[1]

इतिहासकार फ्रांसिस टैफ़्ट ने भी मीरां के जीवन और कविता को समझने के लिए इतिहास (हिस्ट्री) के पश्चिमी मानकों का इस्तेमाल किया और जब ये इतिहास के पश्चिमी मानकों पर खरे नहीं उतरे, तो उन्होंने मीरां के जीवन और कविता से सम्बन्धित अधिकांश स्रोत-सामग्री को कुछ हद तक सन्दिग्ध घोषित कर दिया।

फ्रांसिस टैफ़्ट 2002 में एक शोध-पत्र 'दि इल्यूजिव हिस्टोरिकल मीरा—ए नोट' लिखा,[2] जिसकी पर्याप्त चर्चा हुई। सबसे पहले हम फ्रांसिस टैफ़्ट की स्थापनाओं पर विचार कर लेते हैं। उन्होंने अपने शोध लेख में राजस्थान के आरम्भिक आधुनिक इतिहासकारों—श्यामलदास (1836-1893 ई.), मुंशी देवीप्रसाद (1847-1923 ई.), ठाकुर चतुरसिंह (1863-1942 ई.) और गौरीशंकर ओझा (1863-1947 ई.) की मीरां के जीवन और कविता सम्बन्धी धारणाओं में उनके द्वारा उपयोग में ली गई तीन तरह की स्रोत सामग्री—(1) राजपूत वंशावलियाँ, (2) चारण-भाटों की धारणाएँ और (3) राजस्थान की भक्ति-सम्बन्धी परम्पराओं के आधार पर विचार किया। अन्ततः वे इस निष्कर्ष पर पहुँचीं :

1. 19वीं सदी के अन्तिम दो दशकों में 'यूरोपीय शैली' में इतिहास लिखनेवाले मुंशी देवीप्रसाद, श्यामलदास, गौरीशंकर ओझा और ठाकुर चतुरसिंह के काम से मीरा के जीवन की एक बुनियादी रूपरेखा बन जाती है।
2. इस बुनियादी रूपरेखा में बाद में कई चीज़ें जोड़ दी गईं, जो 'इतिहास' की श्रेणी में नहीं आतीं,
3. कुछ क्षेत्र ऐसे हैं, जिनमें और अनुसन्धान करने से मीरां की अधिक स्पष्ट ऐतिहासिक पहचान उभर सकती है और
4. मीरां का ऐतिहासिक और संत रूप, दोनों एक दूसरे से बहुत अलग हैं और दूसरा संत रूप बाद में गढ़ा गया है।

विडम्बना यह है कि फ्रांसिस टैफ़्ट मीरां को 'ऐतिहासिक' भी मानती हैं और इस सम्बन्ध में उपलब्ध साक्ष्यों को 'आधुनिक इतिहास-सम्मत दृष्टि' से अपर्याप्त भी ठहराती है। वे उन विद्वानों को जो मीरां की ऐतिहासिकता को लेकर आश्वस्त नहीं हैं, कुछ हद तक ग़लत मानती हैं।[3] आरम्भ में मीरां की ऐतिहासिकता के सम्बन्ध में कुछ हद आश्वस्त भी लगनेवाली फ्रांसिस टैफ़्ट शोधपत्र के अन्त तक पहुँचते-पहुँचते मीरां से सम्बन्धित अधिकांश उपलब्ध साक्ष्यों को सन्देहास्पद ठहरा देती हैं। उनके शोध लेख के अन्तिम निष्कर्ष इस प्रकार हैं :

पहला, बावजूद अनेक अनिश्चितताओं के, आरम्भिक इतिहासकारों के काम से मीराबाई के जीवन की एक प्राथमिक रूपरेखा उभर जाती है, तथापि, विशेष रूप से मुंशी देवीप्रसाद के काम में स्पष्टत: ऐसी परम्पराएँ और व्याख्याएँ सम्मिलित हैं, जिनकी पुष्टि वर्तमान ऐतिहासिक ज्ञान से नहीं की जा सकती है।

दूसरा, निश्चय ही यह मुमकिन है कि हम कुछ ऐतिहासिक उलझनों को सुलझा सकें; ख़ास तौर पर हम श्यामलदास के स्रोतों के बारे में और अधिक जान सकते हैं। तथापि, एक ऐतिहासिक अर्थ में, जो हम पहले से जानते हैं, उस जानकारी में और महत्त्वपूर्ण वृद्धि करने के बारे में, निहित महत्त्वपूर्ण अवरोधों के बारे में हमें यथार्थपरक होना चाहिए। ऐतिहासिक उद्देश्यों से भक्ति और राजस्थान की परम्पराएँ बहुत हद तक अविश्वसनीय हैं और यह चाहे जितना आकर्षक हो, हमें मीरां की पदावली के बारे में भी सावधान रहना होगा, जो हमें अपेक्षाकृत हालिया रूपों में ही प्राप्त हुई है। इसलिए अन्त में जहाँ रूपरेखा तो लगभग स्पष्ट ही है, इसके बावजूद काफ़ी कुछ ऐसा है, जो अस्पष्ट रह जाता है। ऐतिहासिक मीराबाई के बारे में हम जितना जानते हैं या जितना जानने की सम्भावना करते हैं और स्वयं मीराबाई के विवरण, जिनमें हालाँकि अन्य एजेंडाओं पर आधारित ऐतिहासिक सामग्री भी सम्मिलित है, इन दोनों के बीच का भेद बहुत महत्त्वपूर्ण हो जाता है। इन दोनों का पार्थक्य ऐतिहासिक परियोजना के लिए आवश्यक है।[4]

ख़ास बात यह है फ्रांसिस टैफ़्ट ने मीरां की ऐतिहासिकता पर विचार एक यूरोपीयन 'इतिहासकार' (हिस्टोरियन) की तरह किया। उनकी दुविधा यह है वे मीरां के ऐतिहासिक अस्तित्व को पूरी तरह नकारती भी नहीं हैं, लेकिन उनके 'आधुनिक' इतिहासकार के संस्कार और प्रशिक्षण उनको मीरां के सम्बन्ध में उपलब्ध स्रोत सामग्री को ऐतिहासिक मानने से रोक देते हैं। उनकी मुश्किल यह है कि वे यूरोपीय इतिहास की तय की गई सीमाओं को लाँघने के लिए तैयार नहीं हैं। उन्होंने जो लिखा, उसकी मंशा कमोबेश यही है। उन्होंने साफ़ लिखा :

गत दशकों में मीरां पर जिन विद्वानों ने लिखा, उनमें से लगभग सभी धर्म या साहित्य या लोक-सहित्य के विशेषज्ञ थे। मुझे यह स्वीकार करने की अनुमति दें कि मेरी अपनी रुचि राजस्थान के इतिहास में है—मैं ऐतिहासिक मीरां और उसके दूसरी तरफ़ विकसित पारम्परिक असंख्य और/या लोकप्रिय मीरांओं में अन्तर करने आग्रह करती हूँ। मैं

> सोलहवीं सदी के पूर्वार्द्ध में वास्तव में जीवन व्यतीत करनेवाली स्त्री से सम्बन्धित आधारभूत स्रोतों और दूसरी उपलब्ध सामग्री के मूल्यांकन पर ज़ोर देती हूँ।[5]

इस तरह वे आधुनिक और उससे भी अधिक एक 'पश्चिमी इतिहासकार' की तरह विचार करते हुए मीरां की कविता और जीवन से सम्बन्धी उन सभी उपलब्ध स्रोतों को कुछ हद तक सन्दिग्ध ठहरा देती हैं, जो पारम्परिक इतिहास, धर्माख्यान और लोकस्मृति में मौजूद हैं। उन्होंने ज़ोर देकर कहा है कि मीरां के जीवन और कविता के सम्बन्ध में मुंशी देवीप्रसाद ('आधुनिक इतिहासकार') के काम में ऐसी "परम्पराएँ और व्याख्याएँ सम्मिलित हैं, जिनकी पुष्टि वर्तमान ऐतिहासिक ज्ञान से नहीं की जा सकती है" और भक्ति और राजस्थान की मीरां सम्बन्धी परम्पराएँ "बहुत हद तक अविश्वसनीय हैं।" मीरां की प्रचलित और उपलब्ध कविता की प्रामाणिकता के सम्बन्ध में भी वे आश्वस्त नहीं हैं और इस सम्बन्ध में 'सावधान रहने' का आग्रह करती हैं। वे लिखती हैं :

> अनिवार्य रूप से, उनके भजनों की बोली, प्रस्तुति और शायद वैचारिक कारणों से कई रूप उभरे।[6]

इस तमाम क़वायद का रोचक पक्ष यह है कि वे स्वयं यह मानती हैं कि "सोलहवीं सदी के पूर्वार्द्ध में मीरां नाम की स्त्री ने जीवन व्यतीत किया,"[7] लेकिन वे इस सम्बन्ध में उपलब्ध स्रोतों की 'ऐतिहासिकता' के सम्बन्ध में भी आश्वस्त नहीं हैं।

मीरां के जीवन और कविता को इस तरह इतिहास के पश्चिमी मानकों से समझना-परखना ग़लत है। पश्चिमी इतिहासकारों को अपने ग्रीक और रोमन पूर्वजों की स्मृति के रख-रखाव की पद्धति और ढंग पर बहुत गर्व है। मार्क ब्लाख़ ने तो लिखा है कि "औरों से भिन्न हमारी सभ्यता अपनी स्मृतियों के प्रति बेहद सतर्क रही है। हर चीज़ ने उसका झुकाव इसी दिशा में किया : ईसाई और शास्त्रीय विरासत, दोनों ने। हमारे शुरुआती उस्ताद, ग्रीक-रोमन लोग, इतिहास लिखने वाले लोग थे।"[8] मार्क ब्लाख़ ने आगे और साफ़ करके लिखा कि "ईसाइयत तो इतिहासकारों का धर्म है।"[9] विडम्बना यह है कि इतिहास की यही ईसाई-पद्धति अब सार्वभौमिक आदर्श और मानक बन गई है। अपने साम्राज्य के अधीन होने के कारण विश्व के कई देश-समाजों का आरम्भिक इतिहास पश्चिमी इतिहासकारों ने इसी पद्धति के आधार पर लिखा। विडम्बना यह है कि आरम्भिक अधिकांश उत्साही 'आधुनिक' भारतीय विद्वान भी यही आदर्श और मानक लेकर अपनी विरासत की पहचान और पड़ताल करने निकल पड़े और इस आधार पर पश्चिमी विद्वानों की तरह उन्होंने भी अपने पूर्वजों की स्मृति के रख-रखाव के ढंग को 'अपरिष्कृत' मान लिया।[10]

सभी देश-समाजों का इतिहास एक जैसा हो, यह आग्रह सिरे से ही ग़लत है। रवीन्द्रनाथ ठाकुर ने अपने एक निबन्ध *भारतवर्षेर इतिहास* में गत सदी आरम्भ में ही सचेत कर दिया था कि "दरअसल इस अंधविश्वास का परित्याग कर दिया जाना चाहिए कि सभी देशों के इतिहास को एक समान होना चाहिए।"[11] स्मृति के रख-रखाव का हर समाज का अपना ढंग है। यह सही है कि बहुत प्राचीनकाल से ही अपनी ख़ास सामाजिक-सांस्कृतिक ज़रूरत के तहत बनी-बढ़ी स्मृति के संरक्षण की हमारी अपनी परम्परा भी है। चक्रीय कालबोध और सनातनता की चेतना से इसका विकास अलग और ख़ास ढंग से हुआ, लेकिन इसमें देशकाल के सन्दर्भ भी निरन्तर और सघन हैं। और इसकी परम्परा में इसके पर्याप्त साक्ष्य भी हैं। यह परम्परा भारतीय सामाजिक-सांस्कृतिक ज़रूरतों के अनुसार बनी, इसलिए इतिहास की पश्चिमी ग्रीक-रोमन-ईसाई परम्परा से बहुत अलग है। इसमें इतिहास के ईसाई आदर्श और मानक—युक्तियुक्तता, कार्यकारण सम्बन्ध, तथ्य पर निर्भरता, प्रत्यक्ष अनुभव आदि उस तरह से नहीं हैं, जिस तरह से सार्वभौमिक और कथित 'आधुनिक' इतिहास में होते हैं। इस परम्परा में एक तो स्मृति के दस्तावेज़ी ठहराव के बजाय उसको निरन्तर और जीवन्त रखने का आग्रह है; दूसरे, इसमें अतीत के यथार्थ का अमूर्तन इस तरह है कि यह वर्तमान में प्रासंगिक और उपयोगी बना रहे। मीरां के जीवन और कविता को भी इतिहास की पश्चिमी ज्ञान-मीमांसा से अलग करके ही अच्छी तरह समझा जा सकता है। उसके जागतिक स्त्री-मनुष्य की यात्रा के मोड़-पड़ावों की पहचान के लिए ज़रूरी है कि उन पारम्परिक देशज इतिहास-रूपों, धार्मिक आख्यानों और जनश्रुतियों को सहानुभूतिपूर्वक पढ़ा-समझा जाए, जिनकी पश्चिमी विद्वानों ने सजग अनदेखी की है। ख़ास तौर पर इस काम में उन जनश्रुतियों को भी निगाह में लिया जाना चाहिए, जो हमारे समाज के सांस्कृतिक व्यवहार और भाषा का बहुत ज़रूरी हिस्सा हैं। यहाँ इन सभी को ध्यान में रखकर मीरां के जीवन की रूपरेखा पर विचार किया गया है। यहाँ इस काम में इतिहास के आधुनिक मानकों का ध्यान रखा गया है, लेकिन जहाँ ज़रूरी है, वहाँ आग्रहपूर्वक पारम्परिक इतिहास-रूपों और लोकस्मृति का भी सहयोग लिया गया है। यहाँ पारम्परिक इतिहास-रूपों और लोकस्मृति को अनैतिहासिक मानने की कोई यूरोपीय या औपनिवेशिक अन्तर्बाधा नहीं है।

1

मीरां के जन्म, विवाह और निधन आदि के सम्बन्ध में ख्यात, बही आदि पारम्परिक इतिहास-रूपों, धर्माख्यानों और लोकस्मृति में पर्याप्त जानकारियाँ मिलती हैं। ख्यात, बही आदि में मीरां के सम्बन्ध में उल्लेख कम हैं, क्योंकि उसके पति और पिता, दोनों

सत्तारूढ़ नहीं हुए और वंश-रचना की हमारी परम्परा केवल सत्तारूढ़ को ही निगाह में लेती है। अलबत्ता मीरां के सत्तारूढ़ परिजनों के सम्बन्ध में इसमें पर्याप्त उल्लेख मिलते हैं। विख्यात मध्यकालीन सांख्यिकीविद् मुँहता नैणसी (1610-1670 ई.) की रचना *मारवाड़रा परगना री विगत* में मीरां के पिता रत्नसिंह के बड़े भाई वीरमदेव और उसके उत्तराधिकारी बेटे जयमल की जन्मपत्रियाँ उपलब्ध हैं। मुरारीदान के संग्रह से मिली नैणसी के समसामयिक विद्वान उदयभांण चांपावत की *राठौड़ों री ख्यात* में दूदा, वीरमदेव आदि से सम्बन्धित बहुत प्रामाणिक उल्लेख हैं। इसी तरह मीरां के ससुर महाराणा सांगा के जन्म और सत्तारूढ़ होने के समय के सम्बन्ध में पारम्परिक इतिहास-रूपों में लगभग निर्विवाद उल्लेख हैं। इन्हीं विभिन्न उल्लेखों, धार्मिक रचनाओं और जनश्रुतियों के आधार पर मीरां के जन्म के समय और स्थान का निर्धारण किया जा सकता है। मीरां का जन्म 1498 ई. या इसके 'आसपास' हुआ। आरम्भिक इतिहाकारों और अध्येताओं ने मीरांकालीन अन्य लोगों के जन्म, राज्यारोहण, निधन आदि की तिथियों का सहयोग भी मीरां के जन्म के समय के निर्धारण में लिया, जो किसी भी तरह ग़लत नहीं है। 1902 ई. में मीरां के पितृकुल के वंशज इतिहासकार ठाकुर चतुरसिंह ने मेड़तिया शाखा के राठौड़ों के इतिहास *चतुरकुल चरित्र* में अपने कुल की वंश-रचनाओं के आधार पर पहली बार मीरां के जन्म का समय संवत् 1555 (1498 ई.) के आसपास माना।[12] बाद में हरविलास सारडा, गौरीशंकर हीराचन्द ओझा, गोपीनाथ शर्मा और हरमन गोएत्ज़ आदि इस धारणा पर क़ायम रहे।[13] अब इस धारणा को पुष्ट करने वाला एक दस्तावेज़ी साक्ष्य *राणी मंगा भाटों की बही* भी उपलब्ध है। केहरदान और दाऊदान की इस मौलिक बही की नक़ल 1918 ई. में तैयार की गई। मारवाड़ से सम्बन्धित इस बही में 906 ई. से जसवंतसिंह द्वितीय (1873-1895 ई.) तक के अन्तःपुर के विवरण दिये गए हैं। इसके अनुसार भी मीरां का जन्म संवत् 1555 (1498 ई.) में हुआ। बही में राव दूदाजी रै रणवासां री विगत के अन्तर्गत यह उल्लेख इस तरह से है :

> माराजकुँवर रत्नसिंह री बेटी मीरांबाई (खींचियों की दोहिती) हुई। जन्म समत 1555 सावण वद भृगुवार रो ने समत 1605 चेत वद 3 ने द्वारका में राम केयो। चित्तौड़ रे राणा सांगा रै माराज कुँवर भोजसी नै परणई (परणाई)।[14]

मीरां के जन्म के समय के निर्धारण में सही और सटीक गणना में खींचतान भी बहुत हुई, जो निरर्थक है, क्योंकि रानियाँ बहियों में तिथियाँ किसी प्रमुख घटना के समय को आधार बनाकर उसके आगे या पीछे के वर्षों की गणना करके लिखवाती थीं, जिसमें पाँच-छह वर्षों के हेर-फेर की गुंजाइश रहती थी। आरम्भिक इतिहासकारों और अध्येताओं ने यही ध्यान में रखकर 1498 ई. के बजाय '1498 ई. या इसके

आसपास' को मीरां का जन्म समय माना है। '1498 ई. या इसके आसपास' को मीरां का जन्म समय मान लेने से उसके विवाह, निधन आदि के समय की सही गणना हो जाती है और इसका मेल उसके समकालीन परिजनों के जीवन की प्रमुख घटनाओं की तिथियों से भी हो जाता है। मीरां का जन्म 1498 ई. के आसपास होने की पुष्टि *मारवाड़ रा परगना री विगत* में दी गई वीरमदेव और जयमल की जन्मपत्रियों से भी हो जाती है। इन पत्रियों के अनुसार वीरमदेव का जन्म 1477 ई. और जयमल का जन्म 1507 ई. में हुआ।[15] मीरां के पिता रत्नसिंह वीरमदेव से छोटे थे, इसलिए उनका जन्म 1477 ई. के पहले ही हुआ होगा। मीरां जयमल से बड़ी थी, इसलिए उसका जन्म 1498 ई. या इसके आसपास हुआ होगा।

मीरां का जन्म मेड़ता में हुआ, लेकिन आरम्भ में जानकारियों के अभाव में कुड़की को मीरां का जन्मस्थान मान लिया गया था। यह सही है कि मीरां के पिता रत्नसिंह को जागीर के रूप में कुड़की सहित बारह गाँव (कुड़की, बाजोली, नोया, नींवडी, पालड़ी, आकोदिया, हकधर, नुंद, पीभाणिया, मोटस, डुमाणी और सुन्दरी) मिले, लेकिन नई उपलब्ध उदयभाण चांपावत की *राठौड़ां री ख्यात* से सिद्ध है कि यह जागीर रत्नसिंह को 1515 ई. के बाद प्राप्त हुई,[16] जब कि मीरां का जन्म यह जागीर मिलने से पूर्व मेड़ता में हो गया था। विभिन्न धार्मिक स्रोतों में भी मीरां का जन्मस्थान मेड़ता को ही माना गाया है। नाभादास की *भक्तमाल* (1594 ई.) के अनुसार *मेड़ते जन्म भूमि, झूमि हित नैन लगै/पगे गिरधरलाल, पिता ही के धाम में*।[17] राघवदास की *भक्तमाल* (1660 ई.) में भी उल्लेख है कि *मात पिता जनमी पुर मेड़ते, प्रीति लगि हैर पीहर मांहि*।[18] सुखसारण की *मीरांबाई की परची* (1798 ई.) में भी मीरां का जन्मस्थान मेड़ता ही लिखा गया है :

मीरां जनमी मेड़ते, भगति करण कलुकाल।
बिना बजाया बाजी, महलां सोवन थाळ। [19]

मीरां के माता-पिता के सम्बध में बहुत जानकारियाँ उपलब्ध नहीं हैं। मीरां के पिता के सम्बन्ध में मुरारीदान की ख्यात की उपलब्धता से कुछ नई जानकारियाँ प्राप्त हुई हैं। मीरां का पिता रत्नसिंह राव दूदा के पाँच पुत्रों में से चौथा था। वह दूदा के पाँच पुत्रों में पंचायण से बड़ा और वीरमदेव, रायमल और रायसल से छोटा था।[20] *मारवाड़रा परगना री विगत* में उल्लेख है कि उसने रतना नाम के एक मीसण चारण को रतनावास गाँव दिया।[21] उसकी मृत्यु महाराणा सांगा और बाबर के बीच 1527 ई. में हुए खानवा के युद्ध में हुई। इस युद्ध में वीरमदेव ने अपने अनुज रायमल और रत्नसिंह के साथ ससैन्य महाराणा सांगा की ओर से भाग लिया था। इसमें वीरमदेव घायल हुआ और रत्नसिंह अपने अग्रज रायमल के साथ काम आया।[22]

मीरां का विवाह महाराणा सांगा के पुत्र भोजराज के साथ हुआ। सत्रहवीं सदी के पूर्वार्ध सक्रीय डीडवाना, राजस्थान के एक संत हरिदास निरंजनी ने उल्लेख किया है :

एक राणी गढ़ चीत्तौड़ा की।
मेड़तणी निज भगती कुमावै, भोजराईजी का जोड़ा की।[23]

मुँहता नैणसी री ख्यात में भी यह उल्लेख है कि—*भोजराज सांगावत। इणनुं, कहे छे मीरांबाई राठौड़ परणाई हुती।*[24] इसी तरह रामदान लालस (1761-1825 ई.) कृत *भीमप्रकाश* में भी उल्लेख है कि—*भोजराज जेठो अभंग कंवरपणे म्रत कीध।*[25] पारिस्थितिक साक्ष्यों के आधार पर यह माना जा सकता है कि यह विवाह 1516 ई. के आसपास हुआ होगा।[26] महाराणा सांगा (1509-1528 ई.) अपने समय में उत्तर भारत के सबसे बड़े साम्राज्य का स्वामी था और उसने 28 विवाह किए, जिनसे उसके सात पुत्र—भोजराज, कर्णीसिंह, रत्नसिंह, विक्रमसिंह, उदयसिंह, पर्वतसिंह और कृष्णसिंह हुए।[27] भोजराज का जन्म सांगा की रानी सोलंकी रायमल की बेटी कुँवरबाई से हुआ।[28] उसका निधन महाराणा सांगा के जीवनकाल में ही हो गया था। भोजराज का निधन ठीक कब और कैसे हुआ, इस सम्बन्ध में जानकारी उपलब्ध नहीं है, लेकिन गौरीशंकर हीराचन्द ओझा सहित अधिकांश विद्वानों के अनुमान हैं कि मीरां के विवाह के कुछ वर्षों बाद ही 1518 से 1523 ई. के बीच किसी समय महाराणा सांगा के गुजरात या मालवा अभियान के दौरान भोजराज की मृत्यु हुई होगी।[29] मीरां की कविता में जिस राणा से तनावपूर्ण सम्बन्ध और नाराज़गी का बार-बार उल्लेख आता है, वह भोजराज नहीं है। भोजराज तो सतारूढ़ ही नहीं हुआ और राणा सांगा के जीवित रहते ही उसका निधन हो गया, इसलिए यह संज्ञा उससे सम्बन्धित हो ही नहीं सकती। राणा संज्ञा उसने अपने सतारूढ़ मूर्ख और छिछोर देवर विक्रमादित्य (1531-1536 ई.) के लिए प्रयुक्त की है। विक्रमादित्य से पूर्व 1528 से 1531 ई. तक अल्प समय के लिए सत्तारूढ़ रत्नसिंह से भी मीरां के सम्बन्ध अच्छे नहीं रहे होंगे। रत्नसिंह और उसकी माँ धनाबाई राठौड़ वीरमदेव के ख़िलाफ़ थे, इसलिए, ज़ाहिर है, उनके मीरां से भी सम्बन्ध ख़राब रहे होंगे। धनाबाई जोधपुर के राव सूजा के बेटे बाघा की बेटी थी[30] और वह अपने बेटे रत्नसिंह को सत्तारूढ़ देखना चाहती थी, जिसमें उसे जोधपुर के राठौड़ों का समर्थन हासिल था। विवाहोपरांत मीरां सर्वथा असहाय और असुरक्षित नहीं थी। उसके आर्थिक स्वावलम्बन का प्रबन्ध था और उसे कुछ हद तक पारम्परिक और सामाजिक सुरक्षा प्राप्त थी। महाराणा सांगा ने अपनी पुत्रवधू के आर्थिक स्वावलम्बन के व्यापक प्रबन्ध किये थे। उसे विवाहोपरान्त मेवाड़ के पुर और मांडल के परगने हाथ-ख़र्च के लिए जागीर के रूप में दिये थे। गुर्जर गौड़ ब्राह्मणों की ख्यात और एक प्राचीन श्लोक :

श्री चित्रकूटमुरलीधर नाम मूर्तिर्व्यासासनं द्विजवराय गजाधराय।
प्रददाति मीरां पत्युः स्वस्त्यर्थकामा तस्यान्वयकुलजन : प्रथमो हि व्यास:।

से लगता है कि इस भूमि में से 200 बीघा सिंचित भूमि उसने अपने विद्या गुरु पंडित गजाधर को व्यास की पदवी सहित दान में दी, जो कहते हैं कि अभी भी उसके वंशजों के पास है।[31]

मीरां का अधिकांश विधवा जीवन कष्टमय और घटनापूर्ण था। 1523 और 1540 ई. के बीच परिस्थितियाँ कुछ ऐसी बनीं कि मेवाड़ और मेड़ता, दोनों ही सता संघर्ष, अन्तर्कलह और बाह्य आक्रमणों की चपेट में आ गए। मीरां सती नहीं हुई, इस कारण भी अन्त:पुर में उसके विरुद्ध माहौल नाराज़गी का रहा होगा। मीरां की कविता में एक जगह है कि—*भजन करस्याँ सती न होस्याँ मन मोह्यो घणनामी*।[32] यह उल्लेख नागरीदास उर्फ़ सांवतसिंह (1699-1765 ई.) की *पदप्रसंगमाला* में भी विस्तार से आता है। नागरीदास का यह उल्लेख इस प्रकार है :

> यह प्रसिद्ध ही सो कितनेक दिन उपरांत काहू समै राना के वा भाई को देहाँत भयो, अरु राना हुते सो मीरांबाई सों दु:ख पय रहे ही है, ये वैष्णवनि को सतसंग करिते यातै वा समै राना नैं कहाई, जौ यह औसर है, तुम भरता के संग सती होऊ। तब मीरांबाई आगे लगे है, त्योही लगे रहे या समै कुछ भेद मानी नहीं, अरु या बात के उत्तर को एक विष्णु पद नयो बनाय राना को लिखि पठायौ। पद बहुत प्रसिद्ध भयौ॥ सो वह यह पद।

मीरां के रंग लग्यो हरी कौ, और रंग सब अटक परी
गिरधर गास्याँ, सती न होस्याँ, मन मोह्यो घणनामी
जेठ बहू को नातो नहीं राणा जी, हूँ सेवग ये स्यामी
चूड़ो दोबड़ो तिलक जु माला, सील बर्त सिंगार
और सिंगार भावैं नहीं राणा जी, यौं गुर ग्यान हमार
कोई निंदो कोई बिंदो, गुण गोबिन्द रा गास्याँ
जिण मारग वै संत पहूँता, तिण मारग म्हे जास्याँ
चोरी करां न जीव संतावा, कांई करसी म्हारो कोई
हसती चढ़ि गधै न चढ़ा, या तो बात न होई
राज करंता नरक पड़ेसी, भोगीडा जम कै लीया
भगत करंता मुक्त पहूँता, जोग करंता जीया
गिरधर धणी, कडूंबो गिरधर, मात पिता सुत भाई
थ थारे म्हे म्हारे हो राणा जी, यौं कहे मीरांबाई॥[33]

1531 ई. में रत्नसिंह के निस्सन्तान मरने पर विक्रमादित्य सतारूढ़ हुआ। वह अयोग्य और मूर्ख था—उसने सात हज़ार पहलवान रख लिये और सामन्तों का अपमान और उपेक्षा करने लगा। नतीजतन अधिकांश जागीरदार या तो अपने ठिकानों में चले गए या शत्रुओं से मिल गए। चारों तरफ़ अराजकता फैल गई।[34] विक्रमादित्य और उसकी माँ करमेती के मन में मीरां को लेकर शत्रुता और नाराज़गी तो पहले से ही थी। कुलोचित मान-मर्यादा के विरुद्ध उसके भजन-कीर्तन, साधु-सत्संग आदि स्वेच्छाचारों से यह और बढ़ गई। विक्रमादित्य ने मीरां पर कई पाबंदियाँ लगा दीं और उसे कष्ट और यातनाएँ देना शुरू कर दिया। मीरां को ज़हर देकर मारने के प्रयास का प्रसंग उसकी कविताओं में एकाधिक बार आता है और इसकी पुष्टि विभिन्न धार्मिक-साम्प्रदायिक चरित्र-आख्यानों और लोक-स्मृतियों से भी होती है। मीरां के पदों में एक जगह आता है :

ज़हर प्याला राणाजी भेज्याजी, द्यो मीरां न व जाय।
कर चरणामृत मीरां पी गई, कोई आप जानो रघुनाथ।[35]

इस तरह एक अन्य पद में उल्लेख इस तरह है :

विसरा प्याला राणा जी,...दोज्यो मीरां रै हाथ।
कर चरणामृत पी गई भजु (जूं) रुग्नाथ।[36]

मीरां को मारने के प्रयासों का प्रकरण नाभादास की *भक्तमाल* और *मीरांबाई की परची* में भी आता है। *भक्तमाल* में कहा गया है :

दुष्टनि दोष विचारि, मृत्यु को उद्दिम कीयो!
बार न बाँको भयो, गरल अमृत ज्यों पीयो।[37]

परची में भी वृत्तांत है कि मन्दिर में पूजा करनेवाले दयाराम नाम के एक पंडे को राणा ने सिखाकर चरणामृत के बहाने मीरां को ज़हर दिलावाया।[38] मीरां को षड्यंत्रपूर्वक ज़हर देकर मारने का प्रकरण लोक की स्मृति में सदियों से है। लोक में ऐसी धारणा है कि विक्रमादित्य के आदेश पर एक विजयवर्गीय जाति के महाजन ने गुर्जरगौड़ और दाहिमा जाति के दो ब्राह्मणों के साथ मिलकर मीरां को ज़हर दिया। लोक में इन तीनों षड्यंत्रकारियों की निन्दा करने वाली जनश्रुति—*बीजावर्गी बाणियो, दूजो गुजरगोड़, तीजो मीले जो दाहिमो करे टापरो चोड़* अब भी प्रचलित है।[39]

रत्नसिंह और विक्रमादित्य से प्रताड़ित और दुखी मीरां अपने पीहर में अपने बड़े पिता वीरमदेव के पास आ गई, लेकिन यहाँ भी उसका जीवन निश्चिन्त और निर्विघ्न नहीं रहा। जोधपुर के राव गांगा के समय से ही उसके उत्तराधिकारी मालदेव और वीरमदेव में शत्रुता चली आ रही थी। वीरमदेव स्वतंत्र और स्वाभिमानी प्रवृत्ति

का व्यक्ति था, इसलिए उसने मालदेव की अधीनता स्वीकार नहीं की। नतीजतन मालदेव ने 1536 ई. में मेड़ता पर चढ़ाई कर दी। वह इतना क्रूर और नृशंस था कि उसने मेड़ता को पूरी तरह तहस-नहस कर दिया। उसने वीरमदेव को कई वर्षों तक निराश्रय यहाँ-वहाँ भटकने के लिए मजबूर कर दिया। मीरां भी कुछ समय अपने परिजनों के साथ यहाँ-वहाँ भटकती रही। मेड़ता से उखड़ने के बाद यहाँ-वहाँ भटकने के दौरान ही कभी मीरां पहले वृन्दावन और फिर द्वारिका गई होगी। मीरां की कविता के अन्त:साक्ष्यों से लगता है कि वह टोडा तक वीरमदेव के साथ थी। उसके एक अल्पचर्चित पद में यह उल्लेख मिलता है। वह कहती है—*जाण न दी जी य्यारे कारणे रे ज मीरां टोडारे बेस मोटी हुई।*[40]

हुकमसिंह भाटी ने *यशोधरचरित्र* के साक्ष्य से अनुमान लगाया है कि टोडा पर मालदेव का आधिपत्य 1538 ई. में हुआ, इसलिए सम्भावना है कि इस समय तक मीरां वीरमदेव के साथ रही होगी।[41]

मीरां का अन्तिम कुछ समय वृन्दावन और शेष द्वारिका में निकला। मीरां वृन्दावन जाने से पहले पुष्कर की तीर्थ-यात्रा पर भी गई। उसकी कविता में एकाधिक स्थानों पर यह उल्लेख मिलता है।[42] वृंदावन उस समय कृष्ण-भक्ति का केन्द्र था। कृष्ण-भक्ति के अधिकांश सांस्थानिक सम्प्रदाय यहाँ सक्रिय थे, इसलिए मीरां यहाँ ज़रूर गई होगी। वीरमदेव के साथ टोडा आदि जिन स्थानों पर वह रही, वे वृन्दावन से बहुत दूर नहीं थे। वृन्दावन में मीरां के प्रवास की पुष्टि धार्मिक चरित्र-आख्यानों और उसकी कविता के अन्त:साक्ष्यों से होती है। मीरां के वृन्दावन प्रवास में धार्मिक आख्यानों में आए जीव गोस्वामी से उसकी भेंट और उनके स्त्री-मुख नहीं देखने के प्रण को छुड़ाने के प्रसंग से भी होती है।[43] यह प्रसंग कुछ सच्चाई लिये हुए है, क्योंकि इसका उल्लेख जीव गोस्वामी से सम्बन्धित चैतन्य गौड़ीय सम्प्रदाय के प्रियादास के साथ *पदप्रसंगमाला* में वल्लभ सम्प्रदाय के नागरीदास ने भी किया है।[44] यह सच्चाई है कि सामन्त और लोकप्रसिद्ध होने के कारण मीरां को अपने प्रभाव में लेने के लिए ब्रजमंडल के सांस्थानिक कृष्ण-भक्ति सम्प्रदायों में होड़ लगी हुई थी। वल्लभ सम्प्रदायी मीरां के सम्पर्क में भी थे। जीव गोस्वामी चैतन्य महाप्रभु के छह प्रमुख शिष्यों में से थे और उनका कार्य-क्षेत्र वृन्दावन था। कहते हैं कि चैतन्य महाप्रभु स्वयं 1516 ई. के आसपास वृन्दावन आए थे।[45] प्रेम और ममता और भावुकता उनकी भक्ति के आधार थे। उनका व्यक्तित्व इतना प्रभावशाली था कि उनके सम्पर्क में आनेवाला उनके साथ बह जाता था।[46] मेवाड़-मेड़ता की उठापटक से त्रस्त मीरां में कृष्ण-भक्ति की जड़ें इस समय तक बहुत गहरी और मजबूत हो चुकी थीं, इसलिए वह जीव गोस्वामी के सम्पर्क में ज़रूर आई होगी।

मेड़ता पर आधिपत्य के लिए निराश्रय यहाँ-वहाँ भटकते वीरमदेव से अलग होकर मीरां वृन्दावन आई, लेकिन शान्ति और सुख उसे यहाँ भी नहीं मिले, तो वह

अन्ततः द्वारिका चली गई, धार्मिक आख्यानों में इसका संकेत मिलता है। प्रियादास की *भक्तमाल* की टीका *भक्तिरसबोधिनी* (1712 ई.) में कहा गया है :

राणा की मलीन मति देखी बसी द्वारावती।[47]

लोक ने भी मीरां के द्वारिका प्रवास के लिए राणा को उत्तरदायी ठहराया है। लोक में प्रचलित मीरां सम्बन्धी हरजसों में यह प्रसंग आता है। मीरां एक हरजस में राणा को देश छोड़ने के लिए उत्तरादायी ठहराती हुई कहती है :

आंबा पाक्या, कळहर कैरी, निंबूडा म्हारे देस। उदपुर रा राणा किण विध छोड्यो देस, मेवाड़ी राणा कण पर छोड्यो देस।

(आम पक गए होंगे, केरियाँ आ गई होंगी। मेरे देश में तो केवल नींबू हैं। हे उदयपुर के राणा! तू नहीं जानता क्या कि मैंने देश क्यों छोड़ा?)।[48]

मीरां के विधवा जीवन के अन्तिम वर्ष द्वारिका और बेट द्वारिका में भजन-कीर्तन, पुण्यकार्य और सत्संग आदि में निकले। इतिहास, लोकाख्यान, कविता, जनश्रुतियाँ आदि सभी इसकी पुष्टि करते हैं। मीरां के द्वारिका आने के तीन कारण प्रतीत होते हैं—एक तो उस समय गुजरात भक्ति-आन्दोलन का केन्द्र हो गया था, दूसरे यहाँ वह सुरक्षित थी, क्योंकि उस समय यहाँ उसके पितृपक्ष के राठौड़ वंश की एक शाखा वाढ़ेल (वाढ़ेर) का शासन था और तीसरे, यह उसके आराध्य कृष्ण का निवासस्थान था।[49] कहते हैं कि मीरां सौराष्ट्र में पहले जूनागढ़ आई। जूनागढ़ से सरसई, सोमनाथ, गौरखमणि, माधवपुर, घेड, सूदामापुरी, पोरबंदर और नियाड़ी होते हुए वह आरम्भड़ा पहुँची, जहाँ उस समय शिवा सांगा नामक वाढ़ेल राजा शासक था। शिवा सांगा तेरहवीं सदी में मारवाड़ से आए राठौड़ वेरावलजी बीजल का वंशज था। वेरावलजी और बीजलजी ने कच्छ के छोटे रेगिस्तान के पास वेदमती नदी तक का इलाक़ा कब्ज़े में ले लिया था और उन्होंने द्वारिका की उत्तरी खाड़ी के किनारे आरम्भड़ा गाँव में नई बस्ती बसाकर वहाँ पर सत्ता क़ायम की।[50] शिवा सांगा स्वयं कृष्ण-भक्त था। कहते हैं कि मीरां काफ़ी समय तक आरम्भड़ा में रही।[51] मीरां आरम्भड़ा के बाद वह बेट द्वारिका में रही। यहाँ उसने एक मन्दिर बनवाया। मीरां ने बेट द्वारिका में मन्दिर बनवाया, यह उल्लेख इतिहास में सर्वप्रथम *पश्चिमी भारत की यात्रा* में लेफ्टिनेंट कर्नल जेम्स टॉड (1782-1835 ई.) ने किया। टॉड ने 1822 ई. में इंग्लैंड जाने के लिए उदयपुर से प्रस्थान किया और वह आबू, सिद्धपुर, पाटन आदि होते हुए द्वारिका पहुँचा। बेट द्वारिका सम्बन्धी अपने वृत्तांत में उसने लिखा :

जो देवालय मेरे लिए अधिक आकर्षण की वस्तु सिद्ध हुआ, वह था मेरी भूमि मेवाड़ की रानी लाखा की स्त्री सुप्रसिद्ध मीरांबाई का बनवाया

हुआ सौरसेन के गोपाल देवता का मन्दिर, जिसमें वह नौ का प्रेमी अपने मूल स्वरूप में विराजमान था; और निस्सन्देह यह राजपूत रानी उसकी सबसे बड़ी भक्त थी।[52]

टॉड का यह उल्लेख प्रामाणिक होना चाहिए, क्योंकि टॉड को मीरां के बेट में मन्दिर बनवाने की जानकारी मेवाड़ में मिली होगी और उसने इस जानकारी को मन्दिर को साक्षात् देखकर प्रमाणित किया होगा। मीरां के बेट में मन्दिर बनवाने की जानकारी बेट के इतिहास और लोक-स्मृतियों में भी है। पुरातत्त्व और इतिहास के साक्ष्यों के आधार पर तैयार की गई *द्वारिका परिचय* में मीरांबाई सम्बन्धी प्रकरण में एक जगह उल्लेख है :

मीरांबाई आरम्भड़ा पहुँची। उस समय आरम्भड़ा में शिवा सांगा नाम का वाढ़ेर राजा था। वह मीरांबाई की ही तरह रणछोड़ का भक्त था और मीरां के पीहर का था। मीरां काफ़ी समय तक आरम्भड़ा में रही। शिवा सांगा को प्रेरित कर बेट में द्वारिकाधीश का मन्दिर बनवाया।[53]

धार्मिक चरित्राख्यानों और पारिस्थितिक साक्ष्यों से लगता है कि मीरां की द्वारिका से मेवाड़-मारवाड़ वापसी के प्रयत्न हुए होंगे। बनवीर (1536-37 ई.) के पतन के बाद मेवाड़ में अराजकता और संकट का दौर कुछ हद तक समाप्त हुआ। उधर मेड़ता में लम्बी जद्दोजहद के बाद पहले वीरमदेव और उसकी मृत्यु के बाद जयमल सत्तारूढ़ हुए। जयमल से मीरां के आत्मीय सम्बन्ध थे। जिस तरह से मीरां वृन्दावन और फिर द्वारिका गई, उससे लोक में मेवाड़ का अपयश फैला। मेवाड़ का पतन लोक में मीरां के शाप के रूप में प्रचारित हुआ। कहते हैं कि उदयसिंह (1537-1572 ई.) और जयमल, दोनों ने ही कुछ सामन्तों को ब्राह्मणों सहित द्वारिका भेजकर मीरां की वापसी के प्रयत्न किए, लेकिन मीरां ने मेवाड़-मेड़ता लौटने से इनकार कर दिया।[54] इस प्रकरण को श्रद्धालुओं ने कई तरह से प्रचारित किया। यह प्रसंग सबसे पहले प्रियादास की *भक्तमाल* की टीका में आता है। उसमें कहा गया है कि राणा मीरां को साक्षात् भक्तिस्वरूप जानकर बहुत दुखी हुआ। उसने ब्राह्मणों से कहा कि मीरां को लाकर मुझे प्राण-दान दो। ब्राह्मणों ने मीरां के द्वार पर धरना दिया और उसको राणा की विनती सुनाई। मीरां यह सुनकर रणछोड़ भगवान से विदा लेने मन्दिर में गई और वहीं मूर्ति में विलीन हो गई। वह ब्राह्मणों को नहीं मिली।[55] यह प्रसंग कमोबेश इसी तरह नागरीदास कृत *पदप्रसंगमाला* में भी आता है। नागरीदास लिखते हैं—

सो या भाँति मनोरथ करत यह पद गावत द्वारिका पहुँचे, तहाँ कोई दिन रहे ता पछै मीरांबाई के संग प्रौहितादिक जे राणा के लोक है, तिन कह्यौ

अब बहुत दिन भये है अब देस कौं चलो, राना की आग्या है, ऐसे द्वै तीन दिन तो कह्यौ, फिरी मिरां बाई पर धरना कियो तब मीरांबाई ठाकुर रनछोड़जू सौ विदा ह्वैबै को नांव लै मन्दिर में अकेले ही जाय महाआरति सहित एक नयो पद बनाय गायो।

सो वह यह पद है :

हरि, हरिहो जन की भीर।
द्रोपदी की लाज राखी, तुम बढ़ायों चीर॥

भक्ति कारन रूपनरसिंघ, धरयो आप सरीर
हरिकस्यप मारि लीनौ, धरयौ नाहिन धीर

बूढ़ते गज ग्राह तारयो, कियो बाहिर नीर
दासि मीरां लाल गिरिधर, दुःख जहाँ तहाँ पीर॥

सो यह पद गायें हुँ उतते न ढरें, तब महा आरति प्रेमावेस सहित एक और पद बनाय गायो, तब ही ठाकुर आप में उनकौं याही शरीर तै लीन करि लीन देह हूँ न रही, सो जा पद गायें लीन भये।

सो वह यह पद है :

सजन ज्यों सुधि जानै ज्यों लीजै।
तुम बिन मेरे न और कोई कृपा रावरी कीजै।
दयौस न भूख, रैन नहीं निद्रा, यह तन पलपल छीजैं
मीरां प्रभु गिरधर नागर अब, मिलि बिछुरनि नहिं कीजै॥[56]

मीरां का निधन कब और कैसे हुआ, यह अभी तक अज्ञात है। मीरां के आरम्भिक अध्येता मुंशी देवीप्रसाद और इतिहासकार गौरीशंकर ओझा ने मेड़ता क्षेत्र के ग्राम लूणवे के भाट भूरदान की ज़बानी के आधार पर मीरां का मृत्यु-समय 1546 ई. माना है।[57] केहरदान और दाऊदान की *राणीमंगा भाटों की बही* के अनुसार उसका निधन द्वारिका में वि. सं. 1605 में हुआ। बही में उल्लेख है कि—संवत 1605 चेत वद 3 ने *द्वारका में राम केयों*।[58] यह मीरां के अदृश्य होने का समय है, जो सब तरफ़ उसके निधन के समय के रूप में प्रचारित हुआ। यह सूचना मीरां से लौटने का आग्रह करनेवाले, धरना देने वाले ब्राह्मणों या तीर्थयात्रियों के माध्यम से मेवाड़-मारवाड़ पहुँची होगी और कुछ वर्षों के इधर-उधर के साथ प्रचारित हुई होगी। गुजरात के ऐतिहासिक और साहित्यिक स्रोतों के अनुसार मीरां जब सौराष्ट्र आई तो उसकी उम्र 30 वर्ष की थी। 1540 ई. में कच्छ से आए हुए जाड़ेजाओं

ने जामनगर की स्थापना की और चारण भक्त कवि ईसरदास की प्रेरणा से उन्होंने 1560 ई. में द्वारिका के जगत मन्दिर में प्रतिमा स्थापित करवाई, तो मीरां उस समय बेट द्वारिका में विद्यमान थी और उस वक़्त उसकी उम्र 60 वर्ष की थी।[59] मीरां अदृश्य हो गई—उसने जल समाधि ले ली या वह चुपचाप कहीं चली गई, लेकिन लोक ने इस घटना को उसकी मृत्यु मानकर अपनी तरह से प्रचारित किया। लोक में प्रचारित यह हुआ कि कि मेवाड़ वापसी के लिए धरना देने वाले ब्राह्मणों की सम्भावित मृत्यु पर ब्रह्म-हत्या का पाप लगने के भय से मीरां भगवान रणछोड़ से अनुमति लेने मन्दिर में गई और वहीं उनकी मूर्ति में विलीन हो गई। यह भी प्रचारित हुआ कि मूर्ति में समा जाने के दौरान उसके वस्त्र का कुछ हिस्सा बाहर रह गया।[60] सांकेतिक रूप में अभी भी द्वारिका में द्वारिकाधीश की प्रतिमा के शृंगार में वस्त्र का एक हिस्सा इसीलिए बाहर रखा जाता है।

लोक में प्रचारित हो गया कि 1546 ई. के आसपास मीरां भगवान रणछोड़जी की मूर्ति में समा गई। क्योंकि यह घटना 1546 ई. के आसपास हुई, इसलिए इसके बाद मीरां की अक़बर, मानसिंह, तुलसीदास, तानसेन और बीरबल से भेंट सम्बन्धित जनश्रुतियों को अनैतिहासिक और कपोल-कल्पित मानकर ख़ारिज कर दिया गया।[61] कुछ लोगों का अनुमान है कि मीरां का निधन 1546 ई. के आसपास नहीं हुआ। अधिकांश पारम्परिक स्रोतों के अनुसार मीरां की मृत्यु 65-67 वर्ष की उम्र में हुई, इसलिए इस हिसाब से 1498 ई. के आसपास जन्म लेने वाली मीरां का निधन 1563-1565 ई. में हुआ होगा। उनका मानना है कि मूर्ति में समा जाने की कहानी मीरां से मेवाड़ लौटने का आग्रह करनेवाले ब्राह्मणों ने अपनी असफलता छिपाने के लिए गढ़ी होगी। मीरां के जीवन की पुनर्रचना करनेवाले हरमन गोएत्ज़ का अनुमान है कि मीरां द्वारिका से चुपचाप निकलकर चली गई।[62] उसके अनुसार द्वारिका से अदृश्य हो जाने के बाद मीरां दक्षिण और पूर्वी भारत के तीर्थ स्थानों की यात्रा और प्रवास पर रही होगी। इन यात्राओं के सम्बन्ध में कोई जानकारी उपलब्ध नहीं है। लोक-धारणाओं के अनुसार यहाँ कुछ समय रहने के बाद वह आम्बेर और मथुरा गई । ये जनश्रुतियाँ एकबारगी पूरी तरह अनैतिहासिक और कपोल-कल्पित लगती हैं, लेकिन यदि मीरां का निधन 1546 ई. के आसपास नहीं हुआ और वह 1563-1565 ई. तक जीवित थी, तो इस दौरान के ऐतिहासिक घटनाक्रम और परिस्थितियों के साथ इनका तालमेल बैठ जाता है।

2

मीरां के ऐतिहासिक स्त्री-मनुष्य के अस्तित्व के संकेत धर्माख्यानों में भी विद्यमान हैं। धर्माख्यानों में मीरां के चरित्र-निरूपण की शुरुआत सोलहवीं सदी के मध्य उसके

जीवन आसपास से शुरू हो जाती है और यह अठारहवीं सदी तक निरन्तर चलता है। ख़ास बात यह है कि इन अधिकांश धर्माख्यानों की प्रामाणिकता बहुत सन्दिग्ध नहीं है। इनमें मीरां की निरन्तर मौजूदगी कम-से-कम इस बात का तो सबूत है कि मीरां एक ऐतिहासिक अस्तित्व थी। विडम्बना यह है कि फ्रांसिस टैफ़्ट की पश्चिमी इतिहासकार 'भक्ति और राजस्थान की परम्पराओं को ऐतिहासिक उद्देश्यों के लिए काफ़ी हद तक अविश्वसनीय' मानती हैं।[63] उनके अनुसार, इन परम्पराओं में एकरूपता नहीं है और ये परस्पर विरोधाभासी भी हैं। तीन शताब्दियों तक निरन्तर रहनेवाली और देशव्यापी इन परम्पराओं में एकरूपता का टैफ़्ट का आग्रह ही ग़लत है। ये परम्पराएँ विविध प्रकार की हैं और इनमें विरोधाभास भी पर्याप्त हैं, लेकिन इनमें मीरां की मौजूदगी निरन्तर है। धार्मिक आख्यानों में मीरां का पहला उल्लेख राधावल्लभ सम्प्रदाय के प्रवर्तक हितहरिवंश के अनुवर्ती ओरछा निवासी हित हरिराम की *व्यासवाणी* में मिलता है, जिसकी रचना 1555 ई. में हुई। मीरां इसमें संत-भक्त से अलग, भक्तों का सम्मान करने वाली एक सामन्त स्त्री के रूप में वर्णित है। इसमें केवल इतना कहा गया है :

मीरांबाई बिनु कौ भक्तनि को पिता जानि उर लावै।[64]

मीरां विषयक प्राचीन उल्लेख रामानन्दी सम्प्रदाय के नाभादास की *भक्तमाल* में भी मिलता है। *भक्तमाल* का रचनाकाल 1594 ई. मीरां के जीवनकाल के आसपास का ठहरता है, इसलिए सम्भावना है कि इसमें आए मीरां विषयक उल्लेख प्रामाणिक हैं।[65] राधावल्लभ सम्प्रदाय से सम्बन्धित ध्रुवदास की 1643 ई. के आसपास की रचना *भक्तनामावली* में ध्रुवदास मीरां को प्रकट *भक्ति को खानि* कहते हैं।[66] नाभादास के *भक्तमाल* पर उनके शिष्य प्रियादास ने 1712 ई. में *भक्तिरसबोधिनी* शीर्षक से एक विस्तृत टीका लिखी, जिसका मीरां के भक्त-रूप के निर्माण और प्रतिष्ठा में निर्णायक योगदान है।[67] दादूपंथी राघवदास की 1660 ई. में रचित *भक्तमाल* में भी मीरां वर्णित है।[68] मीरां विषयक उल्लेख वल्लभ सम्प्रदायी दो ग्रंथों—*चौरासी वैष्णवन की वार्ता* और *दो सौ बावन वैष्णवन की वार्ता*—में आते हैं। ये दोनों ग्रंथ प्रामाणिक माने जाते हैं। गोस्वामी गोकुलनाथ (1551-1640 ई.) ने वल्लभाचार्य के 84 और विठ्ठलनाथ के 252 शिष्यों की वार्ताएँ सुनाईं, जिनको उनके शिष्य हरिराय (1591-1716 ई.) ने उनके जीवनकाल में ही लिपिबद्ध कर लिया था। इन दोनों ग्रंथों के मीरां सम्बन्धी उल्लेखों की ख़ास बात यह है कि इनमें वर्ण्य मीरां नहीं है। इनमें वर्ण्य वल्लभाचार्य और विठ्ठलनाथ के शिष्य हैं, जिनको गुरु-भक्ति और निष्ठा प्रदर्शित करने के लिए मीरां का अपमान और अवहेलना करते दिखाया गया है। *चौरासी वैष्णवन की वार्ता* में तीन वल्लभ सम्प्रदायी भक्त-शिष्य मीरां का अपमान, अवहेलना और अवज्ञा करते दिखाए गए हैं।[69] *दो सो बावन वैष्णवन की*

वार्ता में दो प्रसंग हैं, जो मीरां से सम्बन्धित हैं।[70] परवर्ती पुष्टिमार्गीय रचनाओं में भी मीरां का उल्लेख होता रहा। मीरां के ही वंश में उत्पन्न वल्लभ सम्प्रदायी भक्त नागरीदास उर्फ़ कृष्णगढ़ नरेश सांवतसिंह राठौड़ (1699-1765 ई.) ने अपनी रचना *पदप्रसंगमाला* में मीरां के कुछ पदों के साथ उनसे सम्बन्धित प्रसंग अपनी ओर से जोड़े हैं। इसमें मीरां के छह पद और इतने ही प्रसंग आए हैं।[71] दादूपंथी चारण कवि-भक्त ब्रह्मदास द्वारा 1759 ई. के आसपास लिखित राजस्थानी *भक्तमाल* में भी मीरां का चरित्र-निरूपण हुआ है।[72] गुजरात के विख्यात कवि और वल्लभ सम्प्रदाय में दीक्षित दयाराम (1767-1852 ई.) भी मीरां के भक्त-रूप का निरूपण पुष्टिमार्गीय भक्ति सिद्धान्तों के अनुसार करते हैं। उनकी तीन रचनाओं—*मीरांचरित्र, भक्तिवेल* और *चौरासीवैष्णव* में मीरां का उल्लेख मिलता है।[73] महाराष्ट्र में वारकारी सम्प्रदाय के महिपति (1774 ई.) *भक्तिलीलामृत* में कहते हैं कि मीरां को ज़हर उसके पिता ने दिया था और मीरां ने इसको पिया था, जिससे सारंगपाणि कृष्ण का शरीर नीला पड़ गया।[74] रामस्नेही सम्प्रदाय के सुखशारण की रचना *मीरांबाई की परची* (1798 ई.) में मीरां के भक्त-रूप के महिमा मंडन के लिए एक मौलिक उद्‌भावना मिलती है। इसके अनुसार पूर्वजन्म में मीरां *भगवद्‌पुराण* में उल्लिखित बरसाने के ब्राह्मण की पत्नी थी, जिसने कृष्ण-प्रेम के कारण मीरां के रूप में जन्म लिया।[75] बड़ौदा निवासी राधाबाई के *गरबामीरांमाहात्म्य* (1843 ई.) में भी मीरां के भक्त-रूप का ही विस्तार हुआ है। इसके अनुसार माता ने मीरां को त्याग दिया था और भाई ने उसका विवाह किया। राणा ने मीरां को ज़हर दिया, जो अमृत हो गया। राणा को मीरां एक साथ दस-बीस महलों में दिखाई पड़ी।[76]

पश्चिमी विद्वान लगभग दो शताब्दियों से अपने जैसी फ़सल का आग्रह हमारे खेतों में कर रहे हैं और ख़ास बात यह है कि उसके अभाव में वे इसके फसल होने पर सन्देह भी कर रहे हैं। उनको यह समझना चाहिए कि "सभी खेतों में एक-सी फ़सलें नहीं होतीं।" मीरां का जीवन और कविता एक ख़ास प्रकार के समाज और संस्कृति की पैदाइश है। यह समाज-संस्कृति इतनी अलग और ख़ास है कि इसको समझने के लिए इसकी अपनी ज़रूरत के तहत बने इतिहास-रूपों, धार्मिक आख्यानों, जनश्रुतियों आदि की समझ और इन पर निर्भरता बहुत ज़रूरी है। मीरां की मौजूदगी पारम्परिक इतिहास-रूपों, धार्मिक आख्यानों और लोकस्मृति में सदियों से निरन्तर और सघन है। उसकी कविता सदियों से श्रुत से लिखित और लिखित से श्रुत में आ-जा रही है और यह स्मृति के संरक्षण और रख-रखाव का ख़ास भारतीय ढंग है। सदियों से हमारे समाज ने जिस मीरां को अपने सिर पर उठा रखा, जिसकी स्मृति कई रूपों में निरन्तर और जीवन्त है। "धान के खेत में बैंगन नहीं होते।" उनकी बैंगन की तलाश पूरी नहीं होने का यह मतलब बिलकुल नहीं है कि खेत में धान ही नहीं हुआ। मीरां हुई और यह हमारे अपने ढंग से, कई तरह से सिद्ध और प्रमाणित है।

सन्दर्भ और टिप्पणियाँ

1. रवीन्द्रनाथ टैगोर, *विजन ऑफ़ हिस्ट्री*, अनु. सिबेश भट्टाचार्य एवं सुमिता भट्टाचार्य, इंडियन इंस्टिट्यूट ऑफ़ एडवांस्ड स्टडी, शिमला, 2003, पृ. 28
2. फ्रांसिस टैफ़्ट, 'इल्यूजिव हिस्टोरिकल मीरांबाई—ए नोट', *मल्टीपल हिस्ट्रीज़*, सम्पा. लारेंस ए बॉब, वर्षा जोशी एंड माइकेल डब्ल्यू मिस्टर, रावत पब्लिकेशन, जयपुर, 2002, पृ. 313
3. मीरां के सम्बन्ध में पर्याप्त ऐतिहासिक स्रोतों के अभाव का उल्लेख जॉन स्ट्रैटन हॉली, *भक्ति के तीन स्वर*, हिन्दी अनु. अशोक कुमार, राजकमल प्रकाशन, नई दिल्ली, 2019, पृ. 103; परिता मुक्ता, *अपहोल्डिंग दि कॉमन लाइफ—दि कम्यूनिटी ऑफ़ मीराबाई*, ऑक्सफोर्ड यूनिवर्सिटी प्रेस, कोलकाता, 1997, पृ. 26 और नैंसी एम मार्टिन, मीराबाई : 'शास्त्रों में उल्लिखित, जीवन में रूपायित', *रंगायन*, जनवरी-मार्च, 1997, पृ. 7—ने भी किया है। भारतीय अध्येता मुंशी देवीप्रसाद ने भी 'मीरांबाई का जीवन चरित्र' नामक अपने विनिबन्ध, बंगीय हिन्दी परिषद्, कोलकाता, 1898 में मीरां से सम्बन्धित पर्याप्त ऐतिहासिक स्रोतों के अभाव की चर्चा की है।
4. फ्रांसिस टैफ़्ट, *इल्यूजिव हिस्टोरिकल मीरांबाई—ए नोट*, पृ. 324
5. वही, पृ. 314
6. वही, पृ. 324
7. वही, पृ. 314
8. मार्क ब्लाख़, *इतिहास का शिल्प*, हिन्दी अनु. बृजबिहारी पांडेय, ग्रंथ शिल्पी, दिल्ली, पुनर्मुद्रण 2013, पृ. 21
9. वही, पृ. 21
10. रोमिला थापर, *प्राचीन भारत का सामाजिक इतिहास*, हिन्दी अनु. आदित्यनारायण सिंह, ग्रंथ शिल्पी, दिल्ली, 2001, पृ. 232
11. रवीन्द्रनाथ टैगोर, *विजन ऑफ़ हिस्ट्री*, पृ. 28
12. ठाकुर चतुरसिंह, *चतुरकुल चरित्र इतिहास*, भाग-1, एडवर्ड प्रिंटिंग प्रेस, नसीराबाद, 1902, पृ. 78
13. हरविलास सारड़ा, *हिन्दुपति महाराणा सांगा*, सूर्यनगरी प्रकाशन, जोधपुर, 2008, पृ. 74; गौरीशंकर हीराचन्द ओझा, *उदयपुर राज्य का इतिहास*, भाग-1, राजस्थानी ग्रंथागर, जोधपुर, 1996-97, पृ. 359; गोपीनाथ शर्मा, *भक्त मीरांबाई*, मीरां कला मन्दिर, उदयपुर, 1990, पृ. 10 और हरमन गोएत्ज़, *मीराबाई : हर लाइफ एंड टाइम्स*, भारतीय विद्या भवन, बम्बई, 1966, पृ. 4
14. केहरदान एवं दाउदान, *राणीमंगा भाटों की बही* (मारवाड़ का रनिवास), सम्पा. महेन्द्रसिंह नगर, महाराजा मानसिंह पुस्तक प्रकाश शोध केन्द्र, जोधपुर, 2002, पृ. 16
15. मुँहता नैणसी, *मुँहता नैणसी री लिखी मारवाड़रा परगनां री विगत*, भाग-3, सम्पा. नारायणसिंह भाटी, राजस्थान प्राच्यविद्या प्रतिष्ठान, जोधपुर, 1994, पृ. 336
16. मुरारी दान, *उदयभाण चांपावत री ख्यात* (पांडुलिपि), ग्रंथांक-15675, राजस्थान प्राच्यविद्या प्रतिष्ठान, जोधपुर, पृ. 574
17. नाभादास, *श्रीभक्तमाल* (श्रीप्रियादासजी प्रणीत टीका-कवित्त सहित), सम्पा. सीतारामशरण भगवानप्रसाद रूपकला, तेजकुमार बुक डिपो (प्रा.) लिमिटेड, लखनऊ, ग्यारहवाँ संस्करण, 2011, पृ. 714

18. राघवदास, *राघवदासकृत भक्तमाल* (चतुरदास की टीका सहित), सम्पा. अगरचन्द नाहटा, राजस्थान प्राच्यविद्या प्रतिष्ठान, जोधपुर, 1965, पृ. 99
19. सुखसारण, '*—' मीरांबाई री परची, परम्परा,* सम्पा. नारायणसिंह भाटी, भाग 69-70, पृ. 17
20. मुरारी दान, *उदयभाण चांपावत री ख्यात,* ग्रंथांक-15675, पृ. 574
21. मुँहता नैणसी, *मुँहता नैणसीरी लिखी मारवाड़ रा परगनांरी विगत,* भाग-2, पृ. 109
22. वही, 47
23. हरिदास निरंजनी की यह रचना नरोत्तम स्वामी के संग्रह में है। संदर्भित पंक्तियों वाला पद नरोत्तम स्वामी ने *राजस्थानी,* भाग-3, अंक-1 में प्रकाशित करवाया, जो सी. एल. प्रभात ने *मीरा : जीवन एवं काव्य,* भाग-1, राजस्थानी ग्रंथागार, जोधपुर, 1999, पृ. 70 पर उद्धृत किया है। नरोत्तम स्वामी के संग्रह में यह पद है, इसकी पुष्टि अगरचन्द नाहटा के *राजस्थान में हिन्दी हस्तलिखित ग्रंथों की खोज,* भाग-4, साहित्य संस्थान, राजस्थान विश्व विद्यापीठ, उदयपुर, 1954 में पृष्ठ संख्या 41-43 के उल्लेख से होती है। परशुराम चतुर्वेदी के अनुसार हरिदास निरंजनी दादूदयाल के प्रमुख शिष्य प्रागदास से 1611 ई. में दीक्षा ली और 1613 ई. अथवा 1643 ई. में उनका निधन हुआ। *—उत्तरी भारत की संत काव्य परम्परा,* भारती भंडार, प्रयाग, 1951, पृ. 464
24. मुँहता नैणसी, *मुँहता नैणसी री ख्यात,* भाग-1, सम्पा. बद्रीप्रसाद साकरिया, प्राच्यविद्या प्रतिष्ठान, जोधपुर, 2006, पृ. 21
25. रामदान लालस, *भीम प्रकाश,* हस्तलिखित प्रति, सेठ सूरजमल नागरमल पुस्तकालय, कोलकाता, पृ. 3.
26. गौरीशंकर हीराचन्द ओझा, *उदयपुर राज्य का इतिहास,* भाग-1, पृ. 358
27. वही, पृ. 384
28. वही।
29. वही, पृ. 359
30. बड़वा देवी दान, *मेवाड़ के के राजाओं की राणियों, कुँवरों और कुँवरियों का हाल,* सम्पा. देवीलाल पालीवाल, साहित्य संस्थान, राजस्थान विद्यापीठ, उदयपुर, 1985, पृ. 8
31. हरिनारायण पुरोहित द्वारा उद्धृत ठाकुर चतुरसिंह का पत्र 'मीरां प्रकरण : विद्याभूषण हरिनारायण पुरोहित', *परम्परा,* भाग-63-64, पृ. 68 एवं गोपालसिंह मेड़तिया, *जयमलवंश प्रकाश—बदनोर (मेवाड़) का मेवाड़ का इतिहास,* भाग-1, राजस्थानी ग्रंथागार, जोधपुर, दूसरा संशोधित संस्करण, 2012, पृ. 427
32. *मीरां बृहत् पदावली,* भाग-1, सम्पा. हरिनारायण पुरोहित, राजस्थान प्राच्यविद्या प्रतिष्ठान, जोधपुर, तृतीय संस्करण 2006, पृ. 316
33. नागरीदास, *नागरीदास ग्रंथावली,* भाग-2, सम्पा. किशोरीलाल गुप्त, नागरी प्रचारिणी सभा, वाराणसी, 1955, पृ. 363
34. श्यामलदास, *वीर विनोद : मेवाड़ का इतिहास,* द्वितीय भाग, खंड-1, मोतीलाल बनारसीदास, दिल्ली, 1986, राज यंत्रालय, उदयपुर, प्र. सं.1886, पृ. 25
35. *मीरां बृहत् पदावली,* भाग-1, पृ. 43
36. *मीरां बृहत् पदावली,* भाग-2, सम्पा. कल्याणसिंह शेखावत, राजस्थान प्राच्यविद्या प्रतिष्ठान, जोधपुर, 1975, पृ. 82

37. *श्रीभक्तमाल* (श्रीप्रियादासजी प्रणीत टीका-कवित्त सहित), पृ. 713
38. दयाराम पंडो एक नामा, राजमिंदर सेवौ अठजामा।
सीसोद्यो बौहौ भांत सिखायौ, यूँ कहिज्यौ चरणमति लायौ॥
गुप्त दान वाकूं ले घाल्यौ, सो मारण मीरां कूं चाल्यौ।
पिंडो कहै भाग धिन राणी, जिण प्रभु की भाक्त पिछाणी॥
हरिजी की अग्या बही मीनै, चारमति भेज्यो तोने।
कै लेवो कै पूठो फेरो, बिना लियाँ पण जेहै तेरो॥
जाण्यौ जेहैर मरण के काजै,बिना पियाँ मेरो बिड़द लाजै।
चरणामृत सुण मीरं लीयो, राम भरोसे प्यालो पीयो॥
—*सुखसारण*, 'मीरांबाई री परची', *परम्परा*, भाग-69-70, पृ. 47
39. *रिपोर्ट—मरदुमशुमारी राज मारवाड़ 1891 ई.*—राजस्थान की जातियों का इतिहास एवं रीतिरिवाज, राजस्थानी ग्रंथागार, जोधपुर, 2010, पृ. 440 एवं गोपालसिंह मेड़तिया, *जयमलवंश प्रकाश : बदनोर (मेवाड़) का मेवाड़ का इतिहास*, भाग-2, पृ. 425
40. *मीरां बृहत् पदावली*, भाग-2, पृ. 48
41. हुकुमसिंह भाटी, *मीरांबाई : ऐतिहासिक और सामाजिक विवेचन*, रतन प्रकाशन, जोधपुर, 1986, पृ. 20
42. *मीरां बृहत् पदावली*, भाग-1, पृ. 198
43. वृन्दावन आई, जीव गुसाईं जी सों झिलीं, तिया मुख देखिबे को पले छुटायो है। —*श्रीभक्तमाल* (श्रीप्रियादासजी प्रणीत टीका-कवित्त सहित), पृ. 721
44. ता पछै मीरांबाई गंगादिक तीरथ करिकैं अरु श्री वृन्दावन हू आए, तहाँ जीव गुसाईजी को प्रण स्त्री के न देखिबे को छुटाय सबसों गुरु गोविन्दवत सनमान सत्यसंग कहि द्वारिका को चले, उहाँ बास करिबैं के लियैं। —*नागरीदास ग्रंथावली*, भाग-2, पृ. 364
45. गोपालसिंह मेड़तिया, *जयमलवंश प्रकाश : बदनोर (मेवाड़) का मेवाड़ का इतिहास*, भाग-2, पृ. 426
46. नगेंद्र, विजेंद्र स्नातक, सम्पा. *हिन्दी भक्ति रसामृत सिन्धु*—श्री रूप गोस्वामी विरचित मूल ग्रंथ हिन्दी अनुवाद तथा दीपिका सहित, हिन्दी विभाग, दिल्ली विश्वविद्यालय, दिल्ली, 1963, पृ. 10
47. *श्रीभक्तमाल* (श्रीप्रियादासजी प्रणीत टीका-कवित्त सहित), पृ. 722
48. हरजस पश्चिमी राजस्थान में मेघवाल जाति के गायकों द्वारा रात्रि जागरण के दौरान गाए जाते हैं। यह अंश विख्यात लोक गायक पदमाराम के गाए हुए एक हरजस में से लिया गया है।
49. 'मीरांबाई का जीवन चरित्र', *द्वारिका परिचय* (प्राचीन तीर्थ भूमि के अर्वाचीन दर्शन) सम्पा. भरत सी. सुखपरिया, प्रदीप आर. माधवाणी एवं गिरीश वी गणात्रा, रवि प्रकाशन, द्वारिका, प्रथमावृति-गुजराती, 2004, प्रथमावृति-हिन्दी, 2005, पृ. 79
50. देखिए, अध्याय-2 की संदर्भ टिप्पणी सं. 29
51. *मीरां बृहत् पदावली*, भाग-1, पृ. 16
52. जेम्स टॉड, पश्चिमी *भारत की यात्रा*, हिन्दी अनु. गोपालनारायण बहुरा, राजस्थान प्राच्यविद्या प्रतिष्ठान, जोधपुर, द्वितीय संस्करण 1996, पृ. 442
53. 'मीरांबाई का जीवन चरित्र', *द्वारिका परिचय*, पृ. 80

54. ठाकुर चतुरसिंह, 'मीरां प्रकरण', *परम्परा* (विद्याभूषण हरिनारायण पुरोहित), भाग-63-64, पृ. 70
55. राना की मलीन मति, देखि, बसी द्वारावति, रति गिरधारीला, नित ही लड़ाइयै।
लागी चटपटी भूप भक्ति को सरूप जानि, अति दु:ख मानि, बिप्र श्रेणी लै पठाइयै॥
बेगि लेके आवौ मोको प्रान दे जवावौ अहो गए द्वार धरनौ दै विनती सुनाइयै।
सुनि विदा होन गई राय रनछोर जू पै छांड़ौ राखौ हीन लीन भई नहीं पाइयै॥
—*श्रीभक्तमाल* (श्रीप्रियादासजी प्रणीत टीका-कवित्त सहित), पृ. 722
56. नागरीदास, *नागरीदास ग्रंथावली*, भाग-2, पृ. 365
57. मुंशी देवीप्रसाद, *मीरांबाई का जीवन चरित्र*, पृ. 26 और गौरीशंकर ओझा, *उदयपुर राज्य का इतिहास*, भाग-1, पृ. 360
58. *राणीमंगा भाटों की बही* (मारवाड़ का रनिवास), पृ. 16
59. 'मीरांबाई का जीवन चरित्र', *द्वारिका परिचय*, पृ. 79
60. मुंशी देवाप्रसाद, *मीरांबाई का जीवन चरित्र*, पृ. 26
61. सी. एल. प्रभात, *मीरां : जीवन और काव्य*, भाग-1, पृ. 153
62. हरमन गोएत्ज़, *मीरांबाई : हर लाइफ एंड टाइम्स*, भारतीय विद्या भवन, मुम्बई, 1966, पृ. 33
63. फ्रांसिस टैफ़्ट, 'इल्यूजिव हिस्टोरिकल मीरांबाई—ए नोट', पृ. 324
64. इतनौ है सब कुटुम हमारौ।
सैन, धना अरू नामा, पीपा कबीर रैदास चमारौ॥
रूप सनातन कौ सेवक गंगल भट्ट सुढ़ारौ।
सूरदास, परमानन्द, मेहा, मीरां भक्ति विचारौ॥
ब्राह्मण राजपुत्र कुल उत्तम तेऊ करत जाति को गारौ।
आदि अन्त भक्तनि कौ सर्वसु राधावल्लभ प्यारौ॥
आसू कौ हरिदास रसिक हरिवंश न मोहि बिसारौ।
इति पथ चलत स्याम-स्यामा कै ब्यासहि बोरौ भावैं तारौ॥
विहारिहि स्वामी बिनु को गावै।
बिनु हरिवंषहि राधा-वल्लभ कौ रस-रीती सुनावै॥
कृष्णदास बिनु गिरधर जु कौ को अब लाड़ लड़ावै।
रूप-सनातन को वृंद विपिन माधुरी पावै॥
मीरांबाई बिनु कौ भक्तनि पिता जानि उर लावै।
स्वारथ परमारथ जैमल बिनु को सक बंधु कहावै॥
परमानन्ददास बिनु कौ अब लीला गाय सुनावै।
सूरदास बिनु पद रचना कौ कौन कविहि कहि आवै॥
और सकल साधुन बिनु को अब यह कलिकाल कटावै।
व्यासदास इन सब बिनु को अबतन की तपति बुझावै॥
—हरिराम व्यास, *श्रीव्यासवाणी* (सम्पूर्ण), श्री हिताश्रम सत्संग भूमि, वृन्दावन, संस्करण 2013), पृ. 40 और http ://www.ras-lila.com/vyas-vani.html.

65. सदरिस गोपिन प्रेम प्रगट, कलिजुगहिं दिखायो।
निरअंकुश अति निडर, रसिक जस रसना गायो॥
दुष्टनि दोष विचारि, मृत्यु को उद्दिम कीयों।
बार न बांको भयो, गरल अमृत ज्यों पीयों॥
भक्ति निसान बजाय के, काहू ते नाहि न लजी।
लोक लाज कुल शृंखला, तजि मीरां गिरधर भजी॥
—नाभादास, *श्रीभक्तमाल* (श्रीप्रियादासजी प्रणीत टीका-कवित्त सहित), पृ. 712

66. लाज छाँड़ि गिरधर भजी, करी न कछु कुल कानि।
सोई मीरां जग विदित, प्रगट भक्ति को खानि॥
नृत्यत नूपुर बाँधि कै, नाचत लै करतार।
विमल हियौ भक्तिनि मिली, तृन सम गन्यौ संसार॥
बंधुनि विष ताकों दियौ, करि विचार चित आन।
सो विष फिरि अमृत भयौ, तब लागे पछितान॥
ललिता हू लई बोलिके, तासों हो अति हेत।
आनन्द सों निरखत फिरै, वृंदावन रस खेत॥
—ध्रुवदास, 'भक्त नामावली', *श्रीभक्तमाल*
(श्रीप्रियादासजी प्रणीत टीका-कवित्त सहित), पृ. 713

67. नाभादास, *श्रीभक्तमाल* (श्रीप्रियादासजी प्रणीत टीका-कवित्त सहित), पृ. 714

68. लोक बेद कुल जगत सुख, पुचि मीरां श्री हरि भजे॥
गोपिन की सी प्रीति, रीति कलि-कालि दिखाई।
रसिकराइ जस गाइ, निडर रही संत समाई॥
रांनै रोस उपाई, जहर कौ प्यालो दीन्हौं।
रोम खुस्यौ नहीं येक, मांनि चरनांमृत लीन्हौं॥
नौबति भक्ति घुराई कै, पति सो गिरधर ही सजे।
लोक बेद कुल जगत सुख, मुचि मीरां श्री हरि भजे॥214॥
—राघवदास, राघवदासकृत *भक्तमाल* : चतुरदास की टीका सहित,
राजस्थान प्राच्यविद्या प्रतिष्ठान, जोधपुर, 1965, पृ. 99

69. (i) *अथ मीरां बाइके पुरोहित रामदास,* तिनकी वार्ता :
सो एक दिन मीराबाई के श्री ठाकुरजी के आगे रामदासजी कीर्तन करते हुए सो रामदास जी श्री आचार्य जी महाप्रभुन के पद गावत हुते, तब मीरांबाई बोली जो दूसरौ पद श्री ठाकुरजी को गावो तब रामदासजी ने कहौ मीरांबाई सो जो अरे दारी रांड यह कौन को पद है। यह कहा तेरे खसम को मूंड है जो जा आज से तेरौ मुहड़ों कबहू न देखूँगो। तब तहाँ से सब कुटुम्ब को लै के रामदास जी उठि चले तब मीरांबाई ने बहुतेरो कह्यौ रामदासजी रहे नाहीं। पाछें फिरि के वाको मुख न देख्यो। ऐसे अपने प्रभून सों अनुरक्त हुते। सो वा दिन ते मीरांबाई को मुख न देख्यौ, वाकीं वृत्ति छोड़ दीनी, फेर वाके गाँव के आगे होय के निकसे नाहीं। मीराबाई ने बहुत बुलाये परि वे रामदास जी आए नाहीं। तब घर बैठे भेंट पठाई सोई फेरि दीनी और कहौ जो रांड तेरों श्री आचार्य जी महाप्रभुन ऊपर समत्व नाहीं जो हमको तेरी वृत्ति कहा करनी है। —*चौराशी वैष्णन की वार्ता,* श्री विद्याविभाग, नाथद्वारा, 1970, सम्वत् 2027, पृ. 140

(ii) *अथ कृष्णदास अधिकारी,* तिनकी वार्ता :
सो वे कृष्णदास शूद्र एक बेर द्वारका गए हुते सो श्री रणछोर जी के दर्शन करिकें तहाँ ते चले सो आपन मीराबाई के गाँव आए सो वे कृष्णदास मीरांबाई के घर गए तहाँ हरिवंश व्यास आदि दे विशेष सह वैष्णव हुते सो काहू को आयै आठ दिन काहू को आए दश दिन काहू को आए पन्द्रह दिन भये हुते तिनकी विदा न भई हुती और कृष्णदास नें तौ आवत ही कही जो हूँ तो चलूंगो। तब मीराबाई ने कही जो बैठो तब कितनेक मोहर श्रीनाथजी को देन लागी सो कृष्णदास ने न लीनी और कहौ जो तूं श्रीआचार्य जी महाप्रभुन की सेवक नाहीं होत ताते तेरी भेंट हम हाथ ते छूवेंगे नाही सो ऐसे कहिकें कृष्णदास उहाँ ते उठि चले। —वही, पृ. 239

(iii) *गोविन्द दुबे साचोरा ब्राह्मण,* तिनकी वार्ता :
और एक समें गोविन्द दुबे मीराबाई के घर हुते तहाँ मीराबाई सों भगवद्वार्ता करत अटके। तब श्री आचार्य जी ने सुनी जो गोविन्द दुबे मीराबाई के घर उतरे हैं, सो अटके हैं, तब श्री गुसाई जी ने एक श्लोक लिखि पठायो सो एक ब्रजवासी के हाथ पठायौ तब वह ब्रजवासी चल्यौ सो वहाँ जाय पहुँचौ, ता समय गोविन्द दुबे संध्या वंदन करत हुते तब ब्रजवासी ने आयकें वह पत्र दीनों सो पत्र बांचि के गोविन्द दुबे तत्काल उठे, तब मीरांबाई ने बहुत समाधान कीयो, परि गोविन्द दुबे ने फिर पाछें न देखौ। —वही, पृ. 109

70. (i) *श्री गुसाई जी के सेवक अजब कुँवर बाई,* तिनकी वार्ता :
सो वे अजब कुँवर बाई मेड़ते में रहती हती मीरांबाई की देवरानी हती और उहाँ एक दिन श्री गुंसाई जी पधारे जब अजब कुँवर बाई कूं साक्षात् पूर्ण पुरुषोत्तम के दर्शन भए। जब अजब कुँवर श्री गुसाई जी की सेवक भई और अष्ट प्रहर श्री गुंसाई जी वाकी ऐसी दशा देख के चार दिन उहाँ बिराजै और अजब कुँवर बाई कूं पादुका जी पधराय दीये तब अजब कुँवर बाई शुद्ध पुष्टिमार्ग की रीति प्रमाणें सेवा करन लागी और श्री नाथ जी अजब कुँवर बाई के संग नित्य चोपर खेलते। अजब कुँवर बाई की भक्ति से प्रसन्न हो श्रीनाथ जी ने सदा मेवाड़ में रहने का वचन दिया जिसके कारण वे अब तक मेवाड़ में विराजे हैं। —*दो सौ बावन वैष्णन की वार्ता,* खेमराज श्रीकृष्णदास, अध्यक्ष : श्रीवेंकटेश्व प्रेस, मुम्बई, 1996, पृ. 130

(ii) *श्री गुंसाई जी के सेवक हरिदास बनिया,* तिनकी वार्ता—
सो वे हरिदास बनिया मेरता गाम में रहते। वा गाम में एक ही वैष्णव हते और वा गाम को राजा जैमल हो सो स्मार्त धर्म में हतो और एकादशी पहली करते हते। और जैमल राजा की बेन को घर हरिदास बनिया के सामे हतो। सो जब श्री गुंसाई ही हरिदास के घर पधारे हते तब जैमल की बेन कूं बारी में सूं श्री गुंसाई जी के साक्षात् पूर्ण पुरुषोत्तम के दर्शन भये। जब जैमल की बेन ने पत्र द्वारा श्री गुंसाई जी को विनती लिखके पत्र द्वारा सेवक भई काहे तें वे पड़दा में से बाहर नहीं निकसते जांसू पत्र द्वारा सेवक भए। —वही, पृ. 80

71. नागरीदास 'पद-प्रसंगमाला', *नागरीदास ग्रंथावली,* भाग-2, पृ. 363

72. ब्रह्मदास, *चारण ब्रह्मदासजी दादूपंथी विरचित भगतमाल,* राजस्थान प्राच्यविद्या प्रतिष्ठान, जोधपुर, 1997, पृ. 13 एवं 48-49

73. पाठ सी. एल. प्रभात द्वारा *मीरां : जीवन और काव्य*, भाग-1, राजस्थानी ग्रंथागार, जोधपुर, 1999 पृ. 67 पर उद्धृत किया गया है।

74. वही, पृ. 62
75. सुखसारण, 'मीरांबाई री परची', *परम्परा,* सम्पा. नारायणसिंह भाटी, भाग-69-70, राजस्थानी शोध संस्थान, जोधपुर, पृ. 17
76. पाठ सी. एल. प्रभात द्वारा *मीरां : जीवन और काव्य,* भाग-1 में पृ. 69 पर उद्धृत किया गया है।

अध्याय-4

विरह का लैंगीकरण

भारतीय साहित्य की कई ख़ूबसूरतियों में से एक उसमें प्रेम और विरह की निरन्तर, सघन और मुखर मौजूदगी है। यह स्वर कहीं लौकिक, कहीं अलौकिक और कहीं लौकिक से अलौकिक होता हुआ है। भारतीय सौन्दर्यशास्त्र भी साहित्य में इसकी व्यापकता को ध्यान में रखकर इसकी व्याख्या, विवेचन और वर्गीकरण करता है। यह विवेचन-वर्गीकरण और विवेचन आरम्भ में जीवन्त और बाद में कुछ हद तक यांत्रिक होता गया है, लेकिन यह बहुत स्वाभाविक है, क्योंकि शास्त्र अक्सर कविता के पीछे चलता और यह उससे पिछड़ भी जाता है। भारतीय कविता में प्रेम और विरह की मौजूदगी को जानने-समझने की परम्परा भी बहुत पहले से है। भारतीयों सहित कुछ विदेशी विद्वानों ने इस तरह के प्रयास किये हैं। सदी की शुरुआत, 2005 ई. में भारतीय संत-भक्ति साहित्य के अमरीकी विद्वान जोन स्ट्रैटन हौली की पुस्तक *थ्री भक्ति वोयसेज़*[1] में आई और इसका हिन्दी अनुवाद *भक्ति के तीन स्वर*[2] नाम से 2019 ई. प्रकाशित हुआ। यह पुस्तक तीन प्रमुख भारतीय संत-भक्तों—मीरां, सूर और कबीर पर एकाग्र है। हौली की ख्याति पाठानुसन्धान और पाठनिर्भर आलोचना के लिए है। उन्होंने इस किताब में भी मीरां, सूर और कबीर की पांडुलिपियों के अन्वेषण और पाठ सम्पादन के साथ उनकी प्रामाणिकता पर भी विस्तार से विचार किया है। पुस्तक में मीरां से सम्बन्धित दो आलेख—'पांडुलिपियों में मीरां' और 'लालासा की काया' संकलित हैं। यहाँ विवेच्य आलेख 'लालसा की काया'[3] है, जिसमें हौली ने मीरां के केवल एक पद पर विचार किया है। मीरां के केवल पद पर इसलिए क्योंकि हौली के अनुसार कर्तारपुर *गुरुग्रंथ साहिब* में संकलित यही एक पद सबसे पुराना और 'मीरां का हस्ताक्षरित' ('और हस्ताक्षर भी मौखिक रूप में दर्ज़ है') है, इसलिए प्रामाणिक है। 'लालसा की काया' मुख्यतः मीरां की कविता पर एकाग्र है, लेकिन अपनी धारणाओं की पुष्टि के लिए हौली ने इसमें दो पद सूरदास के भी उद्धृत किये हैं। आलेख में हौली जिन निष्कर्षों पर पहुँचते हैं, वे सामान्य भारतीय, जिसकी स्मृति और संस्कार में प्रेम और विरह की लौकिक-अलौकिक

और इनमें परस्पर आवाजाही की कविता की सदियों से मौजूदगी है, उसके लिए कुछ हद तक विस्मयकारी और चौंकानेवाले हैं। हौली का अपनी स्थापनाओं की पुष्टि के लिए कर्तारपुर *गुरुग्रंथ साहिब* का उद्धृत यह पद इस तरह है :

मनु हमारो बाँधिउ माई कवल नैन आपने गुन
तीखण तीर बेधि सरीर दुरि गयो री माई
लागिउ तब जानिउ नही अब न सहिउ जाई री माई
तंत मन्त अऊखद करऊ तऊ पीर न जाई
है कौऊ ऊपकार करै कठिन दरदु माई
निकट हऊ तुम दुरि नहि बेगि मिलहु आई
मीरां गिरधर सुआमी देआल तन की तपन बुझाई री माई
कवल नैन आपने गुन अपने गुन बाँधिऊ माई।[4]

इस पद के आधार पर हौली यह सवाल करते हैं कि "जिस साहित्य में स्त्री शरीर की सामान्य अवस्था को एक ऐसा रोग माना जाता है, जो पुरुष की अनुपस्थिति के कारण पैदा होता है, उस साहित्य को किस तरह लिया जाए?"[5] कुल मिलाकर हौली का इस सवाल का जवाब कुछ इधर-उधर के साथ यह है कि मीरां की कविता में पुरुष की अनुपस्थिति से उत्पन्न जो 'विरह' है, वह भारतीय समाज की लैंगिक वास्तविकता, मतलब पुरुष वर्चस्व और उसकी प्रमुखता का नतीजा है। उनके अनुसार यह प्रेम और विरह सूर जैसे पुरुष कवियों के यहाँ भी स्त्री की पुरुष के लिए लालसा की तरह ही है और इसलिए यह मीरां या कि स्त्री की पुरुष के लिए लालसा से अलग नहीं है।[6] हौली आलेख के अन्त में कुछ हद बहुत अटपटे और विचित्र निष्कर्ष पर पहुँचते हैं :

> विरह एक खेल है—स्त्री के वस्त्रों और उसकी भावनाओं से खेलने का खेल। यह देवता बनने का खेल है, जो खेल देव (या देवी) मनुष्य के साथ खेलते हैं। यह खेल लालसा का एक लिंग निर्धारित करता है।[7]

भारतीय समाज में स्त्री-पुरुष की विषमता की धारणा को स्वयंसिद्ध मानकर इस आधार पर इसके साहित्य का मूल्यांकन करने का शग़ल इधर पश्चिमी विद्वत्ता में बढ़ा है, लेकिन न तो यह भारतीय समाज के स्वभाव और चरित्र के अनुसार है, न ही यह युक्तिसंगत है। भारतीय परम्परा में प्रेम और विरह 'व्याधि' नहीं है, यह भक्ति के प्रपत्ति रूप का विस्तार है—यह भक्ति साहित्य में सदियों से है और तर्क और युक्ति के आधार इसकी कोई समझ बनाना बहुत मुश्किल काम है। रवीन्द्रनाथ ठाकुर ने एक जगह लिखा है कि "प्रेम और स्नेह का रहस्य अति प्राचीन, दुर्गम है। वह अपनी सार्थकता के लिए तर्क पर निर्भर नहीं होता।"[8] प्रेम पर निर्भर भक्ति के

भारतीय परम्परा में कई रूप हैं और इनके सम्बन्ध में कोई सार्वदेशिक सरलीकरण इसकी विविधता की अनदेखी करना है। भक्ति साहित्य के विद्वान ए. के. रामानुजन ने यह स्वीकार करते हुए लिखा है :

> भक्ति कई प्रकार की होती है, यद्यपि हम इसे एकवचन में कहते हैं। विविधता अपार है और हमें इसकी पहचान करनी चाहिए। भक्ति शिव, विष्णु या देवी पर एकाग्र है। पुरुषों और महिलाओं द्वारा भक्ति, बंगाल में भक्ति और कर्नाटक में भक्ति, प्रारम्भिक भक्ति और बाद में भक्ति—ये सभी एक दूसरे से अलग हैं। हमें इन विभिन्न रूपों के नये अध्ययन की ज़रूरत है।[9]

महत्त्वपूर्ण यह है कि धार्मिक या ग़ैर-धार्मिक, दोनों अर्थों में, प्रिय की अनुपस्थिति इस परम्परा में स्त्री-पुरुष, दोनों को विचलित करती है। ख़ास बात यह भी है कि पुरुष का विचलन स्त्री से अलग अपने ढंग का है और परम्परा में इसके कई उदाहरण भी हैं। कृष्ण-भक्ति साहित्य में लालसा के स्त्री रूप में होने का कारण भी प्रपत्ति में ही है। इसका सम्बन्ध भारतीय समाज की कथित स्त्री-पुरुष असमानता से नहीं है।

भारतीय समाज में स्त्री-पुरुष विषमता को अधिकांश पश्चिमी विद्वत्ता ने कुछ हद तक स्वयंसिद्ध मान लिया है, लेकिन यह पूरी तरह सही नहीं है। ख़ास तौर पर मीरां के पन्द्रहवीं-सोलहवीं सदी के समाज में स्त्रियों की हालत और हैसियत प्रचारित से अलग है। भक्ति में प्रेम और विरह के सम्बन्ध में हौली ने जो धारणा बनाई है, वह बहुत हद तक भारतीय समाज में स्त्री-पुरुष विषमता सम्बन्धी ढाँचागत असन्तुलन पर निर्भर है, लेकिन असन्तुलन की यह धारणा सम्पूर्ण भारतीय समाज का सच नहीं है। भारतीय समाज में स्त्री-पुरुष की हालत और हैसियत लेकर भी कोई सरलीकृत और एकरूप निष्कर्ष नहीं निकाला जा सकता है। विरह 'पुरुष का खेल' है और यह लालसा का लिंग निर्धारित करता है[10], यह पूरे भारतीय समाज का सच नहीं है। यह मानना सदियों के विस्तार और निरन्तरता में ऐतिहासिक ज़रूरतों से विकसित भक्ति के ख़ास ढंग की अनदेखी करना है। हौली मीरां सहित सभी संत-भक्तों की कविता में वही देखते हैं, जो वे आग्रहपूर्वक देखना चाहते हैं और इस तरह बहुत कुछ ऐसा है, जो उनसे अनदेखा रह जाता है।

भक्ति का एक विकास दीर्घकालीन और जटिल प्रक्रिया में हुआ और उसका स्वरूप-चरित्र भी इसीलिए बहुत विस्तृत, विविध और जटिल है। ये रूप एक दूसरे से अलग भी हैं। ए. के. रामानुजन यह मुश्किल समझते हैं। उन्होंने भक्ति और देश-भाषाओं के सम्बन्ध पर लिखते हुए इस मुश्किल का ज़िक्र किया है। वे लिखते हैं :

> मैं इन आन्दोलनों के अन्य महत्त्वपूर्ण पहलुओं की तुलना में कविता के बारे में कुछ अधिक जानता हूँ। पाठक अपने-अपने क्षेत्रों और भाषाओं से उदाहरण और प्रति-उदाहरण प्रदान कर सकते हैं।[11]

भक्ति के प्रेम और विरह को 'पुरुष के खेल' में सीमित करना अपनी सुविधा और तर्क अनुसार इनका सरलीकरण है। भक्ति का सम्बन्ध भारतीय चित्त और आत्मा से है। रवीन्द्रनाथ ठाकुर की यह धारणा सही है—

> शरीर के अन्दर जीवन की तरह यह आत्मा एक सीधी अवधारणात्मक वास्तविकता है। और जीवन की तरह, केवल तार्किक परिभाषाओं के माध्यम से इसे समझना बेहद मुश्किल है।[12]

यहाँ इस आलेख में हौली द्वारा अपनी स्थापनाओं के पुष्टि के लिए इस्तेमाल भारतीय समाज की स्त्री-पुरुष विषमता की धारणा और उसके साथ धार्मिक और ग़ैर-धार्मिक साहित्य में विरह की मौजूदगी पर विचार किया गया है। साथ ही मीरां को कविता के सरोकारों को 'प्रेम और विरह' के बाहर भी पहचानने की कोशिश की गई है।

1

मीरां सहित भारतीय कवियों के यहाँ प्रेम और विरह की निरन्तर और सघन मौजूदगी सदियों से है। ख़ास बात यह है कि एक तो साहित्य में इसकी मौजूदगी. पुरुष और स्त्री, दोनों के प्रेम और विरह के रूप में बहुत प्राचीनकाल से है और दूसरे, इसके निरन्तर प्रयोग का सम्बन्ध कुछ हद तक पारम्परिक कवि शिक्षा से भी है। हौली की धारणा है :

> इस तरह चीज़ें (विरह) स्त्रियों के ही पल्ले क्यों पड़ती हैं? आख़िर क्यों? क्योंकि बहुसंख्य हिन्दू पुरुषों का मानना है कि स्त्रियाँ पुरुषों के मुक़ाबले में कमज़ोर होती हैं।[13]

यह बात कुछ अलग तरह से जयशंकर प्रसाद ने भी कही है कि भारतीय साहित्य में स्त्रियों की तुलना में पुरुष-विरह विरल है।[14] यह धारणा पूरी तरह से सही नहीं है। भारतीय साहित्य में स्त्री के विरह के समानांतर पुरुष का विरह भी निरन्तर और बहुत ध्यानाकर्षक है। ऋग्वेद के उर्वशी-पुरुरवा संवाद में विरही पुरुष पुरुरवा है।[15] भरत की ई. पू. चौथी सदी की रचना *नाट्यशास्त्र* में विप्रलम्भ शृंगार का विवेचन हुआ है और ज़ाहिर है, यह विवेचन तब हुआ होगा, जब इससे सम्बन्धित साहित्य की दीर्घकालीन परम्परा उस समय मौजूद रही होगी। *नाट्यशास्त्र*

सहित सभी सौन्दर्यशास्त्रीय ग्रंथों में 'विप्रलम्भ' का स्त्री-पुरुष में वर्गीकरण और विभाजन नहीं है।[16] भास की रचना *स्वप्नवासवदत्ता* के पाँचवें अंक में पुरुष उदयन का वासवदत्ता के लिए विलाप है।[17] चौथी सदी की रचना *घटकर्पर* में आकाश में घिरे बादलों को देखकर एक स्त्री विरहिणी ने अपने विरह की व्यंजना की है।[18] वाल्मीकि की *रामायण* में राम द्वारा सीता को प्रेषित विरह *सन्देश पुरुष* विरह का अच्छा उदाहरण है।[19] कालिदास कृत *मेघदूत* इस परम्परा की श्रेष्ठ रचना है, जिसमें भी पुरुष विरही यक्ष मेघ के माध्यम से अपनी प्रेमिका को अपने विरह का सन्देश भेजता है।[20] जयदेव के *गीत-गोविन्द* में राधा के लिए पुरुष कृष्ण का विरह है।[21] परवर्ती प्राकृत, अपभ्रंश और देश-भाषा रचनाओं में विरह ख़ूब है। लोकोत्तर या आराध्य के प्रति प्रेम और विरह का विधान आलवार और नायनार संत-भक्तों से होता हुआ *भागवत* और फिर जयदेव और विद्यापति से होता हुआ कबीर, सूर मीरां सहित पूरे भक्ति-आन्दोलन का लगभग मुख्य स्वर बन गया है। देशज कथा-काव्यों में भी कई रचनाएँ ऐसी हैं, जिनमें पुरुष-विरह है। रीतिकाल में तो स्वच्छंद कवि घनानन्द, बोधा, आलम आदि का सम्पूर्ण रचना-कर्म पुरुष की एकतफ़ा लालसा या विरह पर एकाग्र है। पुरुष और स्त्री-विरह लोक-रचनाओं में भी ख़ूब है और इनमें कहीं यह कवि समय की तरह, तो कहीं यह जीवन्त मानवीय व्यथा-वेदना की तरह है। राजस्थानी-गुजराती के प्रसिद्ध लोक आख्यान में उजला-जेठवी, सेणी-बीजानन्द आदि में स्त्री के साथ विरही पुरुष भी है।[22] उल्लेखनीय तथ्य यह है कि यह पुरुष-विरह भी स्त्री लैंगिक, जैसाकि हौली मानते हैं[23], नहीं है। यदि हौली की मानें तो फ़ारसी साहित्य में पुरुष के लिए स्त्री लालसा है, जिसके कारण, जैसाकि वे कहते हैं वहाँ समाज में स्त्री की प्रमुखता होनी चाहिए, लेकिन ईरानी के समाज में ऐसा नहीं है। वहाँ भी स्त्री की हालत और हैसियत कमोबेश भारतीय स्त्री जैसी ही है।

यह बात कुछ हद सही है कि भारतीय परम्परा में पुरुष भक्ति, जैसाकि हौली ने कहा है, स्त्री लैंगिक है। आशय यह है कि पुरुष भी स्त्री भाव से प्रिय या आराध्य के प्रति प्रेम और समर्पण का भाव रखता है।[24] ख़ास तौर पर कृष्ण-भक्ति रूपों में तो प्रपत्ति या जिसे हौली 'लालसा' कहते हैं, का यही स्त्री लैंगिक रूप है, लेकिन इसका भारतीय समाज में कथित पुरुष प्रमुखता से कोई सम्बन्ध नहीं है। आसक्ति का भाव स्वाभाविक रूप से स्त्री में पुरुष की तुलना में अधिक होता है, इसलिए पूर्ण और सघन समर्पण के लिए भक्ति में इसके इस्तेमाल की शुरुआत हुई और भक्ति का यह ढंग लोकप्रिय होता गया। ज़ाहिर है, पहले भक्ति का यह प्रपत्ति रूप लोकप्रिय हुआ और और बाद में इसके शास्त्रीय विधान भी बन गए। भारतीय साहित्य और उसमें भी ख़ास तौर पर कृष्ण-भक्ति साहित्य में पुरुष कवियों के यहाँ स्त्री लैंगिक विरह का भाव भारतीय समाज के वैचारिक और दार्शनिक संस्कार से

है। जयशंकर प्रसाद ने अपने बहुचर्चित निबन्ध 'काव्य-कला' में भारतीय साहित्य की इस विशेषता को लक्ष्य करते हुए लिखा है :

> भारतीय साहित्य में पुरुष-विरह विरल और विरहिणी का वर्णन अधिक है। इसका कारण है, भारतीय दार्शनिक संस्कृति। पुरुष सर्वथा निर्लिप्त और स्वतंत्र है। प्रकृति या माया उसे प्रवृत्ति या आवरण में लाने की चेष्टा करती है; इसलिए आसक्ति का आरोपण स्त्री में ही है। *नैव स्त्री न पुमानेष न चैवायं नपुंसक* : मानने पर भी व्यवहार में ब्रह्म पुरुष, माया स्त्री धर्मिणी। स्त्रीत्व में प्रवृत्ति के कारण नैसर्गिक आकर्षण मानकर उसे प्रार्थिनी बनाया गया है।[25]

हौली की मुश्किल यह है कि उनको इस तरह के दर्शनों में 'पुरुषवादी दुर्गंध' आती है। उन्होंने लिखा है :

> संस्कृत में लिखा 'भागवत्पुराण' इस मुद्दे पर अस्पष्ट हो सकता है, लेकिन सोलहवीं सदी का हिन्दी में लिखा इसका पाठ सुस्पष्ट है। इस तरह की पुरुषवादी दार्शनिकता दुर्गंध देती है।[26]

भक्ति की परम्परा में विकसित दर्शनों को पुरुषवाद से जोड़ना युक्तिसंगत नहीं है। यह सही है कि अक्सर सभी साहित्यिक परम्पराओं में, जैसा होता है, भक्ति की परम्परा में विकसित दर्शन भी हमेशा जीवन्त नहीं रहे। उनका यांत्रिकीकरण हुआ। इनमें से कुछ अपनी जगह ठहर भी गए, कुछ आगे चलकर नये भी बने और छठी-सातवीं सदी से शुरू हुई यह प्रक्रिया सत्रहवीं-अठारहवीं सदी तक जारी रही। भक्ति का जो श्रुत और लोक रूप विकसित हुआ, उसमें ज़ोर प्रपत्ति पर ज़्यादा था, इसके प्रेम और विरह की भावनाएँ सीधे मानवीय स्वभाव का हिस्सा थीं और इनके लिए किसी ज्ञान आदि की अर्हता की ज़रूरत नहीं थी, इसलिए यह यह सहज स्वीकार्य हो गया। भक्ति का यह प्रपत्ति रूप दर्शनों की गूढ़ मीमांसा, वर्गीकरण और विभाजन से बहुत हद तक अलग भी हो गया। भक्ति के इस प्रपत्ति रूप के आकार लेने और लोकप्रिय होने में क्षेत्रीय ऐतिहासिक और सांस्कृतिक ज़रूरतों की भी निर्णायक भूमिका थी। साहित्य में विरह की निरन्तर मौजूदगी का नतीजा यह हुआ कि यह काव्यशास्त्रीय ग्रंथों का विवेच्य हो गया। संस्कृत के काव्यशास्त्रीय ग्रंथों के बाद यह मध्यकालीन कवि शिक्षा ग्रंथों में भी आ गया। मीरां की कविता पर इन कवि शिक्षा ग्रंथों का कोई सीधा प्रभाव नहीं है, लेकिन भारतीय काव्य परम्परा में विरह की निरन्तर मौजूदगी में इन कवि शिक्षा ग्रंथों की भी भूमिका है। कई कवियों ने इन ग्रंथों को आदर्श मानकर भी काव्य-रचनाएँ की हैं।

प्रेम और विरह भक्ति के प्रपत्ति रूप से जुड़े हुए हैं और प्रेम में प्रिय की

अनुपस्थिति में विरह और विचलन मानवीय स्वभाव है। मनुष्य का यही स्वभाव यदि प्रिय लोकोत्तर हो, तो भी बना रहता है। सही बात तो यह है कि जो लोक में होता है, उसकी कल्पना मनुष्य लोकोत्तर में भी करता है। दरअसल अपार्थिव भी पार्थिव का ही विस्तार है। रवीन्द्रनाथ ठाकुर ने अपनी एक कविता 'वैष्णव कविता' में यह बात बहुत अच्छी तरह से कही है। वे कहते हैं :

> हम जो चीज़ देवता को दे सकते हैं, वही अपने प्रिय को देते हैं और जो प्रियजन को दे सकते हैं, वही देवता को देते हैं! और हम पाएँगे कहाँ? देवता को हम प्रिय कर देते हैं और प्रिय को देवता!
>
> [*देवतारे याहा दिते पारि, दिइ ताई/प्रिय जने, प्रिय जने याहा दिते पाई/ ताई दिइ देवतारे आर पाबो कोथा?/देवतारे प्रिय करि, प्रियेर देवता!*][27]

इस तरह भक्ति के इस प्रपत्ति रूप का भारतीय समाज की कथित स्त्री-पुरुष विषमता से सीधे कोई सम्बन्ध बनता नहीं है।

2

भारतीय समाज में स्त्री-पुरुष विषमता की धारणा पश्चिम और उसके अनुवर्ती भारतीय विद्वानों में लगभग 'मान्य सत्य' की तरह है, लेकिन यह पूरी तरह सही नहीं है। यह अवश्य है कि चौदहवीं-पन्द्रहवीं सदी के भारतीय समाज में, उन्नीसवीं सदी के यूरोप में प्रचारित समता, स्वाधीनता और न्याय जैसी अवधारणाएँ तो नहीं थीं, लेकिन यह तय है कि उस समय यहाँ स्त्रियों के लिए कुछ हद तक पुरुष की तरह ही स्त्री होने की भी गुंजाइश थी। भारतीय समाज एकरूप समाज नहीं है और यहाँ इस सम्बन्ध में पर्याप्त वैविध्य है। यहाँ वर्णित मीरां का समाज भी सार्वदेशिक समाज नहीं है—यह केवल मीरां के समय में, उसकी सक्रियता तक सीमित क्षेत्रीय समाज है। यह सम्भव है कि यहाँ जो उदाहरण दिये गए हैं, दूसरे क्षेत्रों में इनके प्रति-उदाहरण मौजूद हों। स्त्रियों के सम्बन्ध में इस समाज का नज़रिया कुछ हद तक गतिशील और द्वंद्वात्मक था। यह स्त्रियों की हालत और हैसियत के मामले में आदर्श समाज नहीं था, जैसाकि कुछ पुनरुत्थानवादी प्रचारित करते हैं और यह उस तरह से ठहरा हुआ और पश्चिमी अर्थ में पूरी तरह पितृसत्तात्मक भी नहीं था, जैसाकि कुछ विद्वान इसको मानकर चलते हैं। इन दोनों ही पक्षों की मुश्किल यह है कि ये अपने निष्कर्ष संहिता और स्मृति ग्रंथों से निकालते हैं, जिनका इस समाज की दैनन्दिन वास्तविकता से कोई लेना-देना कभी नहीं रहा। यह सही है कि इस समाज में स्त्रियों की पूजा की बात केवल मिथ है, लेकिन यह कहना कि वे केवल पुरुषों की सम्पत्ति थी, उनका केवल शोषण और उत्पीड़न होता था और उन्हें कोई

अधिकार प्राप्त नहीं थे, पूरी तरह सही नहीं है। कुछ हद तक ऐसा भी होता था, लेकिन इसके साथ इस समाज में उनके सम्मान, सुरक्षा और संरक्षण की चिन्ताएँ भी थीं। यही नहीं, इस दौरान स्त्रियाँ प्रभावकारी ढंग से सामाजिक और राजनीतिक जीवन में हस्तक्षेप भी करती थीं और कुछ हद तक उन्हें जीवन की स्वतंत्रता भी थी।

स्त्रियों के सम्मान और सुरक्षा, सामाजिक जीवन में उनकी भागीदारी और स्वतंत्रता के मामले में भी यह समाज पिछड़ा हुआ नहीं था। सभी तबकों में इनको लेकर कुछ परम्पराएँ, प्रावधान और चिन्ताएँ थीं। समाज और घर-परिवार में इस दौरान स्त्रियों की निर्णायक भूमिका होती थी। सामन्त स्त्रियों का जीवन कुछ हद तक अन्त:पुर तक सीमित था, लेकिन ये अन्त :पुर निष्क्रिय इकाई नहीं थे। सामाजिक और राजनीतिक जीवन में इनका प्रभावकारी दख़ल था।[28] टॉड राजस्थान के क्षत्रिय वंशों का प्रशंसक था, इसलिए हो सकता है कि उसने कुछ अतिरंजित कहा हो, लेकिन उसका यह कहना कुछ हद तक सही है :

> राजपूत स्त्रियों का जीवन घरों के भीतर बहुत कुछ सीमित रहता है, परन्तु उनके जीवन में दासता नहीं है।[29]

वे पत्नी, प्रिया, माता, संरक्षिका आदि के रूप में राजनीतिक और सामाजिक जीवन में प्रभावकारी ढंग से हस्तक्षेप करती थीं। मेवाड़ के शासक लाखा की पत्नी हंसाबाई ने पारम्परिक उत्तराधिकारी के स्थान पर अपने पुत्र मोकल को सत्तारूढ़ करवाकर मेवाड़ के इतिहास की दिशा बदल दी थी। मेवाड़ के ही राणा सांगा की चहेती रानी करमेती का वर्चस्व बहुत बढ़ गया था। उसने अपने भाई सूरजनल के साथ मिलकर अपने बेटे विक्रमादित्य और उदयसिंह के लिए उतराधिकारी रत्नसिंह की इच्छा के विरुद्ध रणथम्भोर की जागीर हथिया ली थी। रानियाँ ही नहीं, पासवानें भी कई बार राजनीति में दख़ल देती थीं। शासक या जागीरदार पति की असामयिक मृत्यु हो जाने पर उत्तराधिकारी के अल्पवय (नैनपण) होने की स्थिति में विधवा स्त्रियाँ कई बार संरक्षिका के रूप में राजकाज सँभालती थीं। राजस्थान के इतिहास में ऐसे कई उदाहरण हैं। बीकानेर के शासक रायसिंह की पत्नी गंगाबाई ने अपने बालक पुत्र सूरसिंह के कार्यकाल में सभी तरह राज्य-कार्य सम्पन्न किये थे। जोधपुर के जसवंतसिंह की रानी ने अपने पुत्र अजीतसिंह को मुग़लों से उत्तराधिकार दिलवाया था।[30] राजमाताएँ भी शासन में दख़ल रखती थीं। अन्त:पुर में उनका प्रभाव होता था। कामदार, बडारण आदि उनके परामर्शानुसार कार्य करते थे। वे कई बार तीर्थ यात्राओं के दौरान दूसरे राज्यों के साथ कूटनीतिक और मैत्री सम्बन्ध बनाती थीं।[31]

मीरांकालीन समाज में यों तो सभी तबकों में स्त्रियों का सम्मान था, लेकिन क्षत्रिय जातीय समूहों में तो यह ख़ास तौर पर था। अलेक्जेंडर किनलोच फोर्ब्स (1821-1865 ई.) का यह कथन कि यूरोपीय देशों के रीति-रिवाज़ों में और उनके

द्वारा अपेक्षित मान हिन्दू स्त्रियों को यहाँ के पुरुषों से न तो मिलता ही है और न उसकी आशा की जा सकती है"[32], निराधार है। कुमकुम संगारी आदि ने भी इस समाज में स्त्रियों के साथ लैंगिक भेदभाव और उनके शोषण-उत्पीड़न सम्बन्धी पितृसत्तात्मक विधानों के जो विवरण दिये हैं,[33] उनकी मौजूदगी केवल शास्त्रों तक सीमित है। इस समाज ने उनको अक्षरशः कभी नहीं अपनाया। टॉड ने क्षत्रिय जातीय समूहों में स्त्रियों के सम्मान की ख़ूब सराहना की है। वह लिखता है :

> संसार में किसी भी जाति ने स्त्रियों का उतना आदर नहीं किया, जितना कि राजपूतों ने किया है।[34]

क्षत्रिय शासक विवाहोपरांत भी स्त्री की पैतृक पहचान को क़ायम रखते थे। स्त्रियों को ससुराल में उनकी पैतृक पहचान जैसे सिसोदण, राठौड़, चौहान आदि से ही सम्बोधित किया जाता था।[35] मध्यकाल में राजस्थान के क्षत्रिय जातीय समूहों में उत्तराधिकार के लिए संघर्ष और ख़ून-ख़राबा आम थे, लेकिन इनमें स्त्रियों के सम्मान का सभी ध्यान रखते थे। परिता मुक्ता का यह कहना कि इस दौरान अधिक शक्तिशाली विजेता कम शक्तिवाले राजा की स्त्रियों को बलात् हासिल कर लेते थे और वे भूमि की तरह वीरों के अधिकार में आती-जाती रहती थी,[36] ग़लत है। राजपूत स्त्रियों का सम्मान ही नहीं करते थे, बल्कि कभी-कभी वे इसके लिए अपनी जान पर खेल जाते थे। मेवाड़ में शरणागत सोलंकी हरराजोत की सुन्दर कन्या तारादेवी के सौन्दर्य की ख्याति सुनकर जब महाराणा रायमल के बेटे ने उसे देखने का आग्रह किया और नहीं मानने पर जब उसने बदनोर पर चढ़ाई की, तो तारादेवी के मामा रत्नसिंह ने उसे मार डाला और स्वयं भी मारा गया। महाराणा रायमल ने भी अपने बेटे को दोषी जानकर हरराजोत को कुछ भी नहीं कहा।[37] राठौड़ रणमल ने मेवाड़ के महाराणा मोकल की हत्या करनेवाले उसके पासवानिये पुत्रों—चाचा और मेरा को मारकर जब उनकी और उनके साथियों की लड़कियों को राठौड़ों के घरों में डालना चाहा, तो मोकल के भाई सारंगदेव ने उनकी रक्षा की थी और इसका विरोध किया था।[38] सत्ता के लिए होनेवाले अन्तःसंघर्ष में विजेता पक्ष अक्सर पराजित पक्ष की स्त्रियों के सम्मान और सुरक्षा का पूरा ध्यान रखता था। सिरोही का राव सुरताण जब आन्तरिक सत्ता संघर्ष में देवड़ा कल्ला से जीत गया, तो उसने उसकी स्त्रियों को सुरक्षा और सम्मान के साथ उसके पास पहुँचा दिया था।[39] जोधपुर के मालदेव ने मेड़ता को पूरी तरह उजाड़ दिया था, लेकिन उसने वहाँ किसी भी स्त्री को अपमानित नहीं किया।[40]

अक्सर पितृसत्तात्मक मानकर मीरांकालीन समाज में स्त्रियों को अरक्षित और असहाय मान लिया जाता है, लेकिन यह पूरी तरह सही नहीं है। यह समाज पश्चिमी अर्थ में पितृसत्तात्मक नहीं था। यहाँ स्त्रियों की सुरक्षा और स्वावलम्बन की अपनी

तरह की चिन्ताएँ भी थीं और इसके लिए प्रावधान भी किये जाते थे। शासक राजवंशों में अन्तःपुर आर्थिक दृष्टि से कुछ हद तक स्वायत्त थे। रानियों, बहन-बेटियों और पासवानों आदि के आर्थिक स्वावलम्बन के पारम्परिक प्रावधान थे। रानियों को विवाह आदि अवसरों पर जागीरें दी जाती थीं। वे इनसे होने वाली आय को ख़र्च करने के लिए लगभग स्वतंत्र थीं। रानियाँ अपनी आय से दान-पुण्य और तीर्थाटन करती थीं और भवन-बावड़ियाँ आदि बनवाती थीं। महाराणा सांगा ने अपनी पुत्रवधू मीरां को विवाह के अवसर पर मांडल और पुर के परगने हाथ-ख़र्च में दिये थे। मीरां इन जागीरों से होने वाली आय और संचित धन से ही दान-पुण्य और साधु सेवा करती थी। तीर्थाटन, दास-दासियों आदि का व्यय भी वह इसी आय से करती थी।[41] 1662 ई. में जोधपुर के शासक गजसिंह ने रानी प्रतापदे को पटरानी करने पर सात गाँवों का पट्टा और धनराशि दी।[42] बहन-बेटियों को भी आत्मनिर्भर बनाने के लिए जागीरों के पट्टे दिये जाते थे। महाराणा राजसिंह कालीन पट्टा बहियों में सामन्तों के साथ जागीरें प्राप्त बहन-बेटियों के भी नामोल्लेख हैं।[43] सामन्त स्त्रियाँ अपनी जागीरों का उपभोग ससुराल छोड़कर पीहर चले जाने पर भी निर्बाध करती थीं। शासक इनमें हस्तक्षेप नहीं करते थे। जागीरें सामन्त स्त्रियों को ही नहीं, पासवानों और खवासनों को भी दी जाती थीं। जागीरों के अतिरिक्त अन्तःपुर की स्त्रियों को राज भंडार से नियत खाद्य-सामग्री और धनराशि भी मिलती थीं। पर्व-त्योहारों पर इस सामग्री और राशि को बढ़ा दिया जाता था।[44] बँटवारे में स्त्रियों को महत्त्व दिया जाता था। कुछ राजपूतों में बँटवारा *लुगइयाँ रे लारे*—मतलब, स्त्रियों के आधार पर होता था। एक व्यक्ति की दो स्त्रियाँ और पाँच पुत्र हैं, तो सम्पत्ति स्त्रियों के आधार पर दो भागों में बाँटी जाती थी।[45] समाज के दूसरे तबकों में भरण-पोषण और सम्पत्ति को लेकर स्त्रियों के कुछ अधिकार थे। समाज और शासन, दोनों ही इन अधिकारों की रक्षा करते थे। स्त्रीधन सम्बन्धी कुछ पारम्परिक प्रावधान थे, जिनके अन्तर्गत माता-पिता और अन्य परिजनों द्वारा उपहारस्वरूप दी गई भूमि, आभूषण आदि स्त्री की निजी सम्पत्ति माने जाते थे। समाज के सभी तबके स्त्री धन-सम्बन्धी इन प्रावधानों पर सख़्ती से अमल करते थे। विवाहिता स्त्री के भरण-पोषण का दायित्व उसके पति पर होता था और पति की मृत्यु के बाद वही उसकी सम्पत्ति की मालिक होती थी। विधवा स्त्री के भरण-पोषण उसकी संतान करती थी। निस्संतान विधवा को गोद लेने का अधिकार था और इस सम्बन्ध में उसकी इच्छा सर्वोपरि मानी जाती थी। अविवाहित, विवाहित, विधवा, सभी स्त्रियों को कुछ हद तक सामाजिक सुरक्षा प्राप्त थी। अविवाहित स्त्री के साथ दुराचार को समाज और शासन गम्भीर अपराध मानते थे। विवाह के लिए किये गए सम्बन्धों को सामाजिक सुरक्षा प्राप्त थी। सम्बन्ध तोड़ने वालों को समाज और शासन दंडित करते थे। विवाहिता स्त्री का समाज में विशेष सम्मान था। कभी-कभी पुरुष एकाधिक विवाह करते थे, लेकिन सामाजिक

सम्मान की हक़दार प्रथम विवाहिता ही होती थी। समाज और शासन परित्यक्ताओं का भरण-पोषण भी सुनिश्चित करते थे।[46]

मीरांकालीन समाज में विधवा स्त्रियों की सक्रियता सीमित थी, लेकिन वे सर्वथा उपेक्षित और अरक्षित नहीं थीं। समाज और शासन मृतक पति की सम्पत्ति पर उनका स्वामित्व सुनिश्चित करते थे और उनके भरण-पोषण के लिए उनके बेटों या परिजनों को बाध्य करते थे। विधवाओं की सामाजिक सक्रियता सीमित थी, लेकिन धर्मशास्त्रों में उनसे जिस तरह का जीवन और आचरण अपेक्षित था, यथार्थ में वैसा होता नहीं था। लोक में वैधव्य सम्बन्धी शास्त्रीय प्रावधानों का महत्त्व केवल प्रतीकात्मक था। विधवा स्त्री औपचारिक तौर पर नौ महीने तक खूणे यानी घर के किसी एकांत स्थान पर रहती थी और भूमि पर शयन करती थी और साधारण भोजन करती थी। इसके बाद पीहर वाले उसका शोक भंग करते थे।[47] बाद में वह ससुराल में जीवन व्यतीत करती थी या निर्वाह नहीं होने की स्थिति में पीहर वाले उसे अपने पास ले जाते थे। विधवाएँ पुनर्विवाह भी करती थीं। मीरां के समाज के लगभग 80 प्रतिशत समाजों में विधवाओं के पुनर्विवाह होते थे। राजवंशों की विधवा बहन-बेटियाँ बहुत सम्मानपूर्वक अपने पीहर में जीवन व्यतीत करती थीं। मेवाड़ के महाराणा रायमल ने अपनी विधवा बहन रमाबाई को जावर का परगना दिया था। रमाबाई आजीवन मेवाड़ में रही और उसने दानपुण्य, तीर्थाटन आदि के साथ जावर में एक मन्दिर बनवाया।[48] महाराणा अरिसिंह की बेटी चन्द्रकुँवरी का वैधव्य भी मेवाड़ में ही व्यतीत हुआ और उसने यहाँ रहते हुए उदयपुर और जयपुर राज्यों की राजनीति को प्रभावित किया। उसके नाम से एक चाँदोड़ी सिक्का भी चला।[49]

मीरां के समय में स्त्रियों के जीवन की पूर्ण स्वतंत्रता तो किसी भी समाज में नहीं थी, लेकिन यहाँ का समाज कुछ इस तरह का था कि इसमें स्त्रियों को कुछ हद तक अपने ढंग से जीवन-यापन के अवसर थे। इस समाज में कुछ हद तक स्त्रियों के साहस और स्वेच्छाचार को भी मान्यता थी। वैवाहिक सम्बन्धों में यों तो माता-पिता की इच्छा सर्वोपरि होती थी, लेकिन इसके अपवाद भी होते थे। किशनगढ़ की राजकुमारी चारुमति ने अपने पिता की अवज्ञा कर मेवाड़ के महाराणा राजसिंह को अपने विवाह के लिए निमंत्रित कर लिया था। बीकानेर के महाराजा सूरतसिंह की बहन ने अपने भाई के इच्छानुसार नरवर के राजा के साथ विवाह अस्वीकार कर दिया था।[50] धर्म और शास्त्र भले ही स्त्री को एक विवाह की ही अनुमति देते हों, लेकिन मीरां के समाज में स्त्रियों को पुनर्विवाह की आज़ादी थी। यहाँ के 90 प्रतिशत समाजों में नाता, मतलब पुनर्विवाह होता था। स्त्रियाँ विधवा होने की स्थिति में या सधवा हो तो निर्वाह नहीं होने की स्थिति में नाता कर सकती थी। यह प्रथा कुछ हद तक उच्च मानी जाने वाली जातियों में भी थी। नाता विवाह को सामाजिक मान्यता थी और नातरायत स्त्री के हक़-हक़ूक भी कमोबेश वही थे, जो एक विवाहित स्त्री

के होते हैं।[51] आम तौर पर विवाह जातियों के अन्दर होते थे, लेकिन अन्तर्जातीय विवाहों के लिए भी गुंजाइश थी। अन्य जाति की स्त्री जब किसी पुरुष से विवाह कर लेती थी तो इसको घर में घुसना कह जाता था। यों इसे अच्छा नहीं माना जाता था, लेकिन समाज में धीरे-धीरे इसको स्वीकृति मिल जाती थी। समाज के उच्च कहे जाने वाले वर्गों-सामन्तों, जागीरदारों और राजकाज से सम्बद्ध अधिकारियों में अन्तर्जातीय विवाह पासवान, पड़दायतन, खवासन आदि रखने के रूप में होता था। इसको सामाजिक मान्यता थी और ऐसी स्त्रियों के हक़-हक़ूक भी कमोबेश वही होते थे, जो विवाहित स्त्रियों के होते हैं।[52]

यह सही है कि मीरां के समय और समाज में सती-प्रथा थी, लेकिन एक तो यह बहुत व्यापक नहीं थी और दूसरे, यह स्वैच्छिक थी। उपनिवेशकालीन इतिहासकारों और नये स्त्री-विमर्शकारों ने इस सम्बन्ध में जो विवरण दिये हैं, वे अपनी धारणाओं को पुष्ट करने के लिए गढ़े गए लगते हैं। राजसिंहकालीन (1652-1680 ई.) *राजरत्नाकर* महाकव्य में वर्णित मेवाड़ के इतिवृत्त में इसके रचनाकार सदाशिव ने किसी भी रानी के सती होने का उल्लेख नहीं किया है,[53] जबकि इस तरह का उल्लेख सम्मानजनक था। इससे स्पष्ट है कि यह प्रथा अधिक व्यापक रूप में प्रचलित नहीं थी। फ़ार्ब्स का यह कहना कि यह 'राजपूतों में तो लगभग अनिवार्य थी'[54] पूरी तरह ग़लत है। असुरक्षा की भावना तथा पुण्य या यश के प्रलोभन के परोक्ष दबाव में कुछ स्त्रियाँ ज़रूर सती होती थीं, अन्यथा यह पूरी तरह स्वैच्छिक थी। यह इस तथ्य से प्रमाणित होता है कि मेवाड़ में हम्मीर से लगाकर सांगा तक किसी भी शासक की रानी के सती होने का साक्ष्य नहीं मिलता। राणा सांगा की 28 रानियों में से कोई सती नहीं हुई थी।[55] बाद में भी किसी शासक की सभी रानियाँ एक साथ कभी सती नहीं हुईं। मीरां के समय में यह प्रथा मेवाड़ राजवंश में भी प्रविष्ट हुई। मीरां के ससुर सांगा के बड़े भाई पृथ्वीराज के निधन पर उसकी 16 स्त्रियाँ सती हुई थीं।[56] कुम्भलगढ़ में किले में कुम्भस्वामी मन्दिर के सामने, जहाँ पृथ्वीराज का दाह संस्कार हुआ था, अभी भी एक छतरी बनी हुई है। मीरां के देवर रत्नसिंह और विक्रमादित्य की चार-चार रानियों में से दो-दो ही सती हुईं, जबकि उदयसिंह की 20 रानियों में से एक भी सती नहीं हुई। मीरां भी सती नहीं हुई थी। महाराणा प्रताप की 14 रानियों में से केवल एक ही सती हुई।[57]

राजवंश की स्त्रियों को भक्ति, सत्संग और तीर्थाटन की भी छूट थी। महाराणा कुम्भा की विधवा राजकुमारी रमाबाई कृष्ण-भक्त थी। उसने अपनी जागीर जावर में रामस्वामी मन्दिर और कुम्भलगढ़ में विष्णु के स्वरूप दामोदर का मन्दिर बनवाया था। जावर के रामस्वामी मन्दिर के शिलालेख की प्रशस्ति के दूसरे भाग में रमावर्णन से लगता है कि रमाबाई सुन्दर, कलाप्रेमी और कृष्ण-भक्त थी।[58] मन्दिर अन्तःपुर में भी होते थे।[59] सामन्त स्त्रियाँ तीर्थ यात्राएँ करती थीं। मेवाड़ में मीरां के पहले

और बाद में द्वारिका की तीर्थयात्रा करने वाली सामन्त स्त्रियाँ कई हैं। मीरां से पहले मोकल की महारानी और मीरां के बाद महाराणा जगतसिंह की मां द्वारिका की तीर्थ-यात्रा पर गई थीं।[60]

3

मीरां की कविता को केवल एक पद के आधार पर भारतीय समाज के कथित 'स्त्री-पुरुष विषमता' सम्बन्धी 'ढाँचागत असन्तुलन' और 'विरह के खेल' में सीमित करना युक्तिसंगत नहीं है। मीरां की कविता की श्रुत-परम्परा बहुत पहले से है और निरन्तर जीवन्त है और इस परम्परा को महज मूल, 'हस्ताक्षरित' और दस्तावेज़ी नहीं होने के कारण अप्रामाणिक ठहराना उचित नहीं है। हौली यह भी कहते हैं :

> उनकी (मीरां की) कविताएँ स्त्री-पुरुष विषमता को मजबूत करने के बजाय प्राय: स्त्री भूमिकाओं को आधार बनाकर विकसित होती हैं, हालाँकि इसे आप यहाँ उद्धृत कविता के आधार पर नहीं जान सकते। निचली जातियों, किसानों और घुमन्तू गायक-गायिकाओं द्वारा जिन कविताओं को मीरां का बताया गया है, उनमें हम उनके स्त्री-रूप का कहीं ज़्यादा आक्रामक चित्रण पाते हैं।[61]

पहली बात तो यह कि मीरां के उपलब्ध लिखित पाठ और "निचली जातियों, किसानों और घुमन्तू गायक-गायिकाओं द्वारा जिन कविताओं को मीरां का बताया गया है"[62], उनमें कोई बहुत अन्तर नहीं है। मीरां के जनसाधारण में प्रचलित 'हरजस' उसके उपलब्ध लिखित पाठों का ही रूपांतर है और इसमें जो फेर-फार हुआ है, वह बहुत मामूली क्षेत्रीय ज़रूरतों के अनुसार हुआ है। मीरां की कविता की लिखित से श्रुत और श्रुत से लिखित में आवाजाही सदियों से है। दूसरा विचित्र बात यह है कि 'मीरां के स्त्री-रूप के कहीं ज़्यादा आक्रामक' को पुष्ट करने के लिए जिन निचली आदि जातियों में प्रचलित मीरां की कविताओं का उदाहरण हौली देते हैं, वे स्वयं इनको प्रामाणिक नहीं मानते। अपनी धारणा की पुष्टि के लिए मीरां की लोक में प्रचलित रचनाओं के बजाय वे ख़ुद ही उसके मूल हस्ताक्षरित केवल एक पद का सहारा लेते हैं और इसके आधार पर भारतीय समाज के स्त्री-पुरुष असमानता विषयक ढाँचागत असन्तुलन का निष्कर्ष भी निकाल लेते हैं।

मीरां की कविता[63] के सरोकार बहुत व्यापक और विविध प्रकार के हैं और बहुत हद तक ये जागतिक हैं। उसकी कविता भी अलग और ख़ास प्रकार की है, जिसको किसी पारम्परिक वर्गीकरण में नहीं रखा जा सकता। प्रेम और विरह उसकी कविता में है, लेकिन यह उससे आगे और अलग भी है। यहाँ तक कि उसका

अध्यात्म और प्रेम-विरह भी पारम्परिक संत-भक्तों से अलग क़िस्म का अर्जित और अपना है। मीरां की कविता किसी 'कमज़ोर' स्त्री की कविता नहीं है। यह एक स्वावलम्बी और आत्मनिर्भर और अपनी शर्तों पर जीवन-यापन करने वाली स्त्री की कविता है। उसे 'कमज़ोर' होने के कारण स्वाभाविक रूप से भक्त नहीं माना गया, जैसाकि हौली भारतीय स्त्री संत-भक्तों के सम्बन्ध मानते हैं, सही नहीं है। उसने निरन्तर संघर्ष से अपने भक्त होने की अर्हता अर्जित की है। हौली के इस तर्क को मान लिया जाए कि स्त्रियाँ पुरुषों के मुकाबले कमज़ोर और अपूर्ण होती हैं, और यही वजह है कि उन्हें धार्मिक क्षेत्र में अक्सर स्वाभाविक भक्त मान लिया जाता है, तो फिर भारतीय समाज में स्त्री भक्त-संतों की संख्या उनके अनुसार होना ज़्यादा चाहिए, लेकिन ऐसा नहीं है। पुरुषों की तुलना में यह संख्या बहुत कम है।

जगत और जीवन का निषेध मीरां की कविता में उस तरह से नहीं है, जैसाकि अन्य मध्यकालीन संत-भक्तों के यहाँ है। कुछ विदेशी लेखकों की यह धारणा कि भारतीय चिन्तन की मूल विषयवस्तु जगत और जीवन का निषेध है[64], कुछ हद तक अतिशयोक्तिपूर्ण है, लेकिन सर्वथा असत्य नहीं है। यह ऐतिहासिक तथ्य है कि जगत और जीवन को मिथ्या मानकर उसकी अनदेखी की प्रवृत्ति भारतीय चिन्तन में कुछ हद तक बहुत आरम्भ से ही मौजूद रही है। इस प्रवृत्ति ने शास्त्र और धर्म में कई रूप—संहिता, कथा-आख्यान, मिथक आदि अख़्तियार किये और इसने भारतीय जनसाधारण के जीवन और जगत के प्रति नज़रिये को बहुत दूर तक प्रभावित किया। ख़ास तौर पर संत-भक्तों में यथार्थ जगत और जीवन के प्रति कोई उत्साहपूर्ण लगाव इसी दृष्टिकोण की व्यापक और सहज स्वीकार्यता के कारण नहीं मिलता। इस कारण ही भक्ति-आन्दोलन से जुड़े संत-भक्तों के समतावादी और मानवतावादी विचारों में भी निराशावादी रहस्यवाद और वैराग्य के कुछ तत्त्व मिलते हैं। मीरां की कविता में भी निराशावाद और वैराग्य का आग्रह है, वह भी *यो संसार चहर की बाजी, सांझ पड़्याँ उड़ जासी* और *इस देह का गरब न करणा, माटी में मिल जासी* जैसी लोकप्रिय और लगभग स्वीकार्य धार्मिक-दार्शनिक धारणाओं से बँधी हुई है, लेकिन उसकी कविता में दृश्य और मूर्त का उत्साहपूर्ण आग्रह है और वह अपनी ऐन्द्रिक संवेदनाओं और कामनाओं को खुलकर खेलने की छूट देती है। वह न तो जीवन और जगत का निषेध करती है और न अपनी ऐंद्रिक संवेदनाओं और कामनाओं का दमन करती है।

मध्यकालीन संत-भक्त 'ब्रह्म सत्य, जगत मिथ्या' की लोकप्रिय और लगभग मान्य धारणा में सहज विश्वास के कारण लोकोत्तर के आग्रही थे। उनकी कविता में यह लोकोत्तर ही केन्द्रीय सरोकार है, लेकिन मीरां की कविता में वस्तु जगत बहुत सघन और व्यापक रूप में मौजूद है। नदी, तालाब, पेड़, पौधे, पशु, पक्षी, हवा, बिजली, धरती, आकाश, बादल, बरसात, जंगल, समुद्र, महल-अटारी, वस्त्र,

आभूषण आदि मीरां की कविता में जिस आग्रह और उत्साह के साथ आते हैं, वैसे किसी और मध्यकालीन संत-भक्त की कविता में नहीं आते। अपने आसपास के वस्तुजगत के प्रति मीरां उदासीन नहीं है। उसकी कविता उसके अपने आसपास के यथार्थ के गतिशील और दृश्य-रूपों से ठसाठस भरी हुई है।

मीरां की कविता में इन्द्रिय संवेदनाओं और कामनाओं की अकुंठ और निर्बाध अभिव्यक्ति है। जीवन और जगत के निषेध के विचार ने भारतीय जनसाधारण के व्यावहारिक जीवन को दूर तक प्रभावित किया। इस निषेध का व्यावहारिक जीवन में अर्थ था—इन्द्रियों का सजग दमन। धीरे-धीरे भारतीय जनसाधारण में यह धारणा लगभग मान्य हो गई कि इन्द्रियों की दासता या जीवन का आनन्द धर्म-विरुद्ध है और इन्द्रियों पर स्वामित्व से ही मुक्ति सम्भव है। मध्यकाल से पहले ही इन्द्रियों के दमन को तो संत-भक्त होने की ज़रूरी अर्हताओं में भी शामिल कर लिया गया। मध्यकालीन संत-भक्तों ने इसीलिए इन्द्रियों या मन की दासता की जमकर भर्त्सना की है। कबीर और उनके समानधर्मा संत इस मामले में सबसे अधिक मुखर हैं। कबीर कहते हैं—*मैमन्ता मन मारि रे घट ही माहिं घेरि*। एक अन्य स्थान पर उन्होंने इन्द्रियों की निन्दा करते हुए कहा है कि *भगति बिगाड़ी कामियाँ, इन्द्री केरै स्वाद*। इसी तरह दादूदयाल ने पंचेन्द्रियों को अपने अधीन करने की शिक्षा देते हुए कहा कि *दादू पंचौं यह परमोधिले, इन्हीं को उपदेस*। मध्यकाल के अन्तिम चरण में हुए सुन्दरदास तो मन की भर्त्सना में सबसे अधिक उग्र और निर्मम हैं। एक जगह उन्होंने कहा कि *मन कौं राखत हटकि करि, सटकि चहुँ दिसि जाइ/सुन्दर लटकि रु लालची गटकी विषैफल खाई*। मीरां भी इन्द्रिय दमन की इसी लोक धारणा से बँधी हुई है—वह भी मन के मदमाते हाथी पर गुरु ज्ञान के अंकुश-रूपी नियंत्रण की आग्रही है, लेकिन उसकी कविता की वस्तु और सरोकार इसकी पुष्टि नहीं करते। उसकी कविता में इन्द्रिय संवेदनाओं की अभिव्यक्ति कहीं प्रत्यक्ष, तो कहीं परोक्ष बहुत निरन्तर और सघन है। ख़ास बात यह है कि इस सम्बन्ध में अन्य संत-भक्तों की तरह उसमें किसी तरह की अन्तर्बाधा या अपराध-बोध नहीं है। कृष्ण से संयोग की उसकी तीव्र और सघन ऐन्द्रिक कामना उसकी कविता में कई तरह से आती है। कभी वह कहती है—*दरसण बिन मोहि जक न परत है, चित मेरो डाँवाँडोल*, कभी वह कहती है—*आवो मन मोहना जी जोऊँ थारी बाँट*, कभी वह चाहती है—*मीरां दासी तुम चरणां की मिलज्यो कंठ लगाई* और कभी वह कामना करती है कि *साँवरिया के दरसण पाऊँ, पहर कुसुंभी सारी*। अपने स्वच्छंद मन के सम्बन्ध में वह कहती है—*यो मन मेरो बड़ो हरामी यूँ मदमातो हाथी*। बरसात में अपनी उल्लसित देह के सम्बन्ध में वह कहती है—*रिमझिम बरसै मेहड़ा, भीजै तन सारी हो*। वह कृष्ण पर अपना यौवन न्योछावर करने के लिए तत्पर है—वह कहती है—*तेरे कारण साँवरे धन जोबन वारों हो/या सेजिया बहु रंग के बहु फूल बिछाए*

हो। इसी तरह कृष्ण के रूप-सौन्दर्य को निरखने का आनन्द लेती वह हुई कहती है—*पल-पल पिव को रूप निहारूँ, निरख-निरख सुख पाती*। कृष्ण के लिए उसका प्रेम-संवेग बहुत सघन और तीव्र है। वह कहती है—*सखि म्हारो कानूड़ो कळेजे की कोर*। लोक में पर्व-त्योहार उल्लास और आवेग की अभिव्यक्ति के साधन थे। मीरां संत-भक्तों से अलग संसारी स्त्री थी, इसलिए ये पर्व-त्योहार भी उसके जीवन का ज़रूरी हिस्सा थे। मीरां की कविता में ऐंद्रिक-कामनाओं और संवेदनाओं से सीधे जुड़े इन पर्व-त्योहारों की मौजूदगी भी ध्यान खींचने वाली है। उसकी कविता में संवेगों की स्वच्छंद अभिव्यक्ति के त्योहार होली की मौजूदगी सर्वाधिक है। कभी वह कहती है—*किण संग खेलूँ होली*, तो कभी वह कहती है—*फागुण के चार होली खेल मना रे* और कभी वह दुखी होकर कहती है—*होली बिन पिय लागै खारी*। होली के साथ-साथ उसकी कविता में सधवा स्त्रियों का त्योहार गणगोर भी आता है। वह कहती है—*साँवलिया म्हारै रंगीली गणगोर*।

मीरां की कविता में व्यवस्था के प्रति असन्तोष, नाराज़गी और विद्रोह का जो उग्र और मुखर स्वर मिलता है, वह उसको उसके समकालीन संत-भक्तों से अलग सिद्ध करता है। यह ऐसा स्वर है जो आम तौर पर भारतीय मनीषियों और संत-भक्तों की सोच और कविता में कम मिलता है। दरअसल भारतीय सामन्तवाद के विकास के बरअक्स उसके विभिन्न सामाजिक हित सम्बन्धों का समर्थन और पोषण करनेवाले जन्मांतर व्यवस्था और कर्मफलवाद जैसे दार्शनिक-धार्मिक सिद्धान्त भी अस्तित्व में आए। इन सिद्धान्तों ने सामन्तवादी व्यवस्था के विभिन्न सामाजिक हित सम्बन्धों को एक सामंजस्यपूर्ण ईश्वरीय व्यवस्था का अंग मानकर जायज ठहराने में निर्णायक भूमिका निभाई। इस व्यवस्था में वर्ण, वर्ग और जाति का भेदभाव, शोषण, अन्याय, अभाव आदि सब ईश्वरीय प्रावधान थे और इनके प्रति किसी प्रकार असन्तोष और विद्रोह धर्म-विरुद्ध इसलिए ग़लत था। ये सिद्धान्त मानते थे कि जो कुछ दृष्ट हो रहा है, उसका अदृष्ट कारण है। "इस चिन्तन की कुछ विशिष्टताएँ थीं—जीवन को अस्वीकार करने वाली निष्क्रियता, ध्यान-मग्न में डूबे रहना, निस्संगत्व त्याग का प्रचार करना। बाढ़ और सूखे, बीमारी और कंगाली, शोषण और दमन के सामने मनुष्य असहाय था। प्रकृति और समाज को अपने अनुकूल बदलने की शक्ति से वंचित था। अतः उसने कर्म और आत्मा के शरीरांतरण के सिद्धान्त की शरण ली। किसी पर यदि दुःख और विपत्तियाँ टूट पड़ती थीं, तो यह कर्मों के नियम का अपरिहार्य परिणाम माना जाता था। सामाजिक परिवेश को बदलने का कोई भी प्रयत्न कर्म के नियम और ईश्वर के न्याय को चुनौती देना समझा जाता था। सिर झुकाकर, मौन रहते ईश्वर की इच्छा को स्वीकार कर लेना ही मनुष्य का कर्तव्य था।"[65] इन सिद्धान्तों में आस्था ने भारतीय मनीषियों और संत-भक्तों की सोच को बहुत गहराई तक प्रभावित किया।

नतीजा यह हुआ कि उनमें सामन्तवादी व्यवस्था के हित-सम्बन्धों के विरुद्ध असन्तोष और विद्रोह की चेतना हमेशा अवरुद्ध रही। ईसवी सन् के आरम्भ से भारतीय चिन्तन में बहुत गहराई तक जगह बना लेने वाली इस अन्तर्बाधा की ओर संकेत करते हुए हजारीप्रसाद द्विवेदी ने लिखा है :

> जन्मांतर व्यवस्था और कर्मफलवाद के सिद्धान्त ने ऐसी गहरी जड़ें जमा ली थीं कि परवर्ती युग के कवियों और मनीषियों के चित्त में इस जागतिक व्यवस्था के प्रति भूल से भी असन्तोष का भाव नहीं मिलता। जो कुछ जगत में हो रहा है, उसका एक निश्चित कारण है। उसमें प्रश्न करने और सन्देह करने की जगह नहीं है।[66]

मध्यकालीन संत-भक्तों की भी जन्मांतर व्यवस्था और कर्मफलवाद में असन्दिग्ध और गहरी आस्था थी इसीलिए उनकी कविता में उनके अपने समय की सामन्तवादी व्यवस्था के स्वार्थपूर्ण हित सम्बन्धों के प्रति असन्तोष और नाराज़गियाँ का भाव लगभग नहीं के बराबर है। कबीर आदि संत कवि अपने समतावादी विचारों से कुछ हद तक इससे असहमत होते लगते हैं, अन्यथा सगुण भक्ति परम्परा में तो इस तरह की चेतना बहुत कम है। मीरां की कविता इस मामले में बहुत अलग और असाधारण है। यह सामन्ती व्यवस्था के धर्म, दर्शन और लोक द्वारा मान्य स्वार्थपूर्ण हित सम्बन्धों को सीधे चुनौती देती है। इनको लेकर इसमें गहरा और उग्र असन्तोष और मुखर विद्रोह है। मीरां की कविता इस मामले में कुछ हद तक कबीर से भी आगे है। कबीर एक अमूर्त व्यवस्था को चुनौती देते हैं, जबकि मीरां एक साक्षात् और जीवित शत्रु से लोहा लेती दिखती है। उसका विद्रोह उस राज, धर्म और लोक सत्ता के विरुद्ध है, जो शत्रु के रूप में उसके सामने, उसके समय में और उसके स्थान पर है। वह अपने शत्रु मेवाड़ के शासक को चुनौती देती हुई कहती है—*तुम जावो राणा घर अपनो, मेरी-तेरी नहीं सरी*। सत्ता को ललकारने का उसका स्वर अक्सर बहुत उग्र और चुनौतीपूर्ण है। वह कहती है—*राणो म्हारो कांई कर लेसी, मीरां छोड़ दई कुल लाज*। इसी तरह वह एक जगह कहती है—सीसीद्यो रूठ्याँ तो म्हारो कांई कर लेसी। सत्ता से उसकी नाराज़गियाँ और असन्तोष उसकी कविता में बार-बार आते हैं। वह कहती है—*राणाजी थें क्या ने राखो म्हाँसूं बैर/ थें तो राणाजी म्हारे इसड़ा लागो, ज्यों ब्रच्छन में केर*। इसी तरह वह एक जगह और कहती है—*थारा देस में साध नहीं है, लोग बसे सब कूड़ो*। एक जगह तो वह शासक राणा को मूर्ख कहने में भी संकोच नहीं करती—*मूरख राजा राज करत हो, पंडित फिरत भिखारी*। वह राणा के क़ानून-क़ायदे मानने के लिए तैयार नहीं है—इस सम्बन्ध में उसका रवैया एकदम दो टूक है। वह कहती है—*राणा जी हूँ अब न रहूँगी तोरी हटकी/साध संग मोहि प्यारा लागै, लाज गई घूँघट की*।

वह राणा के आदेशों की अवहेलना करती है। उसका स्पष्ट कथन है कि *राणो कहे सो एक न मांना म्हे, साध दुवारे नित आसी है माय*। वह राणा के देश में रहने के लिए तैयार नहीं है। वह स्पष्ट कहती है—*मैं तो नहीं रहूँ राणा जी थांरा देश में रे*। लोक और धर्म की तयशुदा मर्यादाओं की भी मीरां धज्जियाँ उड़ाती है। वह कहती है कि *लोकलाज कुल की मरजादा या में एक न राखूँगी*। वह एक और जगह कहती है—*साजि सिंगार बाँध पग घुँघरू, लोकलाज तज नाची*। उसे अपनी निन्दा-भर्त्सना की कोई चिन्ता नहीं है। वह कहती है—*कोई निन्दो कोई विन्दो, म्हे तो गोविन्द के गुण गास्याँ*। इस सम्बन्ध में वह पूरी तरह निर्भय और निश्चिन्त है। उसके मन में अपने आचरण को लेकर कोई दुविधा या संकोच नहीं है। वह स्पष्ट शब्दों में कहती है—*अपने घर का परदा करले, मैं विधवा बौरानी*। एक और जगह उसका कहना है—*मीरां कहै मैं भयी बावरी, कहो तो बजाऊँ ढोल*।

मध्यकालीन संत-भक्त अपनी कविता में अपनी वैयक्तिक पहचान और अपने सांसारिक सम्बन्धों के सम्बन्ध में मौन हैं, जबकि मीरां का कविता में यह सब आग्रहपूर्वक मौजूद है। मध्यकालीन संत-भक्त जीवन और जगत के निषेध की मान्य धार्मिक और लौकिक धारणा के कारण अपने जन्म, परिवार, कुटुम्ब, स्थान और सांसारिक सम्बन्धों के द्वंद्व और तनाव को अपनी कविता का सरोकार नहीं बनाते। यह सब उनकी प्राथमिकताओं में नहीं है। पारम्परिक धर्म-दर्शन के अनुसार एक तो यह सब मिथ्या है, इसलिए असार है और दूसरे, कर्मफल के सिद्धान्त के अनुसार यह पूर्वजन्म के कर्मों का फल है। मध्यकालीन संत-भक्तों में से कबीर, रैदास आदि ने अपनी जाति का प्रासंगिक उल्लेख ज़रूर किया है, अन्यथा उनके वैयक्तिक जीवन का कोई साक्ष्य उनकी कविता में नहीं मिलता। मीरां की कविता में उसकी वैयक्तिक पहचान, सांसारिक सम्बन्ध और सुख-दुःख बहुत मुखर और पारदर्शी ढंग से मौजूद हैं। मीरां संत-भक्तों की तरह न तो इनके प्रति उदासीन है और न इनको अनदेखा करती है। संत-भक्त अपनी स्थानिक पहचान को लेकर सजग नहीं हैं, लेकिन मीरां इसको याद रखती है। वह कुल-मर्यादा छोड़ती है लेकिन अपनी नहीं छिपाती। एक जगह वह कहती है—*पीहर म्हारो देश मेड़तो छांड़ी कुल की कांणी*। वह अपने पीहर मेड़ता को छोड़ते हुए कहती है—*साध संग मोहि प्यारा लागे, लाज गई घूँघट की/पीहर मेड़ता छोड़ा अपना, सुरत निरत दोइ चटकी*। एक अन्य स्थान पर वह अपनी कविता में अपने पीहर मेड़ता और ससुराल चित्तौड़, दोनों का उनके कुल-वंशों के साथ स्मरण करती है। वह कहती है—*इक कुल राणा त्यारूँ, आपणौं, दूजो राइ राठौड़/तीजो त्यारूँ राणा मेड़तो, चौथो गढ़ चित्तौड़*। मीरां की कविता में सांसारिक सम्बन्धों का द्वंद्व और त्रास भी है, जो आम तौर पर संत-भक्तों की कविता में नहीं मिलता। मीरां के मेवाड़ के शासक राणा से सम्बन्ध तनावपूर्ण है। मीरां कहती है—*सीसोद्यो राणा, प्यालो म्हाने क्यूँ रे पठायो/भली-बुरी*

तो मैं नहिं किन्हीं, राणो क्यों है रिसायो। राणा से हो नहीं, सास, ननद और देवर से मीरां के रिश्ते सौहार्दपूर्ण नहीं हैं। वह कहती है—*सासूजी बरजी ननद भी बरजी, राणोजी दावादार*। एक और स्थान पर वह कहती है—*सास लड़ै मेरी ननद खिजावै, राणा रह्या रिसाय*। अपनी सास, ननद और देवर के सम्बन्ध में उसकी राय अच्छी नहीं है—एक जगह वह कहती है—*सास हटेली, ननद चुगेली, दिवर देवत मुझ गारी*। मीरां का जाति और लोक-समाज के साथ रिश्ता भी कटुता और तनाव का है। वह यहाँ भी निन्दित और प्रताड़ित है। वह कहती है—*मीरां गिरिधर हाथ बिकानी लोग कहै बिगड़ी*। इसी तरह एक और स्थान पर वह कहती है—*लोग कहै मीरां भई बावरी, न्यात कहै कुल नासी*। वह एक सामान्य स्त्री की तरह अपने जीवन के सभी चरणों की दु:ख-तकलीफ़ों और कटुताओं को बार-बार याद करती है। उसके यहाँ संत-भक्तों की तरह तकलीफ़ों का उदात्तीकरण भी नहीं है। मीरां तकलीफ़ को तकलीफ़ की तरह ही महसूस करती है और कहती है।

जब ससुराल में मुश्किलें बहुत बढ़ती हैं तो मीरां एक सामान्य स्त्री की तरह अपने पीहर-पक्ष को भी याद करती है। वह कहती है—*म्हारे बाबो सा ने कहियो म्हाने बेगा लेबा आवे*। मीरां चित्तौड़ से मेड़ता गई, लेकिन वहाँ पहुँचने के एक वर्ष बाद ही मालदेव के आक्रमण से मेड़ता छिन्न-भिन्न हो गया। ससुराल से प्रताड़ित अनाथ और निराश्रय भटकती मीरां की मार्मिक अन्तर्व्यथा भी एक सामान्य स्त्री की अन्तर्व्यथा ही ज़्यादा है। वह कहती है—*सगो सनेही मेरो न कोई, बैरी सकल जहान*। एक जगह वह और कहती है—*या भव में मैं बहु दु:ख पायो, संसा रोग निवार*। मीरां अन्तत: परेशान होकर द्वारिका चली गई। वह कहती है—*सादां रे संग जाय द्वारका, मैं तो भज्या श्री रणछोड़*। द्वारिका पहुँचकर श्रीकृष्ण में डूबने के बाद भी राणा के लिए उसके मन की कटुता कम नहीं हुई। अपना घर और देश छोड़ने की तकलीफ़ उसको वहाँ भी सालती रही। इसके लिए वह राणा को वहाँ भी कोसती रही। लोक में प्रचलित एक पद में मीरां अपने देश को एक सामान्य स्त्री की तरह राणा को कोसती हुई इस तरह याद करती है। वह कहती है—*आंबा पाक्या, कळहर कैरी, निंबूडा म्हारे देस। उदपुर रा राणा किण विध छोड्यो देस, मेवाड़ी राणा कण पर छोड्यो देस।*[67] मतलब यह है कि आम पक गए होंगे, केरियाँ आ गई होंगी। मेरे देश में तो केवल नींबू हैं। हे राणा! तू नहीं जानता क्या कि मैंने देश क्यों छोड़ा? एक और स्थान पर तो वह राणा को अपना झूठा और श्रीकृष्ण को अपना असली पति कहने से भी नहीं चूकती। वह कहती है—*राणा थे छो म्हारा झूंठा भरतार, सांचा छै श्री हरि साँवरा*।

मीरां संत-भक्तों की तरह संसार-विरत स्त्री नहीं थी इसलिए उसकी अभिव्यक्ति और भाषा में लोक बहुत सघन और व्यापक है। मध्यकाल में देशाटन और पारस्परिक सम्पर्क-सान्निध्य से संत-भक्तों की अभिव्यक्ति और भाषा के कुछ रूप

रूढ़ हो गए थे। ये रूप स्थान भेद के बावजूद कमोबेश सभी संत-भक्तों की कविता में मिलते हैं। ख़ास बात यह है कि मीरां की कविता में इन रूढ़ अभिव्यक्ति और भाषा-रूपों का प्रयोग बहुत कम है। संत-भक्तों से अलग मीरां एक संसारी स्त्री थी और उसका उठना-बैठना और संवाद अपने कुटुम्ब-कबीले और लोक-समाज के साथ था। वह लोक-विमुख और वीतराग स्त्री नहीं थी—उसका जीवन राजा-प्रजा, माता-पिता, सास-ससुर, देवर-जेठ, ननद-भाभी, सखि-सहेली आदि रिश्तों के दायरे के भीतर था। इनके साथ उसके सुख-दुःख और राग-द्वेष के रिश्ते थे। उसकी कविता में इसीलिए संत-भक्तों से अलग इस पारिवारिक और सामाजिक जीवन के रूढ़ दैनन्दिन अभिव्यक्ति और भाषा-रूपों की भरमार है। मीरां नश्वर सांसारिक जीवन के लिए कहती है—*जीवणो दिन चार,* आकुल-व्याकुल होने पर उसके मुँह से निकलता है—*हियो फाटत मेरी छाती,* अपने दुर्भाग्य पर टिप्पणी करते वह कहती है—*अपणा करम का ही खोट, दोष कांई दीजे री आली*। अन्यमनस्क होने पर वह कहती है—*दिन नहीं भूख रैण नहीं निदरा, भोजन भावन गई,* अपने दुर्भाग्य पर दुखी होकर वह कहती है—*मैं मन्दभागण करम अभागण*। सत्ता और समाज को चुनौती देना हो तो उसका कथन है—*मीरां कहै मैं भयी रावरी, कहो तो बजाऊँ ढोल* और अभ्यर्थना लम्बी हो रही हो तो उसके मुँह से निकलता है कि *ऊभी-ठाढ़ी अरज करत हूँ, अरज करत भयी भोर*। इनके अतिरिक्त *मेरा नैणा बाण पड़ी, खाय न खूटे चोर न लूटे, अबके जिन टालो दे जावो,* पंडर हो गए केस, *रहूँगी बैरागण होइ री, अधबिच भत छिटकाज्यो, तुम बिनि नींद न आवै हो, घायल की गति घायल जाणै, धान न भावै नींद न आवै, दियो रे लियो तेरे संग चलेगो, घड़ी एक नहीं आवड़े और करम गति टारे नहीं टरे* जैसी लोकसुलभ कथन-भंगिमाओं की मीरां की कविता में भरमार है।

मीरां की भाषा और मुहावरा अपने समकालीनों से भिन्न पूरी तरह स्थानीय है। यह भाषा और उसका ख़ास मुहावरा राजस्थान के मेवाड़-मारवाड़ के अलावा और कहीं इस्तेमाल नहीं होता। सहेलियों से बाँहें खोलकर मिलने के आह्लाद के लिए वह कहती है—*आवो मिलो सहेलड़्याँ, बाथां सुख लीजै हो*। भगवान कृष्ण के प्रेम में सराबोर हो जाने के लिए उसकी व्यंजना है कि *झकोलो लाग्यो जी रंग गिरधर को आन*। अपने से सम्बन्धित लोकापवाद के बारे में कहती है—*मेरी बात नहीं जग छानी*। आकुल-व्याकुल होने पर वह कहती है कि *खिंण आँगण खिंण डागले रै, खिंण-खिंण ऊभीं होई।* ओलूँ (याद), ओळमा (उपालंभ), सगपण(सम्बन्ध), रूडा (सुन्दर), रीज्या (मुग्ध), डीकरी (लड़की), डागले (छत) आदि सैकड़ों शब्द मीरां की भाषा में ऐसे हैं, जो केवल मेवाड़ी-मारवाड़ी बोलियों में हैं।

मीरां के सम्बन्ध में सर्वाधिक उल्लेखनीय तथ्य यह है कि वह गूढ़ आध्यात्मिक अनुभूतियों की अभिव्यक्ति के लिए भी संत-भक्तों के रूढ़ अभिव्यक्ति और भाषा-

रूपों का सहारा नहीं लेती। यहाँ भी वह अपने स्त्री लैंगिक और दैनन्दिन जीवन की सामान्य वस्तुओं को ही सादृश्य और बिम्ब-प्रतीकों के रूप में चुनती है। उसका मुहावरा पूरी तरह स्थानीय और निजी है। कांकण (कंगन), मूँदरो (अंगूठी), घाघरो (लहँगा), दुलड़ी (दो लड़ी माला), दोवड़ो (आभूषण विशेष), अखोटा (कान का आभूषण), झूटणो (झुमका), बेसरि (नथ), चूड़ो (हाथी दाँत की चूड़ियाँ), राखड़ी (सिर का आभूषण) आदि उसके द्वारा रोज़ बरते जाने वाले आभूषण और वस्त्र ही उसकी गूढ़ आध्यात्मिक अनुभूति के सादृश्य और बिंब-प्रतीक बनते हैं। ख़ास बात यह है कि आध्यात्मिक सम्बन्ध के लिए इस तरह के केवल मेवाड़-मारवाड़ में प्रचलित स्थानीय प्रतीकों-सादृश्यों का उपयोग किसी संत-भक्त ने नहीं किया। यह शब्दावली और भाषा मध्यकालीन संत-भक्तों में चलन में ही नहीं थी।

मीरां की कविता की भाषा संत-भक्तों से अलग, स्त्रियों की ख़ास भाषा है। अधिकांश मध्यकालीन संत-भक्त कुछ स्थानिक विशेषताओं के साथ एक रूढ़ साधु भाषा का इस्तेमाल करते हैं। यहाँ तक कि स्त्रियाँ भी जब संत-भक्त हो जाती हैं, तो उनकी भाषा भी साधु भाषा हो जाती है। मध्यकालीन स्त्री संत दयाबाई और सहजोबाई की भाषा यही साधु भाषा है। इनकी कविता में आया मुहावरा और बिम्ब-प्रतीक कबीर और उनकी परम्परा से लिए गए हैं। ख़ास बात यह है कि इन स्त्री संतों की भाषा में इनके संत होने के तमाम साक्ष्य और लक्षण मौजूद हैं, लेकिन इसमें उनके स्त्री होने की कोई छाप नहीं मिलती। मीरां अपने इन समकालीन पुरुष और महिला संत-भक्तों से अलग है। इस भाषा में उसके स्त्री होने का दैन्य, असहायता, शिकायतें, उलाहने, ईर्ष्या, सुख-दुःख, द्वंद्व और चिन्ता, सब आते हैं। उसका आग्रह और निवेदन आद्यंत स्त्रियोचित है। वह लगभग हर दूसरे-तीसरे पद में यह ज़रूर कहती है—*अरज करूँ अबला कर जोरे, स्याम तुम्हारी दासी*। उसकी शिकायतें स्त्रियोचित ईर्ष्यामय है—*म्है बुरी छां, थांके भली है घणेरी, तुम है एक रसराज*।

उसका रोना-कलपना और विचलित होना भी स्त्रियों जैसा है—*फारूँगी चीर करूँ गल कथा, रहूँगी वैरागण होई री*। उसे आम स्त्रियों की तरह प्रिय वियोग में दिन में भूख नहीं लगती और रात में नींद नहीं आती (*दिन नहीं भूख रैण नहिं निन्दरा, यूँ तन पल-पल छीजै हो*)। वह स्त्रियों की तरह ही ऊँचे चढ़-चढ़कर प्रियतम की प्रतीक्षा करती है (*ऊँची चढ़-चढ़ पंथ निहारूँ, रोय-रोय अँखियाँ राती*)। आँचल से अपने आँसू पोंछती है (*लेकिर अंचरो अंसुवन पूंछै, ऊघरि गात गई*) और शकुन के लिए सोनचिड़ी से उड़ जाने का आग्रह करती है (*उड़ जावो म्हारी सोन चड़ी*)। वह स्त्रियों की तरह ही प्रिय आगमन पर आह्लादित होती है (*जोसीड़ा ने लाख बधाई रे, अब घर आए श्याम/आज आनन्द उमंगि भयो है, जीव लहै सुख धाम*)। सखियों के साथ मंगल गीत गाती है (*पाँच सखि इकट्ठी भई मिलि मंगल गावै हो*) और रत्न न्योछावर कर आरती सजाती है (*रतन करूँ नेछावरी ले आरति साजूँ हो*)।

स्पष्ट है कि मीरां का विरह कोई स्त्री-व्याधि नहीं है। यह भक्ति के प्रपत्ति रूप का विस्तार है, जिसमें प्रिय की अनुपस्थिति भक्त को विचलित करती है। प्रिय के प्रति लालसा का स्त्री लैंगिक रूप कई पुरुष भक्तों के यहाँ भी है और यह बहुत स्वाभाविक है। भक्त स्त्री लैंगिक लालसा का यह रूप इसलिए इस्तेमाल करते हैं, क्योंकि स्त्री-विरह का संवेग स्वाभाविक रूप से सघन और तीव्र होता है। भारतीय साहित्य में विरह केवल स्त्री लैंगिक नहीं है—इसमें पुरुष-विरह भी है और इसकी निरन्तर परम्परा है। भारतीय साहित्य और ख़ास तौर पर उसमें भक्ति साहित्य में विरह की इस सघन और निरतर मौजूदगी का कारण भारतीय समाज की कथित स्त्री-पुरुष विषमता नहीं है। भारतीय समाज में स्त्री-पुरुष की हालत-हैसियत का सरलीकरण नहीं किया जा सकता। यहाँ इस सम्बन्ध में पर्याप्त वैविध्य है और क्षेत्रीय सांस्कृतिक इकाइयों के अनुसार यह बदल भी जाता है। मीरां का समाज इस मामले में पिछड़ा नहीं है। यहाँ कुछ हद तक लैंगिक भेदभाव है, जो अक्सर यूरोप सहित सभी समाजों में होता है, लेकिन यहाँ स्त्रियों के स्वावलम्बन, सुरक्षा और संरक्षण की चिन्ताएँ भी हैं। मीरां की कविता को केवल उसके एक पद के आधार पर विरह के पुरुष के खेल तक सीमित करना युक्तिसंगत नहीं है। उसकी कविता के सरोकारों का दायरा बहुत बड़ा है—उसमें कथित ईश्वरीय व्यवस्था का विरोध, निजी राग-द्वेष, मूर्त जीवन-जगत का आग्रह आदि भी हैं। किसी समाज की सांस्कृतिक बुनावट में कई चीज़ें आती-जाती रहती हैं, लेकिन इसमें कुछ ऐसा भी होता है, जो उसमें हमेशा रहता है और यह बदल-बदलकर रहता है। यह रहना-बदलना इतना अदृश्य और अनायास होता है, उसकी पहचान बहुत मुश्किल होती है। रवीन्द्रनाथ ठाकुर ने इस किसी विदेशी के सामने आने वाली इस मुश्किल का ज़िक्र किया है। वे लिखते हैं :

> अंग्रेज़ हो चाहे फ्रेंच या किसी अन्य देश का वासी, कोई भी इस मामले में एक शब्द में जवाब नहीं दे सकते : किसी के अपने देश का विशिष्ट दृष्टिकोण क्या है या उसकी आत्मा का वास्तविक स्थान कहाँ है? शरीर के अन्दर जीवन की तरह यह आत्मा एक सीधी अवधारणात्मक वास्तविकता है। और जीवन की तरह, केवल तार्किक परिभाषाओं के माध्यम से इसे समझना बेहद मुश्किल है। बचपन से ही यह विभिन्न रूपों में, विविध मार्गों के माध्यम से हमारे अन्दर प्रविष्ट होती है; और यह हमारे ज्ञान, हमारे प्यार, हमारी कल्पना में समाहित हो जाती है।[68]

विरह लौकिक हो, अलौकिक हो या फिर लौकिक से अलौकिक हो, यह भारतीय सांस्कृतिक व्यवहार और बुनावट में सदियों से है और रूप बदल-बदलकर है। इसको किसी समय विशेष के प्रचलित विश्वास या विचार के तार्किक सरलीकरण

में समझना बहुत मुश्किल काम है। "विरह एक खेल है। यह पुरुष का खेल है—स्त्री के वस्त्रों और भावनाओं से खेलने का खेल"—हौली का यह निष्कर्ष भी एक ख़ास प्रकार के विचार में 'विरह' के तार्किक सरलीकरण से ज़्यादा कुछ नहीं है।

सन्दर्भ और टिप्पणियाँ

1. स्ट्रैटन हौली, *श्री भक्ति वायसेज़,* ऑक्सफोर्ड यूनिर्सिटी प्रेस, दिल्ली, 2005
2. स्ट्रैटन हौली, *भक्ति के तीन स्वर,* हिन्दी अनुवाद अशोक कुमार, राजकमल प्रकाशन, नई दिल्ली, 2019
3. वही, पृ. 129-141
4. मीरां, *मीरां बृहत् पदावली,* भाग-1, सम्पा. हरिनारायण पुरोहित, राजस्थान प्राच्यविद्या प्रतिष्ठान, जोधपुर, 2006, पृ. 174
5. स्ट्रैटन हौली, *भक्ति के तीन स्वर,* पृ. 133
6. वही।
7. वही, पृ. 141
8. रवीन्द्रनाथ ठाकुर, *रवीन्द्रनाथ के निबन्ध,* भाग-1, अनुवाद : विश्वनाथ नरवणे, साहित्य अकादेमी, नई दिल्ली, 1964, पृ. 366
9. ए. के. रामानुजन, 'टॉकिंग टू गॉड इन मदर टंग', *मानुषी,* अंक-50-52, जनवरी-जून, 1989, पृ. 9
10. स्ट्रैटन हौली, *भक्ति के तीन स्वर,* पृ. 141
11. ए. के. रामानुजन, 'टाकिंग टू गॉड इन मदर टंग', पृ. 9
12. रवीन्द्रनाथ टैगोर, *विजन ऑफ़ हिस्ट्री,* अनुवाद : शिबेश भट्टाचार्य एवं सुमिता भट्टाचार्य, इंडियन इंस्टीट्यूट ऑफ़ एडवांस्ड स्टडी, शिमला, 2003, पृ. 29
13. स्ट्रैटन हौली, *भक्ति के तीन स्वर,* पृ. 134
14. जयशंकर प्रसाद, *काव्य-कला और अन्य निबन्ध,* भारती भंडार, इलाहाबाद, 1939, पृ. 5
15. *ऋग्वेद संहिता,* 10/95, चौखंबा संस्कृत प्रतिष्ठान, दिल्ली, पुनर्मुद्रित संस्करण, 1995, पृ. 712
16. भरत मुनि, *नाट्यशास्त्र,* भाग-1, अनुवाद मनमोहन घोष, दि रायल एशियाटिक सोसायटी, कलकत्ता, 1950, पृ. 118-147
17. भास, *स्वप्नवासवदत्ता,* सम्पा. टी. गणपति शास्त्री, गवर्नमेंट ऑफ़ महाराजा त्रावणकोर, त्रिवेंद्रम, 1912, पृ. 48-61
18. कालिदास, *घटकर्परम्,* सम्पा. मधुसूदन कोल शास्त्री, गवर्नमेंट ऑफ़ महाराजा महाराजा हरिसिंह ऑफ़ जम्मू-कश्मीर, श्रीनगर, 1945
19. वाल्मीकि, श्रीमद्वाल्मीकि *रामायणम्,* सम्पा. कुप्पूस्वामी सास्त्रीगल, एस. कृष्णा सास्त्रीगल आदि, आर. नारयण स्वामी अय्यर, मद्रास, पृ. 392
20. कालिदास, *मेघदूतम्,* सम्पा. रमाशंकर त्रिपाठी, विश्वविद्यालय प्रकाशन, वाराणसी, संस्करण, 2020

21. जयदेव गोस्वामी, *गीतगोविन्दम्*, अनुवाद केशव गोस्वामी, श्री भक्ति वेदांत तीर्थ महाराज, श्री केशव गौड़ीय मठ, मथुरा, 2003, पृ. 181-208
22. विजयदान देथा, *बातां री फुलवाड़ी*, भाग-14, राजस्थानी ग्रंथागार, जोधपुर, द्वितीय संस्करण, 2010, पृ. 9 एवं 295
23. स्ट्रैटन हौली, *भक्ति के तीन स्वर*, पृ. 133
24. वही।
25. जयशंकर प्रसाद, *काव्य-कला और अन्य निबन्ध*, पृ. 5
26. स्ट्रैटन हौली, *भक्ति के तीन स्वर*, पृ. 135
27. रवीन्द्रनाथ ठाकुर, *एकोत्तरशती*, साहित्य अकादेमी, नई दिल्ली, 1958, पृ. 144
28. शशि अरोड़ा, *राजस्थान में नारी की स्थिति*, हिन्दी साहित्य प्रकाशन मन्दिर, जोधपुर, 1995, पृ. 77
29. जेम्स टॉड, *एनल्स एंड एंटीक्विटीज़ ऑफ़ राजस्थान*, भाग-1, सम्पा. विलियम क्रूक, मोतीलाल बनारसीदास, दिल्ली, पुनर्मुद्रित संस्करण, 1971, लंदन प्र.सं.1920, पृ. 744
30. शशि अरोड़ा, *राजस्थान में नारी की स्थिति*, पृ. 60
31. वही, पृ. 83
32. अलक्जेंडर किनलॉच फ़ार्ब्स, *सांस्कृतिक गुजरात* (*रासमाला* के अन्तिम भाग का अनुवाद) अनुवाद गोपालनारायण बहुरा, पब्लिकेशन स्कीम, जयपुर, 1993, पृ. 25
33. कुमकुम संगारी, *मीरांबाई का भक्ति और आध्यत्मिक अर्थनीति*, हिन्दी अनुवाद : अनुपमा गुप्ता, वाणी प्रकाशन, नई दिल्ली, 2012, पृ. 51
34. जेम्स टॉड, *एनल्स एंड एंटीक्विटीज ऑफ़ राजस्थान*, भाग-1, पृ. 744
35. *रिपोर्ट—मरदुमशुमारी राज मारवाड़, 1891 ई.*—राजस्थान की जातियों का इतिहास एवं रीतिरिवाज़, सम्पा. हरदयालसिंह एवं मुंशी देवीप्रसाद, राजस्थानी ग्रंथागार, जोधपुर, 2010, प्रथम संस्करण, 1894, पृ. 20
36. परिता मुक्ता, *अपहोल्डिंग दि कॉमन लाइफ—दि कम्यूनिटी ऑफ़ मीराबाई*, ऑक्सफोर्ड यूनिवर्सिटी प्रेस, कोलकाता, 1997, पृ. 69
37. गौरीशंकर ओझा, *उदयपुर राज्य का इतिहास*, भाग-1, राजस्थानी ग्रंथागार, जोधपुर, 1996-97, प्र.सं., 1928, पृ. 333
38. वही, पृ. 282
39. गौरीशंकर हीराचन्द ओझा, *सिरोही राज्य का इतिहास*, राजस्थानी ग्रंथागार, जोधपुर, पुनर्मुद्रित संस्करण, 1997, पृ. 225
40. गौरीशंकर हीराचन्द ओझा : *राजपूताने का इतिहास—जोधपुर राज्य का इतिहास*, भाग-1, राजस्थानी ग्रंथागार, 1997, पृ. 285
41. हरिनारायण पुरोहित, *परम्परा*, भाग-63-64, राजस्थानी शोध संस्थान, चौपासनी, जोधपुर, 1982, पृ. 69
42. शशि अरोड़ा, *राजस्थान में नारी की स्थिति*, पृ. 80
43. राजेन्द्रप्रसाद भटनागर, *मेवाड़ का राज्य प्रबन्ध एवं महाराणा राजसिंहकालीन दो बहियाँ*, सूर्य प्रकाशन संस्थान, उदयपुर, 1987
44. शशि अरोड़ा, *राजस्थान में नारी की स्थिति*, पृ. 72 और *मेवाड़ संस्कृति और परम्परा*, पृ. 75

45. *रिपोर्ट—मरदुमशुमारी राज मारवाड़ 1891 ई.*, पृ. 21
46. शशि अरोड़ा, *राजस्थान में नारी की स्थिति*, पृ. 71
47. अलक्जेंडर किनलॉच फार्ब्स, *संस्कृतिक गुजरात*, पृ. 141
48. गौरीशंकर हीराचन्द ओझा, *उदयपुर राज्य का इतिहास*, भाग-1, पृ. 339
49. शशि अरोड़ा, *राजस्थान में नारी की स्थिति*, पृ. 81
50. वही, पृ. 39
51. देखिए, *रिपोर्ट—मरदुमशुमारी राज मारवाड़ 1891 ई.* और शशि अरोड़ा, *राजस्थान में नारी की स्थिति*, पृ. 47
52. वही, पृ. 44
53. नीरजा भट्ट, 'राजरत्नाकर महाकाव्य में इतिहास और संस्कृति', *राजरत्नाकर महाकाव्य*, सम्पा. मूलचन्द पाठक, राजस्थान प्राच्यविद्या प्रतिष्ठान, जोधपुर, 2000, पृ. 3
54. अलक्जेंडर किनलॉच फार्ब्स, *सांस्कृतिक गुजरात*, पृ. 219
55. बड़वा देवीदान, *मेवाड़ के राजाओं की राणियों, कुँवरों और कुँवरियों का हाल*, बड़वा देवीदान की ख्यात, सम्पा. देवीलाल पालीवाल, साहित्य संस्थान, उदयपुर, 1985, पृ. 1
56. गौरीशंकर हीराचन्द ओझा, *उदयपुर राज्य का इतिहास*, भाग-1, पृ. 342
57. बड़वा देवीदान, *मेवाड़ के राजाओं की राणियों, कुँवरों और कुँवरियों का हाल*, पृ. 7
58. गोपीनाथ शर्मा, *राजस्थान के इतिहास के स्रोत*, राजस्थान हिन्दी ग्रंथ अकादमी, जयपुर, 1973, पृ. 156
59. धर्मपाल शर्मा, *मेवाड़ संस्कृति और परम्परा*, प्रताप शोध प्रतिष्ठान, उदयपुर, 1999, पृ. 11
60. नीरजा भट्ट, 'राजरत्नाकर महाकाव्य में इतिहास और संस्कृति,' *राजरत्नाकर महाकाव्य*, पृ. 72
61. स्ट्रैटन हौली, *भक्ति के तीन स्वर*, पृ. 136
62. वही।
63. मीरां की कविता विषयक आलेख के इस भाग में कवितांश, अन्यथा उल्लेख न हो तो, हरिनारायण पुरोहित द्वारा प्राच्यविद्या प्रतिष्ठान, जोधपुर के लिए सम्पादित *मीरां बृहत् पदावली*, भाग-1 (2006) से उद्धृत हैं।
64. के. दामोदरन, *भारतीय चिन्तन की परम्परा*, हिन्दी अनुवाद जी. श्रीधरन, पीपुल्स पब्लिशिंग हाउस, नई दिल्ली, द्वितीय संस्करण 1997, पृ. 513.
65. वही, पृ. 514
66. हजारीप्रसाद द्विवेदी, *हिन्दी साहित्य की भूमिका*, राजकमल प्रकाशन, नई दिल्ली, 1997, पृ. 118
67. यह भजनांश मीरां के उपलब्ध पाठों में सम्मिलित नहीं है। यह पश्चिमी राजस्थान के लोक गायकों द्वारा गाया जाता है। यहाँ यह पश्चिमी राजस्थान के मेघवाल जाति के भजनीक पद्माराम-महेशाराम के ऑडियो कैसेट *मिस्टिक लव* (कोमल कोठारी द्वारा कल्पित और निर्देशित) से उद्धृत किया गया है। मीरां के लोक प्रचलित भजनों का यह कैसेट 1998 में निनाद, मुम्बई ने जारी किया था।
68. रवीन्द्रनाथ टैगोर, *विजन ऑफ़ हिस्ट्री*, पृ. 29

अध्याय-5

मौखिक बनाम पांडुलिपि

मीरां की उपलब्ध रचनाओं की प्रामाणिकता को सन्दिग्ध मानने की परम्परा बहुत पुरानी है। यह उपनिवेशकाल में तब शुरू हुई थी, जब मीरां सहित कई संत-भक्तों की पहचान और उनकी रचनाओं का अध्ययन शुरू हुआ। अन्य संत-भक्तों की तरह मीरां का भी उसके अपने समय का कोई पाठ उपलब्ध नहीं है। अन्य संत-भक्त कवियों से मीरां इस मामले में भी अलग थी कि उसकी रचनाओं को मौखिक से लिखित का रूप देने और उसे सुरक्षित रखनेवाली शिष्य-परम्परा और सम्प्रदाय नहीं बने। मीरां के सम्बन्ध में कहा भी जाता है कि :

नाम रहेगो जगत में सुनो, सयाने लोय।
मीरां सुत जायो नहीं, शिष्य न मूंड्यो कोय॥

अन्य संत-भक्तों की रचनाओं को उनके सम्प्रदायों और शिष्यों ने लिपिबद्ध कर सुरक्षित रखा, जबकि मीरां ऐसी संत-भक्त थी, जिसकी रचनाएँ स्मृत और श्रुत पर निर्भर मौखिक परम्परा से हम तक आई हैं। उसकी रचनाओं के जो अधिकांश लिखित रूप भी उपलब्ध हैं, वे भी बहुत बाद के, अठारहवीं-उन्नीसवीं सदी के हैं। स्मृत और श्रुत पर इस निर्भरता के कारण मीरां की कविता की प्रामाणिकता को लेकर कई विवाद हुए और ये अभी तक भी जारी हैं। ख़ास तौर पर वे पश्चिमी विद्वान, जिनके साहित्यिक पाठ और आलोचना के संस्कार और शिक्षा में पांडुलिपि या दस्तावेज़ पर निर्भरता बद्धमूल है, उन्होंने इस सम्बन्ध में अधिक 'सख़्ती' से विचार किया है। इन विद्वानों ने इस आधार पर मीरां की केवल कुछ रचनाओं को प्रामाणिक मानकर शेष को 'बनाई गई', 'प्रक्षिप्त' और 'जोड़ी गई' की अलग श्रेणी में रख दिया है। पश्चिम से अलग, सदियों से श्रुत और स्मृत पर निर्भर मौखिक की जिस तरह की भारतीय परम्परा है और जिस तरह से यहाँ सदियों से लिखित और श्रुत में निरन्तर आवाजाही रही है, उसमें पश्चिमी के विद्वत्ता के पांडुलिपीय प्रमाण के आग्रह पर नये सिरे से विचार की आवश्यकता है।

1

मीरां की रचनाओं की प्रामाणिकता पर सन्देह करने वाल पश्चिमी और उनके अनुवर्ती भारतीय इतिहासकार और साहित्यालोचक, दोनों हैं। इनमें से इतिहासकार इस सम्बन्ध में अधिक मुखर और 'सख़्त' हैं, जबकि सहित्यालोचकों का स्वर कुछ उदार है, लेकिन सन्देह दोनों ही वर्गों में है। इस सदी की शुरुआत में पांडुलिपियों का आधार बनाकर एकाधिक भारतीय संत-भक्तों की रचनाओं पाठानुसन्धान करनेवाले विनांद कैलवर्त्त का नज़रिया इस सम्बन्ध में सर्वाधिक मुखर और 'सख़्त' है। उन्होंने 1960 ई. में प्रकाशित अपने एक शोध निबन्ध 'दी 'अर्लीएस्ट' सोंग ऑफ मीरां' में मीरां की रचनाओं पर विचार किया और उनकी सम्प्रति उपलब्ध अधिकांश रचनाओं को सन्दिग्ध के दायरे में रख दिया। उन्होंने यह भी लिखा है :

> बेशक, यह एक रहस्य बना हुआ है कि राजस्थान में निर्गुण और ब्रज में सगुण (1600 ई.) की तुलना में मीरा के मामले में लिखित परम्पराएँ इतनी देर से (1800 ई.) क्यों शुरू होती हैं?[1]

विनांद कैलवर्त्त इसके कारणों की भी पड़ताल करते हैं और इस निष्कर्ष पर पहुँचते हैं :

> मीरा के गीत घर में महिलाओं की (अनन्य?) सम्पत्ति बन गए। लेखकों ने साधुओं या (पुरुष) गायकों की तरह महिला गायिकाओं को लिपिबद्ध नहीं किया। या, मीरा के गीतों को इस हद तक तिरस्कृत किया गया कि वे कभी भी गायकों के मानक संग्रहों का हिस्सा नहीं बने।[2]

मीरां की रचनाओं के सम्बन्ध में विनांद कैलवर्त्त ने अपनी यह धारणा 2000 ई. में प्रकाशित अपनी किताब 'दि मिलेनियम कबीर वाणी' में कबीर के पाठों की प्रामाणिकता के प्रसंग में फिर दोहराई है। उन्होंने लिखा :

> यही स्थिति मीराबाई (1503-1546) के साथ है, जिन्होंने शायद सौ ही पद रचे होंगे, लेकिन बीसवीं सदी के अन्त उनके नाम से 5197 पद उपलब्ध हैं।[3]

इस सदी की शुरुआत 2002 ई. में पश्चिमी इतिहासकार फ्रांसिस टैफ़्ट और मीरां के एक और पश्चिमी अध्येता जॉन स्ट्रैटन हौली ने इस प्रकरण को फिर हवा दी। फ्रांसिस टैफ़्ट ने कहा कि मीरां की उपलब्ध रचनाओं से सावधान रहने की ज़रूरत है, क्योंकि ये "हाल के रूपांतरणों में हमारे सामने आई हैं।"[4] जॉन स्ट्रैटन हौली फ्रांसिस टैफ़्ट से पूरी तरह सहमत तो नहीं हैं, लेकिन मीरां की रचनाओं के

होने को लेकर सन्देह उनके मन में भी है। उन्होंने साफ़ तो नहीं कहा, लेकिन स्वर इस सम्बन्ध में उनका भी किन्तु-परन्तु का ही है। वे लिखते हैं :

> अन्त में यह कहकर फ्रांसिस टैफ़्ट को आश्चर्य में डालना चाहूँगा कि मेरे ख़याल से इन कविताओं को मेड़तिया रानी ने रचा होगा। मैं यह नहीं कह रहा कि वे रची गई थीं। आप समझ रहे होंगे। लेकिन मैं कह रहा हूँ कि मैं नहीं मानता कि यह असम्भव है। क्या रानियाँ बेहतर कविताएँ लिखती हैं? हम जानते हैं कि कहानियों में ऐसा होता ही है।[5]

आज़ादी के बाद मीरां की रचनाओं की प्रामाणिकता को लेकर भारतीय इतिहासकारों और साहित्यिक आलोचकों ने भी विचार किया। इतिहासकार गोपीनाथ शर्मा ने 1990 ई. एक विनिबन्ध *भक्त मीरांबाई* लिखा, जिसमें उन्होंने मीरां के पदों की संख्या को सौ-पचास के आसपास सीमित कर दिया। उन्होंने इस सम्बन्ध में लिखा कि "रचनाओं और पदों की प्रामाणिक प्रतियों के अभाव में यह निर्णय करना बड़ा कठिन है कि क्या ये सभी रचनाएँ मीरां ने की थीं? भाषा और रचना-प्रणाली से अध्ययन किया जाए, तो इन रचनाओं में सन्देह की गुंजाइश तो दिखाई देती है। आगे उन्होंने और लिखा कि "कृष्ण के प्रति उनके हृदय में जो उद्‌गार थे, वे पदों के रूप में लोकस्मृति के द्वारा जीवित रह सके। यह स्मृति-धरोहर उत्तरोत्तर बढ़ती चली और संतों-भक्तों ने, कवियों और साहित्यकारों ने मीरां को जैसा समझा, पदों का सृजन होता रहा। मीरां के मौलिक पदों की संख्या बहुत सीमित होनी चाहिए।"[6] उनसे पहले 1952 ई. में राजस्थानी साहित्य के विशेषज्ञ मोतीलाल मेनारिया ने भी इस पर विचार किया और कहा कि मीरां के इस समय पौने पाँच सौ पद चलन में हैं, लेकिन इनमें से अधिकांश प्रक्षिप्त हैं और उसके असल पदों की संख्या 225-250 के बीच होनी चाहिए। उन्होंने लिखा :

> मीरांबाई के अधिकांश पद हिन्दी-गुजराती के भक्तों कवियों के साथ संगृहीत मिलते हैं। इस समय इनके नाम से भारतवर्ष में पौने पाँच सौ पद प्रचलित हैं। परन्तु इनमें से कई पद प्रक्षिप्त हैं। गुजराती भाषा के तो सभी सन्दिग्ध हैं। क्योंकि मीरांबाई के द्वारिका में प्राणांत होने की जो बात कही जाती है और जिसके आधार पर उनको गुजराती पदों का रचयिता माना जाता है, वो केवल कपोल कल्पना है। उसके लिए कोई सुदृढ़ ऐतिहासिक प्रमाण नहीं है। शेष पदों में भी प्रक्षिप्त पदों की संख्या बहुत है। परन्तु मीरांबाई के प्रत्येक पद पर उनके व्यक्तित्व की गहरी छाप लगी है और इसलिए उनके वास्तविक पदों को पहचान लेना असम्भव नहीं है, यद्यपि कुछ कठिन अवश्य है। अनुमानतः मीरां के पदों की संख्या 225/250 है।[7]

कमोबेश यही बात राजस्थान के एक और विद्वान हीरालाल माहेश्वरी ने भी कलकत्ता विश्वविद्यालय में प्रस्तुत और 1960 ई. में प्रकाशित अपने चर्चित शोध प्रबन्ध *राजस्थानी भाषा* और साहित्य में कही है। उन्होंने लिखा है :

> उनके जन्म, स्वर्गवास, जीवन की प्रमुख घटनाएँ, चरित्र, सामाजिक सम्पर्क, विचार आदि सब अन्धकार से आच्छादित हैं, न उनकी रचनाओं की कोई हस्तलिखित पोथी अद्यावधि उपलब्ध हुई है।[8]

कुल मिलाकर इन पश्चिमी और उनके अनुवर्ती अधिकांश भारतीय विद्वानों की राय यह है :

1. मीरां के नाम प्रचलित अधिकांश रचनाएँ मौखिक परम्परा से आई हैं, इसलिए उनमें प्रक्षिप्त और जोड़ी गई रचनाएँ भी कई हैं।
2. मीरां की मौलिक रचनाएँ सौ-पचास के अधिक नहीं होनी चाहिए और
3. मीरां की रचनाओं की लिखित परम्परा अठारहवीं सदी में शुरू होती है। इसका कारण यह रहा कि—मीरां स्त्रियों के बीच घरों तक सीमित थीं, इसलिए पुरुष लेखकों ने इनको संत-भक्तों की रचनाओं में सम्मिलित नहीं किया और दूसरे, मीरां की रचनाएँ तिरस्कृत थीं, इसलिए आग्रहपूर्वक इनको संत-भक्तों के मानक संकलनों से बाहर रखा गया।

2

पश्चिमी इतिहासकारों और साहित्यिक पाठकर्ताओं के 'प्रामाणिक' या 'ओथेंटिक' आग्रह को भारतीय सांस्कृतिक-बोध और साहित्यिक परम्पराओं के सन्दर्भ में ही समझा जाना चाहिए। भारतीय साहित्यिक परम्पराएँ अलग प्रकार की सांस्कृतिक पारिस्थितिकी में जन्मीं, पलीं और बढ़ीं, इसलिए इनमें यह आग्रह कभी निर्णायक स्थिति में नहीं रहा। इतिहास जैसे अनुशासनों का विकास यूरोप में चर्च के अधीन, उसके अनुशासन में हुआ, इसलिए बाइबल के पाठ निर्धारण, बल्कि निर्माण की परम्परा'[9] की स्मृति और संस्कार इनमें आज भी मौजूद हैं। साहित्य और इतिहास के सन्दर्भ में 'ख़ब्त' की सीमा तक प्रामाणिकता के आग्रह की यह कसौटी और मानक भी वहीं बने-बढ़े और फिर यूरोप शासित सभी उपनिवेशों के साहित्य और इतिहास की परम्पराओं पर भी लागू कर दिये गए। विनांद कैलवर्त्त, फ्रांसिस टैफ़्ट और स्ट्रैटन हौली की 'ओथेंटिक' के लिए व्यग्रता स्वाभाविक रूप से साहित्य और इतिहास की इस यूरोपीय शिक्षा और संस्कार का नतीजा है। विनांद कैलवेर्त्त का साफ़ मानना है :

> मौखिक परम्पराओं के लिए पूरे सम्मान के साथ, प्रामाणिकता की समस्या के प्रति मेरे दृष्टिकोण में हमेशा पहले पांडुलिपियाँ रही हैं। भले ही मीरा के मामले में वह दृष्टिकोण प्रामाणिक गीतों के सन्दर्भ में बहुत कुछ नहीं जोड़ेगा, कम-से-कम यह वर्तमान में मौजूद कई संस्करणों में किये गए दावों पर सवाल तो उठाता है।[10]

फ्रांसिस टैफ़्ट भी 'इतिहासकार' थीं और उनका आग्रह भी 'मूल' और 'प्राचीन' का है और मीरां सम्बन्धी इतिहासेतर शोध-कार्यों की विश्वसनीयता को लेकर उनके मन में सन्देह था। उन्होंने साफ़ लिखा :

> गत दशकों में मीरां पर जिन विद्वानों ने लिखा, उनमें से लगभग सभी धर्म या साहित्य या लोक-सहित्य के विशेषज्ञ थे।[11]

हौली के लिए भी सर्वोपरि प्रमाण प्राचीन और पांडुलिपियाँ ही हैं। उन्होंने तो इस आधार पर 'वास्तविक' या 'आरम्भिक' मीरां को छह कविताओं में सीमित कर दिया। ये वे कविताएँ हैं, जिनकी पांडुलिपियाँ सत्रहवीं सदी या इससे पहले की हैं या इस समयावधि के किसी दस्तावेज़ में संकलित हैं। उन्होंने लिखा है :

> हमने छह ऐसी कविताओं का पता लगाया है, जो 17वीं सदी या इससे पहले मीरां के नाम से प्रसारित हो रही थीं। यह कहना शायद उपयुक्त होगा कि वे 'वास्तविक मीरां' या 'प्रारम्भिक मीरां' का चित्र प्रस्तुत करती हैं।[12]

हमारे यहाँ भी इतिहास, भाषा और साहित्य जैसे आनुशासनों का गठन और विकास उपनिवेशकाल में हुआ, इसलिए सब जगह यही मानक सर्वोपरि हो गया। उपनिवेशकाल में भारतीय साहित्य की अन्वेषण और पाठ-निर्धारण के काम की शुरुआत इसी आग्रह के साथ हुई और हमारी बहुत समृद्ध और दीर्घकालीन साहित्यिक परम्पराओं के साहित्य को 'बाद में बनाई गई', 'बाद में जोड़ी गई', 'जाली', 'एप्रोप्रियेटड' आदि मान लिया गया। आरम्भिक भारतीय मनीषा का विकास यूरोपीय विद्धत्ता के वर्चस्व और प्रभाव में हुआ, इसलिए यह कसौटी इसमें भी मान्य हो गई। विनांद कैलवर्त्त, स्ट्रैटन हौली और फ्रांसिस टैफ़्ट के साथ मीरां की उपलब्ध रचनाओं की प्रामाणिकता पर सन्देह राजस्थान की आरम्भिक इतिहासकर गोपीनाथ शर्मा सहित प्राचीन राजस्थानी साहित्य के आरम्भिक विद्वान मोतीलाल मेनारिया और हीरालाल माहेश्वरी ने भी किया। दरअसल राजस्थान में यह दौर 'आधुनिक होने की हड़बड़ी और जल्दबाजी' का था। इतिहास और साहित्य को पश्चिमी नज़रिये से जानने-समझने की होड़ लगी हुई थी। राजस्थान

के अधिकांश इतिहासकर और वृत्तसंग्रहकर्ता जोन जार्ज बुल्हर (1837-1898 ई.) की पहल पर *पृथ्वीराज रासो* को अप्रामाणिक ठहराने की मुहिम में प्राणपण से जुटे हुए थे।[13] गीपीनाथ शर्मा तो इतिहासकार ही थे और इतिहास के यूरोपीय अनुशासन के मानक और कसौटियाँ उनके लिए आदर्श थीं। मोतीलाल मेनारिया विद्वान थे, लेकिन आग्रह उनका भी राजस्थानी भाषा का 'आधुनिक' इतिहास लिखने का था।[14] हीरालाल माहेश्वरी भी विद्वान थे और उन्होंने बहुत मनोयोग से राजस्थानी भाषा और साहित्य की परम्पराओं का पुनर्गठन और उनका वर्गीकरण किया लेकिन आग्रह उनका भी हस्तलिखित और प्राचीन का था। उन्होंने इस प्रबन्ध की अपनी बात, जहाँ तक हो सका है, यूरोपीय ढंग से 'सप्रमाण कहने की चेष्टा की है'[15] और इस कारण उन्होंने प्राचीन हस्तलिखित प्रतियों के चित्र भी यथास्थान दिये हैं।

3

मीरां की कविता स्मृत और श्रुत पर मौखिक परम्परा में जीवित और जीवन्त रही है। यह परम्परा इतनी पुरानी और अनुशासित है कि इस पर अविश्वास का कोई कारण नहीं है। यह परम्परा इतनी सुनियोजित है कि इसमें अशुद्ध उच्चारण तक को अपराध समझा जाता है। विडम्बना यह है कि अधिकांश पश्चिमी विद्वानों को इस परम्परा पर भरोसा नहीं है। रवीन्द्रनाथ ठाकुर ने अपने एक निबन्ध '*भारतवर्षेर इतिहास*' में एक जगह लिखा है कि "सब खेतों में एक जैसी फ़सलें नहीं होतीं।"[16] यूरोपीय विद्वानों को अपने पूर्वजों के स्मृति के रख-रखाव और दस्तावेज़ीकरण के ढंग पर बड़ा गर्व है, लेकिन उनका यह ढंग सार्वभौमिक कैसे हो सकता है? स्मृति के रख-रखाव का हर समाज का अपना ढंग है। बहुत प्राचीनकाल से ही अपनी ख़ास सामाजिक-सांस्कृतिक ज़रूरतों के तहत बनी-बढ़ी स्मृति के संरक्षण की हमारी अपनी मौखिक परम्पराएँ हैं। 'स्मृत' और 'श्रुत', दोनों पश्चिमी इतिहास और साहित्य दर्शन के अनुसार सन्दिग्ध हैं, इसलिए अमान्य हैं, जबकि यह भारतीय परम्परा में प्राचीन काल से है और यहाँ के लोक के स्वभाव में सम्मिलित हैं।

'श्रुत' और 'स्मृत' पर आधारित मौखिक का भारतीय परम्परा में बहुत महत्त्व है। सदियों से अधिकांश भारतीय साहित्य सदियों तक श्रुत और स्मृत में ही सुरक्षित रहा है। यहाँ वेदों को भी इसीलिए 'श्रुति' कहा गया है। वेद सदियों से भारतीय मनीषा की स्मृति में हैं। बहुत बाद में कश्मीर के हिन्दू विद्वान यास्क (700-500 ई. पू.) ने पहली बार श्रुत और स्मृत में सुरक्षित वेदों के मंत्रों को लिपिबद्ध किया। वेदों की श्रुत-स्मृत में सदियों तक निरन्तर निर्दोष मौजूदगी पर टिप्पणी करते हुए सच्चिदानन्द वात्स्यायन अज्ञेय ने एक जगह लिखा है :

श्रुति द्वारा संरक्षित साक्ष्य में वेदों का अद्वितीय स्थान है। वेदों को स्मृति में अक्षुण्ण बनाए रखने के लिए जिस अध्ययन परम्परा का आविष्कार भारत में हुआ, वह संसार के इतिहास में अद्वितीय है। संसार के किसी देश में इसका उदाहरण नहीं मिलेगा कि कोई पाठ बिना एक अक्षर के परिवर्तन के देश के विभिन्न भागों में केवल श्रुति के आधार पर हज़ारों वर्षों तक सुरक्षित रखा जा सका हो![17]

बौद्ध और जैन परम्परा में भी स्मृत और श्रुत का महत्त्व निरन्तर रहा है। "प्राचीनकाल में बुद्ध की शिक्षाओं को संरक्षित करने का पारम्परिक तरीका हर शब्द को स्मृति में समर्पित करना था। इसे समय-समय पर बाद के संगीति परिषदों द्वारा जीवन्त किया जाता था।"[18]

बुद्ध के उपदेशों को स्मृति के आधार पर ही संगीतियों में संकलित किया गया। ये संगीतियाँ भी निरन्तर होती रहीं। ख़ास बात यह कि किसी एक संगीति को अन्तिम और सर्वोपरि 'प्रमाण' कभी नहीं माना गया। संगीतियों के समय और स्थान को लेकर विद्वान एक राय नहीं हैं, लेकिन ऐसा माना जाता है कि पहली संगीति राजगृह में 483, दूसरी वैशाली में 383, तीसरी पाटलिपुत्र में 251 ई. पू. और चौथी कश्मीर कुंडलन में ईसवी की पहली सदी में हुई। स्मृति के आधार पर हर संगीति में बुद्ध के उपदेशों को जीवन्त रूप दिया गया।[19] महावीर ने भी स्वयं कभी कुछ नहीं लिखा। समवसरणों ने उनके गणधरों की रखी गई जिज्ञासाओं के उनके मौखिक समाधानों को ही स्मृति के आधार पर बाद में आगमों का रूप दिया गया। जैन श्वेताम्बर परम्परा के अनुसार महावीर के निर्वाण के 160 वर्ष बाद आचार्य स्थूलभद्र ने पाटलिपुत्र में जैन श्रमण संघ का आयोजन और वहाँ ग्यारह हज़ार अंगों का संकलन किया। बारहवें अंग दृष्टिवाद का स्मरण किसी भी मुनि को नहीं था, इसलिए इसका संकलन नहीं किया गया। शताब्दियों में यह संकलन छिन्न भिन्न हो गया और स्मृति में नहीं रहा, इसलिए निर्वाण के 840 वर्ष बाद आर्य स्कंदिल ने मथुरा में एक संघ सम्मेलन करवाया, जिसमे आगम साहित्य को एक बार फिर व्यवस्थित करने की कोशिश हुई। इन तीनों वाचनाओं के पाठ अब उपलब्ध नहीं हैं। समय के विस्तार में इनकी स्मृति धुँधली हो गई। निर्वाण के 980 वर्ष बाद फिर गुजरात के वलभी में देवर्धिगणि क्षमाश्रमण के नेतृत्व में उनके उपदेशों को स्मृति के आधार पर अर्धमागधी में 45-46 ग्रंथों को संगृहीत किया गया।[20]

श्रुत और स्मृत की मौखिक परम्परा मध्यकाल में थी। पारम्परिक रचनाओं को स्मरण रखने और उनका वाचन के लिए इस दौरान पेशेवर जातियाँ बन गई थीं, जिनको यजमान शासक या जातियों से प्रश्रय प्राप्त था—ये अपनी आजीविका के लिए इन शासकों या यजमान जातियों पर निर्भर थे। चारण आदि कुछ जातियाँ रासो सहित अन्य प्रशस्तिपरक रचनाओं को पीढ़ी-दर-पीढ़ी स्मरण रखती थीं और

इन्हें इसका औपचारिक-अनौपचारिक प्रशिक्षण भी प्राप्त था। इस दौरान रचनाओं में तथ्यात्मक परिवर्तन तो दूर, उच्चारणगत परिवर्तन को भी अपराध समझा जाता था। मीरां की रचनाएँ भी 'हरजस' के रूप में पश्चिमी राजस्थान के मेघवाल जाति के लोग पीढ़ी-दर-पीढ़ी स्मरण रखकर गा रहे हैं। मीरां के उपलब्ध पाठों और इन हरजसों में भाषा और उच्चारण सम्बन्धी कुछ मामूली अलगाव के अलावा सभी समानताएँ हैं। देश के सभी इलाक़ों में इस तरह श्रुत और स्मृत के संरक्षण का दायित्व वहन करनेवाली व्यावसायिक दक्षता प्राप्त जातियाँ मिल जाएँगी।

4

विनांद कैलवर्त्त की यह धारणा आधारहीन है कि मीरां की रचनाओं के लिखित पाठ पुरुष संत-भक्तों की तुलना में बाद में इसलिए मिलते हैं, क्योंकि एक तो मीरां की रचनाएँ घरों में स्त्रियों तक सीमित रह गईं और दूसरे, ये तिरस्कृत थीं, इसलिए भक्ति साहित्य प्राचीन मानक संकलनों में इनको जगह नहीं मिली। विनांद कैलवर्त सहित कुछ पश्चिमी विद्वानों ने मीरों की रचनाओं की व्यापक लोक-व्याप्ति को जाने-समझे बिना ही इस तरह के निष्कर्ष निकाल लिए हैं। मीरां की लोक-व्याप्ति किसी पुरुष संत भक्त की तुलना में अधिक है और ख़ास बात यह है कि यह केवल स्त्री समुदय तक सीमित नहीं है। मीरां के पद पुरुषों में उतने ही लोकप्रिय हैं, जितने स्त्रियों में हैं। पश्चिमी राजस्थान के मेघवाल जाति के पुरुष रात्रि जागरण में मीरा के हरजस गाते हैं। मीरां के कुछ हरजस लंगा और मांगणयर भी गाते हैं और ये सभी पुरुष हैं। उल्लेखनीय तथ्य है कि पुरुष संत-भक्तों की रचनाओं की लोकप्रियता प्रायः पुरुषों तक सीमित है, जब कि मीरां ऐसी संत भक्त है, जिसकी रचनाएँ पुरुषों के साथ स्त्रियों में लोकप्रिय हैं। मीरां की व्यापक लोक-स्वीकृति का प्रमाण इतिहासकार श्यामलदास और गौरीशंकर ओझा की वे टिप्पणियाँ हैं जो उन्होंने अपने राज्याश्रय में लिखे गए इतिहासों में कीं। श्यामल दास ने अपने इतिहास *वीर विनोद* (1886 ई.) में मीरां की लोकप्रियता के सम्बन्ध में लिखा :

> मीरांबाई बड़ी धार्मिक और साधु-संतों का सम्मान करने वाली थीं। यह विराग के गीत बनातीं और गातीं, इससे उनका नाम बड़ा प्रसिद्ध है।[21]

अपने *उदयपुर राज्य का इतिहास* (1928 ई.) में गौरीशंकर ओझा ने भी लिखा :

> हिन्दुस्तान में विरला ही एक ऐसा गाँव होगा, जहाँ भगवद्‌भक्त हिन्दू स्त्रियाँ या पुरुष मीरांबाई के नाम से परिचित नहीं हों और बिरला ही ऐसा मन्दिर होगा, जहाँ उसके बनाए हुए भजन न गाए जाते हों।[22]

मीरां की रचनाएँ तिरस्कृत थीं, इसलिए इन्हें आरम्भिक भक्ति रचनाओं के मानक संकलनों में जगह नहीं मिली, विनांद केलवर्त्त की यह मान्यता भी मनमानी और निराधार है। मीरां की भक्ति-सम्बन्धी रचनाओं के मानक संकलनों में नहीं होने का कारण उसकी रचनाओं का तिरस्कार नहीं, उसकी किसी मत-सम्प्रदाय से असम्बद्धता है। मध्यकाल में ब्रज और ब्रज से बाहर भक्ति के कई सांस्थानिक सम्प्रदाय और मत-मतांतर थे। मीरां इनमें से किसी भी सम्प्रदाय से सम्बद्ध नहीं थी। वल्लभ सम्प्रदाय ने तो आग्रह और प्रयत्नपूर्वक मीरां को अपने से सम्बन्ध करने-दिखाने के प्रयास भी किए, लेकिन उसे यह स्वीकार्य नहीं हुआ।[23] सम्प्रदाय और मत-मतांतरों से असम्बद्धता के कारण मीरां की रचनाओं की लिखित परम्परा व्यापक रूप से 18वीं सदी में शुरू होती है। *सर्वंगी, गुणगंजनामा, पंचबानी* आदि संकलन सम्प्रदायों के अनुशासन और आग्रह से बने, इसलिए इनमें मीरां की रचनाओं का नहीं होना बहुत स्वाभाविक है। पश्चिम के विद्वानों में बहुत मान्य *सूरदासजी का पद* (1582 ई.) जैसी पांडुलिपियाँ कुछ विशेष रुचि और आग्रह वाले व्यक्तियों के लिए तैयार हुई[24], इसलिए इनमें भी मीरां का नहीं होना बहुत असामान्य नहीं है। स्ट्रैटन हौली ने भी यह स्वीकार किया है कि मीरां के छह पद ऐसे है, जो सत्रहवीं सदी या उससे पहले के हैं।[25] ख़ास बात यह है कि यह अलग-अलग क्षेत्रों में अलग-अलग भाषिक मुहावरे के हैं और ये इस बात का सबूत तो हैं ही कि मीरां की रचनाओं की लोकप्रियता और मान्यता का दायरा बहुत व्यापक था।

मीरा की रचनाओं के तिरस्कृत होने की धारणा में कोई बहुत दम नहीं है। यह 'सामन्ती' के प्रति आधारहीन पश्चिमी वैचारिक दुराग्रह से उपजी हुई है।

> मीरां में यहाँ (मेवाड़ में) किसी में भी रुचि नहीं है और महाराणा उसको मेवाड़ के स्वच्छ इतिहास में काला धब्बा मानते हैं।[26]

विनांद कैलवर्त्त ने मोतीलाल मेनारिया के जिस पत्र को इस टिप्पणी के साथ अपनी धारणा के समर्थन में उद्धृत किया है, उसमें सच्चाई कम, पूर्वग्रह ज़्यादा है। मेवाड़ में मीरां की स्वीकार्यता को केवल एक महाराणा तक सीमित करना ग़लत है। राजघराने की भी राय मीरां के सम्बन्ध में इस तरह की प्रचारित से अलग है। मीरां के द्वारिका चले जाने के बाद उसकी वापसी की कोशिश की गई थी। मीरां के द्वारिका चले जाने के बाद भी मेड़ता से मेवाड़ के सम्बन्ध सहयोग और सौहार्द के थे। यदि मीरां तिरस्कृत या प्रताड़ित होती तो ज़ाहिर है, इन सम्बन्धों में अन्तर आता। मीरां की रचनाओं के लिए सम्मान जेम्स टॉड और बाद में राजस्थान के इतिहासकार श्यामलदास और गौरीशंकर ओझा के यहाँ भी है। उल्लेखनीय यह है कि टॉड सामन्तों का पक्षधर था, जबकि श्यामलदास और ओझा ने अपने इतिहास 'राज्याश्रय' में लिखे।

5

मीरां के आज उपलब्ध लिखित पाठ इन्हीं पारम्परिक श्रुत-स्मृत के मौखिक स्रोतों से लिखित में आए हैं। श्रुत-स्मृत की मौखिक भारतीय पंरपरा में रचनाएँ पूरी तरह बदल गई हैं या नई बन गई हैं, ऐसा बहुत कम हुआ है। यह तो होता रहा है कि उनकी नई व्याख्याएँ और टीकाएँ हुई हैं, लेकिन रचनाएँ अपने मूल स्वरूप से हट गईं, ऐसा कभी नहीं हुआ। यह सही है कि मीरां की उपलब्ध कविता में आंशिक जोड़-बाक़ी और रूपांतरण हुआ है। श्रुत और स्मृत की परम्परा में आनेवाली सभी रचनाओं में यह होता है और यह बहुत स्वाभाविक है। प्राचीन या मध्यकालीन भारतीय संतों-भक्तों और कवियों की केवल 'मूल' और 'प्राचीन' रचनाओं की उपलब्धता लगभग नहीं के बराबर है। लोक ने इन रचानाओं को सदियों तक श्रुत और स्मृत के माध्यम से जीवन्त और सुरक्षित रखा। सांस्थानिक धर्म, शासन आदि अपने निहित स्वार्थ में विरासत और परम्परा में रद्दोबदल करते हैं, लेकिन लोक का स्वभाव इससे अलग है। तमाम इधर-उधर के बावजूद लोक की स्मृति 'असल' के आसपास ही रहती है। निरन्तर इधर-उधर के बाद भी मीरां की कविता में कुछ ऐसा है, जो असल है या असल के आसपास ज़रूर है। लोक-समाज ने मीरां की कविता में अपनी भावनाओं और ज़रूरतों की जोड़-बाक़ी तो की है, लेकिन यह ज़्यादातर जोड़-बाक़ी असल से इधर-उधर या इसके विस्तार और सरलीकरण तक सीमित है। असल को इसमें रद्द या ख़ारिज नहीं किया गया है। मीरां के पदों की कुछ पंक्तियाँ ऐसी हैं, जो उसके एकाधिक पदों में आती हैं, जो यह साबित करती हैं कि असल उनमें मौजूद है।

मीरां की रचनाओं में हुआ रूपांतरण इधर-उधर की भाषा और उच्चारण के स्तर पर ज़्यादा है। मध्यकाल में भाषा-बोलियों का वैविध्य बहुत था और भौगोलिक विविधता के अनुसार इनके उच्चारण भी बहुत अलग हो जाते थे। लोक भाषाओं में मानक या ठहरा हुआ जैसा कुछ नहीं होता—ये निरन्तर बदलती-बनती रहती हैं। राजस्थानी में कई बार एक शब्द की 25-30 अर्थ-छवियाँ मिल जाएँगी। राजस्थानी के शब्दकोश बनानेवाले सीताराम लालस ने इन अर्थ-छवियों संकलित करने का प्रयास किया है, लेकिन यह आज भी अन्तिम नहीं है। 'भगतण' एक क्षेत्र में सकारात्मक, तो दूसरे क्षेत्र में नकारात्मक अर्थ में प्रयुक्त होता है। मीरां की रचनाएँ जिस क्षेत्र में गईं, वहाँ उनका रूप वहाँ की भाषा और उच्चारण के अनुसार हो गया, लेकिन इनकी विषयवस्तु में बदलाव नहीं के बराबर हुआ।

प्राचीन और हस्तलिखित का आग्रह करनेवाले ललिताप्रसाद सुकुल ने भी भारतीय लोक-समाज के इस स्वभाव की ओर ध्यान आकृष्ट किया है। उन्होंने स्वीकार किया कि रूपांतरण अक्सर किसी मूल पद को केन्द्र में रखकर ही होता

है। रूपांतरण करनेवालों की उन्होंने चार कोटियाँ बनाईं, जिनमें से दो आरम्भिक कोटियों में बहुसंख्यक भारतीय जनसाधारण का अधिकांश सम्मिलित है। पहली के सम्बन्ध में उन्होंने लिखा :

> कुछ पद मीरां के नाम पर विविध वैष्णव भक्तों के द्वारा गाए जाते हैं, जिनका आधार सचमुच ही मीरां का ही कोई न कोई पद होता है। आधारयुक्त मूल पदावली की दुष्प्राप्यता इस कोटि के भक्तों को बाध्य करती है कि अपनी स्मरणशक्ति से ही काम लें। भक्तों में निरक्षरों की संख्या भी कम नहीं, और न सब समान रूप से मेधावी होते हैं। अत: स्थल-स्थल पर कड़ियाँ भूल जाना असम्भव नहीं। किन्तु उच्च कोटि की आत्माभिव्यक्ति सरसरता के साथ प्राय: सरल ही होती रही है। यह नैसर्गिक गुण इन भक्त जनों की अनायास सहायता कर देता है। मिलती-जुलती भूली हुई कड़ियाँ जोड़कर पद पूर्ण कर लिया जाता है। कालांतर में यही पद एक नवीन पद की सत्ता से विभूषित हो जाता है।[27]

इसी तरह दूसरी कोटि के लोग उनके अनुसार वे हैं :

> जिनकी मेधा शक्ति पहलों से कम है, समझदारी का उनका दरजा भी न्यूनतर ही है। वे अपने भावोद्रेक में दो-दो, चार-चार पदों की भिन्न कड़ियों जैसी जो जब याद पड़ी, जोड़कर नये पदों की सृष्टि कर डालते हैं। कहीं-कहीं अन्य प्रसिद्ध भक्तों द्वारा रचित प्रसिद्ध दोहों की कड़ियाँ उठाकर पदों में जोड़ लेना और अन्त में 'मीरां के प्रभु गिरधर नागर' की छाप गा देना भी उनकी प्रथा है।[28]

6

श्रुत और स्मृत में रहने के कारण मीरां की कविता 'पुरानी लेकिन जीवित कविता' है। उसकी रचनाएँ आरम्भ में धार्मिक ग्रंथों में संकलित मिलती हैं। ये धार्मिक ग्रंथ हस्तलिखित गुटकों के रूप में होते थे। मुद्रण की सुविधा हो जाने के बाद उसकी रचनाओं के संकलन भी छपने लगे। उसके आरम्भिक संकलन संत-भक्तों द्वारा तैयार किये गए थे और इनमें प्रकाशित रचनाएँ स्मृति या श्रुति पर निर्भर थीं। विद्वानों ने उसकी रचनाओं का अनुसन्धान और संकलन गत सदी के आरम्भ में शुरू किया और यह अभी तक जारी है। ललिताप्रसाद सुकुल, नरोत्तम स्वामी, उदयसिंह भटनागर, कल्याणसिंह शेखावत और ब्रजभूषण सिंहल ने अपने को मीरां के पदों के हस्तलिखित रूपों तक सीमित रखा, लेकिन ये अधिकांश हस्तलिखित

पद 'प्राचीन' और 'मूल' नहीं थे। ये अधिकांश पद स्मृति से लिखित में आए हुए थे। मीरां के पदों के हस्तलिखित रूपों में से केवल कुछ पद ही सोलहवीं सदी के हैं। शेष अधिकांश हस्तलिखित पद धार्मिक गुटकों आदि में मिलते हैं, जिनमें से अधिकांश अठारहवीं-उन्नीसवीं सदी के हैं। ललिताप्रसाद सुकुल ने 1934 ई. में देश भर की यात्रा कर मीरां के पदों की हस्तलिखित पांडुलिपियों के अनुसन्धान का कार्य किया। उनको 1942 ई. तक डाकोर में दो, काशी में चार, कानपुर में दो, रायबरेली में दो, मथुरा में तीन और उदयपुर में पाँच हस्तलिखित ग्रंथ मिले। इनमें से डाकोर, काशी और कानपुर की एक-एक प्रति को छोड़कर शेष सभी प्रतियाँ अठारहवीं सदी की थीं। डाकोर की दोनों हस्तलिखित प्रतियाँ ललिताप्रसाद सुकुल ने द्वारकाधीश मन्दिर के प्रधान पुजारी के वंशज गोवर्धनदास भट्ट के पास देखीं। पहली 1585 ई. की प्रति में 69 पद थे, जबकि दूसरी 1748 ई. की प्रति में 103 पद थे। 1748 ई. की प्रति में पहली 1585 ई. की प्रति के 69 पद भी सम्मिलित थे। ये दोनों प्रतियाँ देवनागरी मिश्रित गुजराती लिपि में थीं और दूसरी प्रति में गुजराती की तुलना में देवनागरी लिपि के अक्षर कम थे। इन दोनों की प्रतिलिपियाँ गोवर्धनदास भट्ट के सौजन्य से श्यामसुन्दरदास की पास भी उपलब्ध थीं, जिनमें से पहली प्रति उन्होंने रामचन्द्र शुक्ल को भी देखने के लिए दी थी। ललिताप्रसाद सुकुल को नागरी प्रचारिणी सभा के संग्रहालय की तीन प्रतियों की तुलना में काशी के लाला गोपालदास के संग्रहालय की एक और कानपुर की दो में से एक प्रति प्रामाणिक जान पड़ी। इन दोनों का लिपिकाल 1670 ई. था। इनमें भी 103 पद थे और इनका क्रम भी वही था, जो डाकोर की 1748 ई. की प्रति में था।[29] उन्होंने *मीरां स्मृति ग्रंथ* में 103 पद प्रकाशित किए। इन 103 पदों में से 69 पद उन्होंने डाकोर की 1585 ई. की प्रति से और शेष 34 पद काशी की 1670 ई. की प्रति से लिये।[30] ये 103 पद मीरां के उस समय उपलब्ध और प्रचलित पदों में प्राचीनतम थे, लेकिन एक तो इनके हस्तलिखित रूप अब उपलब्ध नहीं हैं और दूसरे, इनकी भाषा व्याकरण और वर्तनी के हिसाब से बहुत अटपटी है। नरोत्तम स्वामी ने *मीरां-मन्दाकिनी* में 161 पद प्रकाशित किये और इसकी भूमिका में लिखा कि "इस संकलन का पाठ एक प्राचीन हस्तलिखित प्रति के आधार पर निश्चित किया गया है।"[31]

उन्होंने भूमिका में इसका लिपिकाल नहीं दिया। ये पद उन्होंने अपने निजी संग्रह की एक हस्तलिखित प्रति से लिये, जिसमें मीरां सहित कबीर, सेवादास, नामदेव, जनहरिदास, तुलसी, सूरदास, साधूराम, नन्ददास, माधोदास आदि कई संत-भक्तों की रचनाएँ संगृहीत थीं। अगरचन्द नाहटा ने इसका लेखनकाल विक्रम की बीसवीं शताब्दी लिखा है[32], जब कि हीरालाल माहेश्वरी को नरोत्तम स्वामी से ही ज्ञात हुआ कि यह प्रति विक्रम की उन्नीसवीं सदी में लिपिबद्ध हुई।[33] *मीरां-मन्दाकिनी* में संकलित रचनाओं की भाषा ब्रज मिश्रित राजस्थानी थी, इसलिए कुछ विद्वानों ने

इस आधार पर इन पदों को प्रामाणिक माना। ख़ास बात यह है कि *मीरां-मन्दाकिनी* की आधार हस्तलिखित मूल प्रति भी अब उपलब्ध नहीं है। उदयसिंह भटनागर ने *राजस्थान में हिन्दी के हस्तलिखित ग्रंथों की खोज* (तृतीय भाग) के परिशिष्ट में उदयपुर की धोली बावड़ी स्थित रामद्वारा के तीन गुटकों के आधार पर 55 पद प्रकाशित किए।[34] 1822 ई. लिपिबद्ध पहले गुटके में आठ पद हैं, दूसरे एक गुटके के दो पदों का लिपिकाल अज्ञात है और शेष पद जिस तीसरे गुटके से लिए गए हैं उसमें भी लिपिकाल दर्ज़ नहीं है। तीसरे गुटके में 1868 ई. में लिपिबद्ध शिवकरण रचित *भक्तवत्सल राग कौतूहल नरसिंह महता को माम्हैरो* भी संकलित है[35], इसलिए यह अनुमान किया जा सकता है कि यह 1868 ई. के बाद कभी लिपिबद्ध हुआ होगा।[36] महाराजा मानसिंह पुस्तक प्रकाश, जोधपुर के संग्रह के एक गुटके (ग्रंथांक-12) में दो पद 1574 ई. के लिखे हुए मिलते हैं। ये दोनों पद कल्याणसिंह शेखावत द्वारा सम्पादित *मीरांवाणी* में प्रकशित हुए हैं।[37] इसी तरह गुजरात विद्यासभा, अहमदाबाद के तीन गुटकों में 19 हस्तलिखित प्राचीन पद उपलब्ध हैं। इसके ग्रंथांक-477क में 1638 ई. में भक्त कवि विष्णुदास के पुत्र अविचलदास के लिपिबद्ध आठ पद जगदीश गुप्त ने पहली बार *मीरां स्मृति ग्रंथ* में प्रकाशित किए।[38] इसके ही ग्रंथांक-150अ में 1644 ई. में श्री भीम विजयगणि के शिष्य विमल जय गणि द्वारा लिपिबद्ध तीन पद ब्रजेन्द्रकुमार सिंहल की पुस्तक *मेरे तो गिरधर गोपाल* में संकलित हैं।[39] इसी तरह इसके ग्रंथांक-826 में 1656 ई. में लिपिबद्ध आठ पदों की फ़ोटो प्रति पहले प्रभात ने अपने ग्रंथ *मीरांबाई* में प्रकाशित की[40] और अब ये ब्रजेन्द्रकुमार सिंहल की *मेरे तो गिरधर गोपाल* में प्रकाशित हुए हैं।[41] राजस्थान के सरकारी और निजी संग्रहों में मीरां के कई प्राचीन हस्तलिखित पद ऐसे थे, जो अब भी सर्वथा अप्रकाशित थे। इन पदों के अनुसन्धान का कार्य कल्याणसिंह शेखावत ने किया। *मीरां बृहत्पदावली,* भाग-1 की पूरक के रूप में उनकी *मीरां बृहत्पदावली,* भाग-2 राजस्थान प्राच्यविद्या प्रतिष्ठान, जोधपुर से प्रकाशित हुई। कल्याणसिंह शेखावत ने राजस्थान की साहित्यिक संस्थाओं के ग्रंथागारों और निजी संग्रहों से 372 नये पद खोज निकाले, जिनमें से 216 पद ऐसे थे, जो इससे पूर्व सर्वथा अप्रकाशित थे।[42] *गुरुग्रंथ साहिब* और *पदप्रसंगमाला* सहित कुछ दूसरी प्राचीन रचनाओं में भी मीरां के स्फुट पद संकलित किये गए हैं। मीरां के पितृकुल से सम्बद्ध नागरीदास उर्फ़ कृष्णगढ़ नरेश जसवंतसिंह राठौड़ (1699-1766 ई.) वल्लभ सम्प्रदाय में दीक्षित थे। उन्होंने अपना सम्पूर्ण जीवन तीर्थाटन और सत्संग में व्यतीत किया और कई ग्रंथों की रचना की। उनकी *पदप्रसंगमाला* में संत-भक्तों की कई रचनाएँ प्रसंग सहित संगृहीत की गई हैं। मीरां के भी छह पद प्रसंग सहित इसमें सम्मिलित किये गए हैं।[43] सिखों के पाँचवें गुरु अर्जुनदेव ने भी अन्य संतों की वाणियों के साथ मीरां का भी एक पद *गुरुग्रंथ साहिब* (1604 ई.) में भी सम्मिलित किया था। बाद में

इस पर हरताल (पीली स्याही) पोत दी गई। *गुरुग्रंथ साहिब* के बानो संस्करण में लिपिबद्ध इस पद के मूल की फ़ोटो प्रति प्रभात के ग्रंथ *मीरां-जीवन और काव्य,* द्वितीय खंड में प्रकाशित हुई है।[44]

7

हरिनारायण पुरोहित, स्वामी आनन्द स्वरूप, प्रभात, पद्मावती शबनम आदि ने सभी उपलब्ध स्रोतों से पद एकत्र किए। मीरां की प्राचीन हस्तलिखित रचनाएँ कम हैं, लेकिन लोक में उसके हज़ारों पद मिलते हैं। इन पदों के कई पाठांतर, अवांतर और प्रक्षिप्त रूप भी हैं और आज के हिसाब से ये एकाधिक भाषाओं में भी हैं। मीरां के हस्तलिखित पदों के अनुसन्धान के साथ लोक में प्रचलित पदों में से 'असल' की पहचान का सबसे अधिक मान्य और स्वीकार्य कार्य हरिनारायण पुरोहित ने किया। वे आजीवन इस कार्य में लगे रहे। विडम्बना यह है कि उनका यह कार्य बहुत विलम्ब से उनके मरणोपरांत 1968 ई. में राजस्थान प्राच्यविद्या प्रतिष्ठान, जोधपुर से *मीरां बृहत्पदावली,* भाग-1 के रूप में प्रकाशित हुआ। हरिनारायण पुरोहित जयपुर राजघराने में जनाना ड्योढ़ी के सुपरिंटेंडेंट होने के साथ असाधारण विद्याव्यसनी, साहित्य-साधक और इतिहासकार थे। उन्होंने अपना सम्पूर्ण जीवन संत साहित्य के अनुसन्धान, संग्रहण और सम्पादन-संशोधन में व्यतीत किया। उन्होंने वर्षों तक अनुसन्धान कर 42 विभिन्न हस्तलिखित और मुद्रित स्रोतों से मीरां के पद एकत्र किए। इसके लिए उन्होंने साहित्य, भाषा और इतिहास के विद्वानों के अलावा मीरां के पितृपक्ष के वंशजों से पत्राचार किया और प्राप्त पत्रों और सामग्री की फाइलें बनाईं। अपने संग्रह के सम्बन्ध में स्वयं पुरोहित जी बताया :

> मैंने परिश्रम और खोज के साथ ही संग्रह किया है। (क) मेड़ते जाकर सामग्री एकत्र की (ख) बड़ी रूपाहेली के स्वर्गीय ठाकुर साहब चतुरसिंह जी से, (ग) बदनोराधीश गोपालसिंह जी से, ये दोनों ठाकुर साहब मीरां के मेड़तिया कुल के वंशज थे। (घ) मेड़ता के अन्य लोगों से, (ङ) कलकत्ते वाले बाबू अनाथदास से, (च) मीरांबाई सम्बन्धी बहुत-सी लिखित और मुद्रित पुस्तकों से समाग्री ली है।[45]

उन्होंने पदों के नीचे संकेताक्षरों में स्रोतों का भी उल्लेख किया, लेकिन वे संग्रह में इनकी कुंजी नहीं दे पाए। पदों का बड़ा संग्रह हो जाने के बाद उन्होंने अपने शिष्य सूर्यनारायण चतुर्वेदी से विचार-विमर्श कर मीरां के मूल पदों की पहचान के लिए बारह कसौटियाँ बनाईं। इन कसौटियों पर खरे उतरने वाले 662 पदों को उन्होंने मीरां के 'असल' पद मानकर विषयवार वर्गीकृत किया और फिर

इनको अकारादि क्रम में पदावली में रखा। दरअसल अस्वस्थ सूर्यनारायण चतुर्वेदी ने इससे सम्बन्धित सभी सामग्री अपने निधन से पूर्व प्राच्यविद् और इतिहासकार गोपालनारायण बहुरा को दे दी। बहुरा ने यह सामग्री मुनि जिनविजय को दे दी। मुनि जिनविजय स्वयं इस पर कार्य करना चाहते थे, लेकिन उनकी व्यस्तता के कारण यह सम्भव नहीं हुआ और यह सामग्री प्रतिष्ठान से वापस चतुर्वेदी परिवार के पास चली गई। हरिनारायण पुरोहित साहित्य-प्रेमी होने के साथ इतिहासकार भी थे, इसलिए मीरां के पदों के अनुसन्धान, संग्रहण और सम्पादन-संशोधन में उनका ज़ोर 'तथ्यान्वेषण' और 'अकृत्रिम प्रस्तुतीकरण' पर ज़्यादा था। उन्होंने अपनी इस पदावली को 'बूझ-बुझक्कड़' मतलब आधार ग्रंथ की संज्ञा दी और कहा कि आगे भी मीरां के और पद मिलते रहेंगे। अपने अनुसन्धान और एकत्र सामग्री के आधार पर हरिनारायण पुरोहित अपनी पदावली की विस्तृत भूमिका लिखना चाहते थे, लेकिन वार्द्धक्य और अस्वस्थता के कारण यह सम्भव नहीं हुआ। उनकी पदावली केवल कामचलाऊ संक्षिप्त भूमिका के साथ प्रकाशित हुई।[46] हरिनारायण पुरोहित ने जिन बारह कसौटियों के आधार पर मीरां के असल पदों की पहचान की, वे अज्ञात हैं, लेकिन इन कसौटियों पर खरे उतरने वाले उनके प्रामाणिक पद उपलब्ध हैं। हरिनारयण पुरोहित संत साहित्य के मनीषी थे। वे अध्यवसायी और परिश्रमी शोधक भी थे। उनके चयनित पदों की प्रामाणिकता पर सन्देह करने का कोई कारण नहीं है। प्राचीन साहित्य के विद्वान और मनीषी सत्येन्द्र के अनुसार :

> किसी कसौटी के आधार पर ही ये पद छाँटे गए हैं—वह कसौटी ऐसी रही होगी, जिसके आधार पर वे यह कह सके होंगे कि ये मीरांबाई के ही पद हैं और प्रामाणिक हैं।[47]

मीरां के पदों का एक विस्तृत संग्रह साधु स्वामी आनन्दस्वरूप ने भी किया। *मीरां सुधासिन्धु* शीर्षक 1957 ई. में प्रकाशित इस संग्रह में 1372 पद हैं, जिनमें से 217 पद गुजराती के भी हैं।[48] स्वामी आनन्दस्वरूप का मूल नाम दतात्रेय विट्ठलराव वडनेरकर था। उन्होंने बाल्यकाल में घर छोड़कर साधु जीवन अपना लिया। कुछ समय हिमालय में व्यतीत करने के बाद मीरां के प्रति भक्ति-भाव के कारण उन्होंने राजस्थान के चित्तौड़गढ़, भीलवाड़ा, कुम्भलगढ़ आदि को अपना कार्यक्षेत्र बनाया। यहीं रहकर उन्होंने विभिन्न स्रोतों से मीरां की रचनाएँ एकत्र कीं। आनन्दस्वरूप साधु थे, इसलिए उनका ज़ोर पदों की प्रामाणिकता पर कम, अपने संग्रह को बड़ा करने पर ज़्यादा था। उनके संग्रह में कुछ सर्वथा नये पदों के साथ मीरां के लिखित-मुद्रित पदों के लोक में प्रचलित रूप सामने आए। लोक में मीरां के नाम से प्रचलित पदों को एक जगह संकलित करने का आरम्भिक प्रयास पद्मावती शबनम ने भी किया। उन्होंने मूल और प्रामाणिक जैसी कोई कसौटी नहीं रखी।

उन्होंने पदों के पाठांतर भी संकलित किए। यह संकलन *मीरां बृहत् पद संग्रह* के नाम से 1943 ई. प्रकाशित हुआ।[49]

मीरां की रचनाएँ स्मृत और श्रुत की मौखिक भारतीय परम्परा में है, इसलिए उनसे मूल, हस्तलिखित और प्राचीन होने का आग्रह और अपेक्षा करने का कोई औचित्य नहीं है। श्रुत-स्मृत की भारतीय मौखिक परम्परा बहुत प्राचीन है और सदियों के अभ्यास से इसने स्मृति को धारण और वहन करने का एक परिष्कृत ढंग और अनुशासन विकसित कर लिया था। अधिकांश भारतीय साहित्य सदियों से इसी परम्परा में सुरक्षित रहा है। भारत के विभिन्न क्षेत्रों में ऐसी कई पेशेवर जातियाँ हैं, जिनको इस परम्परा का औपचारिक-अनौपचारिक प्रशिक्षण प्राप्त है और राज्य और समाज ने इन जातियों की आजीविका के प्रावधान किये हुए हैं। मीरां की रचनाएँ सदियों से इसी परम्परा के परिष्कृत ढंग और अनुशासन में यात्रा कर रही है। यह सही है कि भाव-विस्तार, भाषा और संगीत के आग्रह के कारण कभी-कभी इन रचनाओं में मामूली इधर-उधर हुआ है, लेकिन इस कारण ये 'ओथेंटिक' नहीं रही, यह कहना ग़लत है। 'ओथेंटिक' का आग्रह यूरोपीय परम्परा और उसकी सांस्कृतिकी में विकसित हुआ, इसलिए इस कसौटी पर मीरां की रचनाओं की परख ही युक्तिसंगत नहीं है। यह धारणा आधारहीन है कि मीरां की कविता घरों में केवल स्त्रियों तक सीमित और तिरस्कृत है, इसलिए इसको भक्ति रचनाओं के मानक संकलनों में जगह नहीं मिली। मीरां की कविता ही ऐसी कविता है जो सदियों से स्त्री-पुरुष, दोनों की ज़ुबान पर रही है। सम्प्रदायों के असम्बद्धता के कारण यह साम्प्रदायिक पोथियों में कम मिलती है, लेकिन जनसाधारण सदियों से इसका अपने दैनन्दिन जीवन में व्यवहार कर रहा है। दस्तावेज़ीकरण की चर्च में विकसित यूरोपीय परम्परा से अलग, यह 'पुरानी और जीवन्त कविता' है, इसलिए इसकी प्रामाणिकता पर विचार पोथी के दायरे से बाहर विकसित श्रुत और स्मृत की हमारी मौखिक अपनी कसौटी पर होना चाहिए।

सन्दर्भ और टिप्पणियाँ

1. विनांद एम. कैलवर्त्त, 'दि एर्लिएस्ट सोंग ऑफ़ मीरा (1503-1546)', *जर्नल ऑफ़ दि ओरियंटल इंस्टीट्यूट,* अंक-39, यूनिवर्सिटी ऑफ़ बड़ौदा, बड़ौदा, 1990, पृ. 363
2. वही, पृ. 363
3. विनांद एम. कैलवर्त्त, *दि मिलेनियम कबीर वाणी,* मनोहर, नई दिल्ली, 2000, पृ. 2
4. फ्रांसिस टैफ़्ट, 'इल्यूजिव हिस्टोरिकल मीरांबाई—ए नोट', *मल्टीपल हिस्ट्रीज़,* सम्पा. लारेंस ए बॉब, वर्षा जोशी एंड माइकेल डब्ल्यू, मिस्टर रावत पब्लिकेशन, जयपुर, 2002, पृ. 324
5. जॉन स्ट्रैटन हौली, *भक्ति के तीन स्वर,* हिन्दी से अनु. अशोक कुमार, राजकमल प्रकाशन, नई दिल्ली, 2019, पृ. 103
6. गोपीनाथ शर्मा, *भक्त मीरांबाई,* मीरां कला मन्दिर, उदयपुर, 1990, पृ. 7

7. मोतीलाल मेनारिया, *राजस्थान का पिंगल साहित्य,* हितैषी पुस्तक भंडार, उदयपुर, 1952, पृ. 64
8. हीरालाल माहेश्वरी, *राजस्थानी भाषा और साहित्य,* आधुनिक पुस्तक सदन, कलकत्ता, 1960, पृ. 295
9. पुरुषोत्तम अग्रवाल, *अकथ कहानी प्रेम की : कबीर की कविता और उनका समय,* राजकमल प्रकाशन, नई दिल्ली, तीसरा पेपरबैक संस्करण, 2021, पृ. 221
10. विनांद एम. कैलवर्त्त, 'दि एर्लिएस्ट सोंग ऑफ़ मीरा : 1503-1546', पृ. 364
11. टैफ़्ट, 'इल्यूजिव हिस्टोरिकल मीरांबाई—ए नोट', पृ. 313
12. जॉन स्ट्रैटन हौली, *भक्ति के तीन स्वर,* पृ. 127
13. *पृथ्वीराज रासो* के बंगाल की रायल एशियाटिक सोसायटी के द्वारा प्रकाशन के साथ ही रासो रचनाओं की प्रामाणिकता पर विवाद शुरू हुआ। सबसे पहले कश्मीर में डॉ. जार्ज बुल्हर ने *पृथीराज प्रबन्ध* नामक एक रचना की उपलब्धता के आधार पर *पृथ्वीराज रासो* को अप्रामाणिक बताकर इसका प्रकाशन रुकवा दिया। बाद में राजस्थान के कई विद्वान—मुरारिदान, श्यामलदास, गौरीशंकर ओझा आदि भी इस मुहिम में शामिल हो गए। उन्होंने सभी रासो रचनाओं को अप्रामाणिक घोषित कर दिया।
14. मेनारिया, 'निवेदन (भूमिका,)', *राजस्थान का पिंगल साहित्य,* पृ. 1
15. हीरालाल माहेश्वरी, 'निवेदन (भूमिका,)', *राजस्थानी भाषा और साहित्य,* पृ. ग
16. रवीन्द्रनाथ टैगोर, *विजन ऑफ़ हिस्ट्री,* अनु. सिबेश भट्टाचार्य एवं सुमिता भट्टाचार्य (शिमला : इंडियन इंस्टिट्यूट ऑफ़ एडवांस्ड स्टडी, 2003), पृ. 28
17. अज्ञेय, *गद्य रचना-संचयन,* सम्पा. कुमार विमल (नई दिल्ली : साहित्य अकादेमी, 2015), पृ. 884.
18. विशुद्ध बुस्यकुली, 'दि बुद्धिष्ट थारवेदा काउंसिल्स एंड प्रिजर्वेशन ऑफ़ बुद्धाज टीचिंग्ज़', *मनुष्य-जर्नल ऑफ़ ह्यूमेनिटीज़,* विशेषांक-4, 2002, पृ. 7
19. श्यामलदास, *वीर विनोद* (मेवाड़ का इतिहास), प्रथम भाग, मोतीलाल बनारसीदास, दिल्ली, राज यंत्रालय, उदयपुर, प्रथम संस्करण, 1886, पुनर्मुद्रण 1986, पृ. 371
20. हीरालाल जैन, *भारतीय संस्कृति में जैन धर्म का योगदान,* कला एवं संस्कृति विभाग, जयपुर, पुनर्मुद्रण 2003, पृ. 54
21. श्यामलदास, *वीर विनोद* (मेवाड़ का इतिहास), प्रथम भाग, पृ. 371
22. गौरीशंकर ओझा, *उदयपुर राज्य का इतिहास* , भाग-1, राजस्थानी ग्रंथागार, जोधपुर, प्रथम संस्करण 1928, पुनर्मुद्रण 1996-97, पृ. 359
23. देखिए, अध्याय-2 की सन्दर्भ-टिप्पणी सं. 69 एवं 70
24. *पद सूरदासजी का* की पांडुलिपि रामदास रत्न ने राजस्थान के फतेहपुर में वि.सं. 1639 (1582 ई.) कुँवर छीतरजी के पढ़ने के लिए बनाई। पांडुलिपि जयपुर राजमहल पोथीखाना से उपलब्ध हुई। पांडुलिपि में सूरदास, कबीर, नाम देव, रैदास, कान्हादास, परमानन्ददास मधुकर साह, कील्हदास, विद्यापति, भाईजन, किशोरदास, माधोदास आदि की रचनाएँ संकलित हैं। *पद सूरदासजी का* का प्रकाशन गोपालनारायण बहुरा और केनेथ ब्रायंट के सम्पादन में महाराज सवाई मानसिंह म्यूजियम, जयपुर की ओर से 1982 ई. में हुआ। प्रकाशन की ख़ास बात यह है कि इसमें मूल पांडुलिपि सचित्र दी गई है।

25. जॉन स्ट्रैटन हॉली, *भक्ति के तीन स्वर,* पृ. 127.
26. विनांद एम. कैलवर्त्त, 'दि एर्लिएस्ट सोंग ऑफ़ मीरा (1503-1546)', पृ. 364
27. ललिताप्रसाद सुकुल, 'पदावली परिचय', *मीरां स्मृति ग्रंथ* , सम्पा. सकलनारायण शर्मा, ललिताप्रसाद सुकुल आदि, बंगीय साहित्य परिषद्, कलकत्ता, 1949, पृ. झ
28. ललिताप्रसाद सुकुल, 'पदावली परिचय', पृ. झ.
29. वही, पृ. ग
30. 'मीरां पदावली', *मीरां स्मृति ग्रंथ,* पृ. 1 से 29
31. नरोत्तम स्वामी, 'मीरां पदावली की भाषा', *मीरां पदावली,* रिसर्च पब्लिकेशंस, जयपुर, 1969, पृ. 60
32. अगरचन्द नाहटा, *राजस्थान में हिन्दी के हस्तलिखित ग्रंथों की खोज,* भाग-4, साहित्य संस्थान, राजस्थान विद्यापीठ, उदयपुर, 1954, पृ. 37
33. हीरालाल माहेश्वरी, पाद-टिप्पणी-15, *राजस्थानी भाषा और साहित्य,* आधुनिक पुस्तक सदन, कलकत्ता, 1960, पृ. 295
34. उदयसिंह भटनागर, *राजस्थान में हिन्दी के हस्तलिखित ग्रंथों की खोज,* भाग-2, साहित्य संस्थान, राजस्थान विद्यापीठ, उदयपुर, 1952, पृ. 219
35. वही, पृ. 15
36. प्रभात, *मीरांबाई,* हिन्दी ग्रंथ रत्नाकर लिमिटेड, बम्बई, 1965, पृ. 242
37. कल्याणसिंह शेखावत, *मीरांवाणी,* गर्ग एंड कम्पनी, जोधपुर, 1984, पृ. 45
38. जगदीश गुप्त, 'मीरां के कुछ अप्रकाशित पद', *मीरां स्मृति ग्रंथ,* पृ. 141
39. ब्रजभूषण सिंहल, सम्पा., *मेरे तो गिरधर गोपाल*—मीरांबाई की मूल पदावली, भारतीय विद्या मन्दिर, बीकानेर, 2008, पृ. 374
40. प्रभात द्वारा उनकी पुस्तक *मीरांबाई,* पृ. 519 के बाद में मूल पांडुलिपि में चित्रों के रूप संकलित हैं।
41. ब्रजभूषण सिंहल, सम्पा., *मेरे तो गिरधर गोपाल,* पृ. 379
42. कल्याणसिंह शेखावत, 'सम्पादकीय', *मीरां बृहत्पदावली,* भाग-2, राजस्थान प्राच्यविद्या प्रतिष्ठान, जोधपुर, 1975, पृ. 1
43. नागरीदास, *नागरीदास ग्रंथावली,* भाग-2, सम्पा. किशोरीलाल गुप्त, नागरी प्रचारिणी सभा, वाराणसी, 1955, पृ. 363
44. प्रभात, *मीरां-जीवन और काव्य,* राजस्थानी ग्रंथागार, जोधपुर, 1999, पृ. 463
45. हरिनारायण पुरोहित, 'भूमिका', *मीरां बृहत्पदावली,* भाग-1, राजस्थान प्राच्यविद्या प्रतिष्ठान, जोधपुर, 1968, पृ. 1
46. नारायणसिंह भाटी, 'मीरां प्रकरण', *परम्परा*-63-64, विद्याभूषण हरिनारायण पुरोहित, राजस्थानी शोध संस्थान, जोधपुर, पृ. 49
47. सत्येंद्र, 'प्रस्तावना', *मीरां बृहत्पदावली,* भाग 2, राजस्थान प्राच्यविद्या प्रतिष्ठान, जोधपुर, 1975, पृ. 83
48. स्वामी आनन्द स्वरूप, *मीरां सुधासिन्धु,* मीरां प्रकाशन समिति, यतीन्द्र सहित्य सदन, भीलवाड़ा, 1957, पृ. 91
49. पद्मावती शबनम, *मीरां बृहत् पद संग्रह,* लोक सेवक प्रकाशन, बनारस, 1943

अध्याय-6

संगतता का आग्रह

मीरां की उपलब्ध और प्रचलित कविता का भाव और भाषा का वैविध्य संगति और एकरूपता के संस्कार और आदत वाली पश्चिमी विद्वत्ता को विचित्र लगता है। मीरां की कविता में राम-कृष्ण, सगुण-निर्गुण, दांपत्य, अध्यात्म, रहस्य, रोमांस, भक्ति आदि सब एक साथ और एकाधिक भाषाओं में है। पश्चिमी विद्वत्ता को लगता है कि यह लोक में प्रचलित मीरां की एकाधिक छवियों के कारण है और 'वास्तविक' या 'आरभिक' मीरां इससे अलग है। यह अपने 'ओथेंटिक' के औजार से इसकी खोज का दावा भी करती है। मीरां की कविता 'पुरानी लेकिन जीवित कविता' है, इसलिए इसमें वैविध्य बहुत स्वाभाविक है। श्रुत और स्मृत पर निर्भर, भारत के अलग-अलग क्षेत्रों में लगभग दस-बारह शताब्दियों तक निरन्तर चलने वाला भक्ति-आन्दोलन अपनी प्रकृति में ही बहुवचन है। इतन लम्बे समय तक और इतनी अलग-अलग समाजिक-सांस्कृतिक इकाइयों में जारी रहने वाले भक्ति-आन्दोलन में सक्रिय कवियों की कविता में 'संगतता' की अपेक्षा करना युक्तिसंगत नहीं है। 'बहुलतावादी अन्तश्चेतना' भारतीय सांस्कृतिक अनुभव में अन्तर्निहित है, लेकिन 'संगतता' या एकरूपता पश्चिमी विद्वत्ता के 'ओथेंटिक' की अर्हताओं में सम्मिलित है, इसलिए यह हमारी कविता में भी वही खोजती है और जब यह वहाँ नहीं मिलती. तो उसके लिए इस कविता की प्रामाणिकता सन्दिग्ध हो जाती है। एकायामी, शास्त्र निर्भर और साम्प्रदायिक कविता में 'संगतता' मिल जाएगी, लेकिन मीरां की लोक में पली-बढ़ी कविता शास्त्र, संहिता, साम्प्रदायिक मत-मतांतरों से ऊपर और अलग है और इसमें वो सब है जो एक स्वतंत्रचेता और आत्मनिर्भर मनुष्य की बहुवचन समझ और विवेक में होता है। मीरां की कविता का भाषिक वैविध्य भी बहुत स्वाभाविक है, लेकिन यह भाषाओं के औपनिवेशक वर्गीकरण और विभाजन की स्मृति की समझ के कारण हमें विविध और अटपटा दिखाई पड़ता है।

1

'संगतता' पाठानुसन्धान की एक कसौटी है, लेकिन मीरां के जैसे मध्यकालीन संत-भक्तों की कविता पर इसका इस्तेमाल उसकी बहुवचनात्मक प्रकृति को ध्यान में रखकर बहुत सावधानी से होना चाहिए। भक्ति साहित्य का प्रसिद्ध पाठानुसन्धान-कर्ता जॉन स्ट्रैटन हौली ने यह ध्यान में रखे बिना मीरां की कविता के पाठानुसन्धान में इसका इस्तेमाल किया। हौली का मीरां की पांडुलिपियों पर एकाग्र यह आलेख उनकी किताब *थ्री भक्ति वायसेज*[1] (2005 ई.) के हिंदी अनुवाद *भक्ति के तीन स्वर*[2] (2019 ई.) में 'पांडुलिपि में मीरां' नाम से संकलित है। यह आलेख कुछ हद फ्रांसिस टैफ़्ट के आलेख 'इल्यूजिव हिस्टोरिकल मीरा—ए नोट'[3] की इस धारणा का प्रत्याख्यान है कि मीरां सर्वथा अनैतिहासिक है, लेकिन आलेख में यह बात हौली ने बहुत किन्तु-परन्तु के साथ कही है। मीरां के ऐतिहासिक अस्तित्व को लेकर संशय उनके में मन फिर भी है और उन्होंने अपने को इस सम्बन्ध में 'संशयवादी' कहा भी है। हालाँकि वे अपनी उस धारणा में कि "इतिहास का ऐसा कोई खाका नहीं है, जिससे मीरां को जोड़ा जा सके।"[4] कुछ नये उपलब्ध साक्ष्यों के आधार बदलाव के लिए प्रस्तुत लगते हैं, लेकिन फिर भी उनका निष्कर्ष बहुत निश्चयात्मक नहीं है। वे लिखते हैं :

> अगर क़ानून के शब्दों में शल्यक्रिया करूँ, तो मैं इस मामले में संशयवादी हूँ। बल्कि मेरा कहना यह है कि अगर हम अपने ज्ञान के स्रोतों पर इस ऊँचे मक़सद से गहरी दृष्टि डालें कि उन स्रोतों को कब और कैसे दिनांकित किया जा सकता है, तो इससे धारणा बनती है कि मीरांबाई के बारे में सचमुच क्या महत्त्वपूर्ण है—उनकी स्मृति, न कि उनकी ऐतिहासिकता? लेकिन उस स्मृति की एक सबसे दिलचस्प विशेषता है उसकी ऐतिहासिकता की आनुषंगिता की दिशा—अभिग्रहण, अवधारणा और प्रस्तुतीकरण के इतिहास के रूप में उसका विकास।[5]

हौली मीरां की 'वास्तविक' छवि की तलाश में, उसकी विभिन्न स्रोतों में उपलब्ध प्राचीनतम 'ओथेंटिक' छह रचनाओं तक पहुँचते हैं। उनका 'ओथेंटिक' आग्रह इतना सख़्त है कि वे एक के बाद सभी स्रोतों को अप्रामाणिक घोषित करते जाते हैं। यहाँ तक कि डाकोर की वि.स. 1642 (1585 ई.) की 69 पदों वाली चर्चित और विवादित पांडुलिपि में भी वे 'हिन्दी/हिन्दू राष्ट्रवाद'[6] की, जिसके सम्बध में इसके अन्वेषी ललिताप्रसाद शुक्ल ने सोचा तक नहीं होगा, साज़िश भी ढूँढ़ लेते हैं। उनकी अन्वेषित या एकत्र ये छह रचनाएँ पश्चिमी विद्वत्ता की प्रामाणिकता की अन्य सभी कसौटियों के साथ 'संगतता' की कसौटी पर भी खरी उतरती है। हौली लिखते हैं :

> फिर भी तमाम सीमाओं के बावजूद 16वीं-17वीं सदी की कविताओं के इस छोटे-से संकलन के आधार पर 'प्रारम्भिक मीरांबाई' के बारे में छवियाँ गढ़ने की कोशिश की जानी चाहिए। आख़िर इनमें संगतता का तत्त्व है और यह ठीक वैसी नहीं है जो मीरांबाई के आज के उससे कहीं ज़्यादा पर्याप्त कोश के अध्ययन से उभरती है, जिसे हम उनका मानते हैं।[7]

उनके अनुसार इनमें संगतता यह है कि :

> उनमें प्रेम पर ज़ोर दिया गया है। यह एक रोग है, जलन है, इसे हमेशा कृष्ण से नहीं जोड़ा जाता। ...इन कविताओं में बस वे प्रेमी हैं, और कुछ नहीं।[8]

इस तरह हौली 'वास्तविक और 'आरम्भिक मीरां' को केवल प्रेम और विरह तक सीमित कर देते हैं और उसकी अन्य सभी उपलब्ध और प्रचलित जागतिक और आध्यात्मिक चिन्ता और सरोकारवाली रचनाएँ सन्दिग्ध हो जाती हैं। हौली की यह क़वायद हमें लोक से रची-बसी ऐसी दुनिया में मीरां तक ले जाती है, जिसका निरन्तर जीवित मीरां से कोई सम्बन्ध नहीं है।

2

मीरां की उपलब्ध और प्रचलित रचनाओं में संगति और एकरूपता का अभाव पश्चिमी विद्वत्ता के किसी मत-मतांतर या आधुनिक विचार के रूपक और रूढ़ि में मिसफिट होने के कारण लगता है। पश्चिमी विद्वत्ता की मुश्किल यह है कि मीरां की प्रचलित रचनाएँ मध्यकालीन मत-मतांतरों और सम्प्रदायों तथा अब आधुनिक विचारधाराओं की तयशुदा रूढ़ियों और रूपकों के अनुशासन या साँचों-खाँचों में नहीं आतीं। उसकी कविता की एक पंक्ति है—*कोई निन्दौ कोई बिंदौ, मैं तो चलूँगी चाल अपूठी*। मतलब यह कि कोई निन्दा करे या सराहना, मैं 'अपूठी' चलूँगी। 'अपूठी' का मतलब है—उल्टा या विमुख। अपने इस निश्चय के कारण मीरां का जीवन और कविता रूढ़ि से अलग और रूपक से बाहर है। रूपक निर्मिति या संरचना है—उसमें ज़ोर व्यवस्था और एकरूपता पर होता है। अलग, आगे, हटकर और अतिरिक्त के लिए उसमें जगह मुश्किल से ही निकलती है। इस सबकी इसमें या तो अनदेखी होती है या काट-छाँट। मनुष्य का रूपकीकरण सम्भव नहीं है, क्योंकि इधर-उधर, आगे-पीछे, अलग और अतिरिक्त, ये सब मनुष्यता के बुनियादी गुणधर्म हैं। रूपक में ढलने या ढालने के दौरान किसी मनुष्य के अस्तित्व में जैसे ही हमें इधर-उधर के अतिरिक्त कुछ दिखता है, तो लगता है, यह अन्तर्विरोध या

विसंगति है। यदि कोई मनुष्य है, तो यह सब होना उसके मनुष्य होने में शामिल है। रूपकों की आदत और संस्कार से सोचने वालों को इसलिए मीरां की उपलब्ध रचनाएँ अटपटी लगती हैं और इस कारण वह इसमें संगतता खोजने की क़वायद में जुटती है। प्रचलित रचनाओं में उनके वांछित रूपक में सीमित मीरां से अलग इधर, उधर, अलग और अतिरिक्त मनुष्य मीरां है। यह अलग-अलग रूपकों में ढली हुई सीमित और कटी-छँटी केवल भक्त या केवल विद्रोही या केवल प्रेमी या केवल पवित्रात्मा या केवल सामन्त मीरां नहीं है। यह एक साथ सामन्त, विद्रोही, भक्त, प्रेमी, पवित्रात्मा, कवयित्री आदि है। दरअसल एक मनुष्य के अस्तित्व में जो होता है, मीरां की रचनाओं में वो सब है। पश्चिमी विद्वत्ता कभी मीरां को विद्रोह की रूढ़ि में ही देखना चाहती, जबकि कभी उसकी अपेक्षा यह है कि वह पितृसत्तात्मक अन्याय और उत्पीड़न के रूपक में हो। मीरां ने विद्रोह नहीं किया, ऐसा नहीं है। मीरां ने विद्रोह किया, लेकिन यह एक सामान्य पारिस्थितिक विद्रोह था। इसको किसी साँचे-खाँचे के विद्रोह की तरह देखना-समझना ग़लत होगा। यह विद्रोह की निर्धारित सैद्धान्तिकी का सत्ता के विरुद्ध स्थायी प्रतिरोध जैसा विद्रोह नहीं है। इसे वैसा बनाने के लिए काट-छाँट और जोड़-बाक़ी करनी पड़ेगी, जो उसके असल विद्रोह को ही बदल देगी। विमर्श की सैद्धान्तिकी के अनुसार स्त्री के दुःख का कारण पितृसत्तात्मक अन्याय और उत्पीड़न है। मीरां इसके सिद्धान्तकारों को इसी रूपक में जँचती है। यह सही है कि हम पितृसत्तात्मक समाज हैं, लेकिन हम यह भूल जाते हैं कि यूरोप की एकरूप पितृसत्ता की तुलना में हमारे यहाँ यह कई रूप लिये हुए है। पितृसत्ता भी यदि एक सांस्कृतिक संरचना है, तो इसकी सार्वभौमिक और सार्वकालिक पहचान कैसे सम्भव है? हमें यह तो देखना ही पड़ेगा कि कौन-सा पितृसत्तात्मक समाज स्त्री को मनुष्य होने की जगह ज़्यादा देता है? मीरां का कृष्ण से प्रेम उसकी पति से नाराज़गी के कारण नहीं है। यह पारम्परिक भक्ति संस्कार के कारण है, इसलिए पारिस्थितिक है। मीरां जिस पितृसत्तात्मक समाज में है, वही उसे मीरां होने का साहस भी देता है और उसके इस साहस का सदियों तक सम्मान भी करता है। रूपक में सुविधा होती है, उसका सम्मोहन भी होता है, लेकिन कई बार इसकी तांत्रिक ज़रूरतें आपको बहुत ग़लत और आधारहीन निष्कर्षों पर पहुँचा देती है। आपको पता ही नहीं लगता है कि आप वहाँ पहुँच गए हैं, जो है ही नहीं।[९]

3

संगति या एकरूपता के लिए मीरां को किसी एक भाव या उसकी रूढ़ि में सीमित कर देना ग़लत है। मीरां की कविता का भाव वैविध्य भक्ति-आन्दोलन के स्वभाव,

उसकी लोकव्याप्ति और उसकी किसी शास्त्र, मत और सम्प्रदाय से असम्बद्धता के कारण है। मीरां की श्रुत और स्मृत निर्भर रचनाएँ अपनी प्रकृति और स्वर में बहुवचन हैं और यह भारतीय भक्ति-आन्दोलन के बुनियादी स्वभाव भी हैं। भक्ति-आन्दोलन में सक्रिय कोई भी संत-भक्त केवल किसी एकायामी विचार, मत या पंथ में सीमित नहीं है। भक्ति-आन्दोलन में अक्सर ऐसा हुआ है कि संत-भक्तों को पंथ-मतों के दायरे में उनकी सक्रियता और स्वीकार्यता के बाद लाया गया। पंथ और सम्प्रदाय हमेशा संत-भक्तों के अविर्भाव, सक्रियता और मान्यता के बाद अस्तित्व में आए। मीरां के सम्बन्ध में भी यही सच है। उसके अपने जीवनकाल में उसको सम्प्रदाय और मत-मतांतरों में बाँधने या सम्मिलित करने के प्रयास हुए। वल्लभ सम्प्रदाय से उसके सम्बन्ध करने के प्रयासों के तो वार्ता ग्रंथों में प्रामाणिक उल्लेख मिलते हैं।[10] पोथियों-पांडुलिपियों में मीरां का स्वर बहुवचनात्मक नहीं है, जबकि लोक में उपलब्ध श्रुत और स्मृत रचनाएँ अपने स्वर में पूरी तरह से बहुवचनात्मक हैं, जो भक्ति-आन्दोलन और मीरां का अपना बुनियादी स्वर और स्वभाव भी है।

एक-दूसरे से अलग माने जाने वाले सगुण-निर्गुण, प्रेम-ज्ञान, कृष्ण-राम, भक्ति-योग आदि उसकी कविता में एक साथ हैं। यह बहुत स्वाभाविक है और भक्ति-आन्दोलन की अपनी बहुवचनात्मक संस्कृति के कारण है। 'संगतता' के पश्चिमी संस्कार और आरम्भिक अभ्यास करनेवाले हिन्दी विद्वानों के लिए मीरां की कविता इस सम्बन्ध में चौंकाने वाली थी। रामचन्द्र शुक्ल सहित कई आरम्भिक आधुनिक विद्वानों ने मीरां की भक्ति को माधुर्य भाव की श्रेणी में रख दिया। रामचन्द्र शुक्ल ने लिखा कि "मीरांबाई की उपासना 'माधुर्य भाव' की थी अर्थात् वे अपने इष्टदेव की उपासना प्रियतम या पति के रूप में करती थी।"[11] रामचन्द्र शुक्ल के वैदुष्य के कारण मीरां की कविता पर माधुर्य भाव का यह 'टैग' हिन्दी में रूढ़ि बन गया। उनकी रचनाओं का अनुसन्धान और आलोचना करनेवाले विद्वानों ने कृष्णलीला और माधुर्य भाव से इतर उसकी रचनाओं को अप्रामाणिक ठहरा दिया। डाकोर की प्राचीन प्रति के अन्वेषी ललिताप्रसाद सुकुल के मन में भी यह सन्देह था। उन्होंने लिखा :

> गिरधर नागर की विरहिणी मीरां रघुवीर के विरह में व्याकुल चित्रित की गई हैं। क्या यह भी नये सिरे से सिद्ध करना होगा कि मीरां की भक्ति 'कांता भाव' की थी? कृष्ण को छोड़कर यह कांत भाव की भक्ति क्या मर्यादा पुरुषोत्तम राम के चरित्र के साथ जोड़ी जा सकती है?[12]

उन्होंने आगे मीरां की ऐसी रचनाओं के सम्बन्ध में स्पष्ट कहा :

> इससे न तो मीरां की भक्ति का उत्कर्ष ऊँचा उठता है और न राम की पतित-पावनता ही अधिक निखरती है। इसे तो यदि भ्रष्ट प्रयोग ही कहा जाए तो अनुचित न होगा।[13]

मीरां के एक और आरम्भिक अध्येता कृष्णलाल की धारणा भी यही थी। उनका मानना है :

> मीरां के सम्बन्ध में प्रसिद्ध कुछ जनश्रुतियों से भी स्पष्ट है कि मीरां अपने प्रौढ़ वय और अन्तिम काल में गिरधर नागर भगवान कृष्ण की लीलाओं का माधुर्य भाव से गान करती थी। वृंदावन में जीव गोस्वामी (अथवा रूप गोस्वामी) की फटकार और मिलन वाली जनश्रुति से भी मीरां के माधुर्य भाव को स्वीकृति मिलती है और द्वारका में रणछोड़ जी के मन्दिर की मूर्ति के सामने नाचते-गाते विलीन हो जाने की जनश्रुति से भी मीरां के माधुर्य भाव और कृष्णलीला के पदगान को ही स्वीकृति मिलती है। उपर्युक्त जनश्रुतियाँ चाहे सत्य न हों, फिर भी इसमें तो सन्देह नहीं कि साधारण भक्त जनता मीरां को भी इसी रूप में मानती चली आ रही है। मीरां माधुर्य भाव की भक्ति का प्रतीक है। अस्तु, विषय एवं भावाभिव्यक्ति की दृष्टि से कृष्णलीला के माधुर्य भाव से पूर्ण पद ही मीरां की सर्वाधिक प्रामाणिक रचनाएँ मानी जा सकती हैं।[14]

8

भक्ति-आन्दोलन के दौरान भक्ति का जो रूप विकसित हुआ, वह सरलीकृत और बहुवचन था। भक्ति-आन्दोलन की व्याप्ति सम्पूर्ण देश में थी और इस दौरान क्षेत्रीय सांस्कृतिक ज़रूरतों के तहत भक्ति का जो लोकरूप बना, वह शास्त्रीय भक्ति के पारम्परिक साँचों-खाँचों से निकलकर सरल हो गया था। संगति और एकरूपता के आग्रही आरम्भिक आधुनिक विद्वानों ने भक्ति को सगुण-निर्गुण, प्रेम-ज्ञान, भक्ति-योग आदि के साँचों-खाँचों में बाँटकर संत-भक्तों की जो पहचान बनाई, वह आधी-अधूरी है। मीरां के साथ भी यही हुआ। मीरां की लोकभक्ति को साँचों-खाँचों में विभाजन सम्भव नहीं था। आरम्भिक अध्येताओं ने यह महसूस भी किया। संत साहित्य के विख्यात अध्येता परशुराम चतुर्वेदी को मीरां की कविता ने मुश्किल में डाल दिया। वे इस दुविधा में पड़ गए कि मीरां को संत मानें या भक्त? उन्होंने पहले लिखा :

> दूसरे प्रकार के पद वे हैं, जिनका वर्ण्य विषय संतमत द्वारा प्रभावित जान

> पड़ता है और जिनमें न केवल 'साहब', 'सुरति', 'नाम', 'सुखमणा', 'सहज' एवं 'निरंजन' जैसे अनेक शब्दों के प्रयोग मिलते हैं; अपितु जिनमें ऐसी कई बातें प्रचुर मात्रा में मिल जाती हैं, जिनके कारण मीरांबाई को संतमतानुसारिणी कहने की प्रवृत्ति हुए बिना नहीं रहती।[15]

लेकिन आगे मीरां की दूसरी कई माधुर्य भाव की रचनाओं के आधार पर अपने इस विचार का खंडन उन्होंने स्वयं ही यह कहकर कर दिया :

> इस प्रकार की धारणा को प्रश्रय देना हमें युक्तिसंगत जान नहीं पड़ता।[16]

भक्ति-आन्दोलन के दौरान भक्ति का एक सरल लोकरूप विकसित हुआ, जिसमें भक्ति के शास्त्रीय और सांस्थानिक रूप घुल-मिलकर आसान हो गए। लोक की भक्ति में सगुण-निर्गुण, प्रेम-ज्ञान, भक्ति-योग, राम-कृष्ण आदि सब एकरूप हो गए और इनको लेकर इसमें कोई परहेज़ और भेदभाव भी नहीं था। लोक में भक्ति का मतलब आचार-विचार में सच्चाई, दया, करुणा, त्याग, वैराग्य, सत्संग, तीर्थाटन, पूजा-अर्चना, व्रत-उपवास आदि था। मीरां की भक्ति यही लोकभक्ति है। उसका सगुण-निर्गुण, संत-भक्त, ज्ञान-प्रेम, राम-कृष्ण आदि में विभाजन और वर्गीकरण ग़लत है। उसकी कविता में राम, रमैया, योग आदि इसी कारण हैं। उसके यहाँ राम और कृष्ण, दोनों ईश्वर हैं, दोनों एकरूप हैं, इसलिए दोनों उसके प्रेम के उपादान और पूजनीय है। वह सगुणोपासक है, लेकिन गाहे-बगाहे निर्गुण को भी साध लेती है। उसके यहाँ सगुण-निर्गुण एक-दूसरे में घुल-मिल गए हैं। उसके यहाँ *आवो मनमोहना जी मीठा थारा बोल* भी है और *चालो अग़म के देस* भी है। ख़ास बात यह है कि वह ऐसी संत-भक्त है जो कहती है *ओलूं थारी आवै हो महाराजा अबिनासी।*

मीरां की कविता में भाव-विविधता उसकी लोकव्याप्ति के कारण भी है। भक्ति-आन्दोलन में क्षेत्रीय सांस्कृतिक ज़रूरतों के तहत भक्ति के कई मत-मतांतर और धारणाएँ अस्तित्व में आईं। मीरां की हैसियत एक सामन्त स्त्री की थी, इसलिए उसका संत-भक्त रूप ख़ूब लोकप्रिय हुआ। मतों-सम्प्रदायों और इनकी विभिन्न धारणाओं के अनुसार उसकी रचनाओं का रूपांतरण भी ख़ूब हुआ। आरम्भ में मत-मतांतर और सांस्थानिक नहीं थे, लेकिन आगे चलकर ये सांस्थानिक भी हो गए। इनमें द्वेष तो नहीं था, लेकिन वर्चस्व के विस्तार की स्पर्धा और आग्रह इनमें बाद में बढ़ गए। मीरां की रचनाएँ कृष्ण-भक्ति और रामभक्ति, दोनों सम्प्रदायों में लोकप्रिय थीं, इसलिए इनके आग्रहों और धारणाओं के अनुसार इनमें कुछ रद्दोबदल भी हुए।

5

मीरां की कविता में भाषायी संगति और एकरूपता नहीं है, जो बहुत स्वाभाविक है, लेकिन भारतीय भाषाओं की औपनिवेशिक समझ पर निर्भर पश्चिमी विद्वत्ता को इस कारण मीरां की प्रामाणिकता सन्दिग्ध लगती है। मीरां की रचनाएँ आज के हिसाब से राजस्थानी के साथ गुजराती, ब्रज आदि में भी मिलती हैं और इसमें एक साथ गुजराती, ब्रज, राजस्थानी आदि का मिला-जुला रूप भी मिलता है। दरअसल मीरां की कविता में भाषायी वैविध्य हमें भाषायी वर्गीकरण और विभाजन की औपनिवेशिक समझ के कारण दिखाई पड़ता है। उपनिवेशकाल से पहले तक जब भारतीय भाषाओं को औपचारिक पहचान नहीं मिली थी, तब यहाँ का भाषायी परिदृश्य अलग था। यहाँ की भाषाएँ और बोलियाँ एक-दूसरे से इस तरह से सम्बद्ध थीं कि इनको पृथक् और वर्गीकृत करना कठिन था। भारत के भाषा सर्वेक्षण के दौरान जार्ज ग्रियर्सन को इसी तरह की मुश्किल का सामना करना पड़ा। उनसे पहले तक तो यूरोपीय विद्वान एक-दूसरे से भिन्न चरित्र और स्वभाव वाली भारतीय भाषाओं की भी इनकी परस्पर सम्बद्धता के कारण सदियों तक कोई अलग पहचान नहीं बना पाए। लम्बे समय तक शब्द समूह की समानता के आधार पर कतिपय दक्षिण भारतीय भाषाओं को भी संस्कृत से उत्पन्न माना जाता रहा।[17] जार्ज ग्रियर्सन ने खींच-खाँचकर भारतीय भाषाओं का जो वर्गीकरण और विभाजन किया, उससे पहली बार भाषाओं को एक-दूसरे से अलग पहचान मिली। विडम्बना यह है कि खींच-खाँचकर कर किया गया वर्गीकरण और विभाजन तो हमारी भाषायी समझ का हिस्सा हो गया, लेकिन भारतीय भाषाओं की परस्पर घनिष्ठ सम्बद्धता सम्बन्धी कई बातें जो सर्वेक्षण के दौरान सामने आईं, उन पर कम लोगों का ध्यान गया। मीरां की कविता के भाषायी वैविध्य को भारतीय भाषाओं की इस परस्पर सम्बद्धता से अच्छी तरह समझा जा सकता है।

भारतीय भाषाएँ एक-दूसरे से इस तरह जुड़ी हुई हैं कि वे एक-दूसरे से कहाँ और कैसे अलग होती हैं, यह तय करना मुश्किल काम है। अक्सर वे दूसरी भाषा की सीमा शुरू होने से पहले ही उसके जैसी होने लगती हैं। ग्रियर्सन ने भी सर्वेक्षण के दौरान यह महसूस किया। उसने इसके प्रतिवेदन के पूर्व कथन में भारत में क्षेत्रीय भाषाओं की सीमाओं की चर्चा करते हुए लिखा :

> सामान्यत: जब तक विशेष रूप से जाति (रेस) एवं संस्कृति में अन्तर न हो या बड़ा पहाड़ या प्राकृतिक बाधा उपस्थित न करे, तब तक भारतीय भाषाएँ एक-दूसरे में विलीन हो जाती हैं।[18]

मीरां की कविता की भाषा में गुजराती, राजस्थानी, ब्रज आदि अलग-अलग

भाषाएँ नहीं हैं। ये एक ही भाषा के क्षेत्रीय रूप हैं, जो कुछ दूर चलकर एक-दूसरे में विलीन हो जाते हैं। मीरां ने पर्याप्त देशाटन किया, इसलिए उसकी भाषा में एक ही भाषा के एक-दूसरे सम्बद्ध और एक-दूसरे में घुले-मिले क्षेत्रीय रूप हैं, जो अब औपनिवेशिक भाषायी समझ के कारण हमें अलग भाषाओं के रूप में दिखाई पड़ते हैं।

भारत में भाषा के क्षेत्रीय रूपों को पहचान देने का आग्रह उपनिवेशकाल से पहले तक लगभग नहीं था। भाषा का क्षेत्रीय वैशिष्ट्य यहाँ सदियों से है, लेकिन इसके आधार पर पृथक् भाषायी पहचान का आग्रह यहाँ कभी नहीं रहा। अपनी भाषा की अलग पहचान और उसके नामकरण की सजगता यहाँ लगभग नहीं थी। भाषाएँ यहाँ इस तरह एक-दूसरे से जुड़ी और एक-दूसरे में घुली-मिली थीं कि इनको अपनी अस्मिता के साथ जोड़ कर देखना सम्भव नहीं था। भाषा को अपनी अस्मिता का हिस्सा बनाने का चलन यहाँ उपनिवेशकाल के बाद शुरू हुआ। भारतीय भाषाओं को उनकी क्षेत्रीय विशेषताओं के आधार पर पहली बार वर्गीकृत और विभक्त करनेवाले जार्ज ग्रियर्सन ने भी भाषा के मामले में भारतीयों के इस ख़ास नज़रिये को लक्ष्य किया। उन्होंने सर्वेक्षण के अपने प्रतिवेदन के पूर्वकथन में एक जगह लिखा :

> एक सामान्य भारतीय ग्रामीण यह नहीं जानता कि जिस बोली को वह बोल रहा है, उसका नाम भी है। वह अपने यहाँ से पचास मील की दूरी पर बोली जानेवाली बोली का नाम तो बता सकता है, किन्तु जब उसकी बोली का नाम पूछा जाता है तो वह कह उठता है कि—ओह, मेरी बोली का तो कुछ नाम नहीं है, यह तो विशुद्ध भाषा है।[19]

भारत में देशभाषा अथव बोलियों की नाम-संज्ञाओं को मान्यता और स्वीकृति उपनिवेशकाल में मिली। यहाँ के लोग अपनी भाषा को देशभाषा या बोली कहते थे या फिर दूसरे लोग उसका क्षेत्र के आधार पर कोई नाम कौशली, गुजराती आदि रख देते थे। मीरां की कविता की लोकप्रियता उत्तर भारत के बड़े भूभाग में थी, इसलिए इस भाषा की अलग-अलग क्षेत्रीय विशेषताएँ तो इसमें आ गई थीं, लेकिन इन क्षेत्रीय विशेषताओं को अलग भाषायी पहचान का दर्ज़ा उपनिवेशकाल में मिला और बाद में यह चलन में भी आ गया। मीरां की कविता, भाषा में उस क्षेत्र के उच्चारण आदि की तमाम क्षेत्रीय विशेषताएँ हैं, जहाँ यह चलन में थी। अब यही विशेषताएँ मुखर होकर अस्मिता का हिस्सा हो जाने के कारण हमें अलग भाषाओं के रूप में दिखाई पड़ती हैं।

पन्द्रहवीं-सोलहवीं सदी की मीरां की कविता को आज की राजस्थानी, गुजराती, ब्रज आदि भाषायी पहचानों में देखना ग़लत है। यह तय है कि उत्तर भारतीय देश-

भाषा की क्षेत्रीय पहचानों का विकास बहुत पहले शुरू हो गया था। उद्योतन सूरि की आठवीं सदी की रचना *कुवलयमाला* के अनुच्छेद 242 में 18 देशी भाषाओं का क्षेत्रीय विशेषताओं के साथ सोदाहरण नामोल्लेख हैं, लेकिन ख़ास बात यह है कि यहाँ ये पृथक् अस्तित्व वाली भाषाओं के रूप में उल्लिखित नहीं हैं। यहाँ भाषा एक है, लेकिन यह अलग-अलग क्षेत्रीय विशेषताओं के साथ बोली जा रही है।[20] दरअसल मीरां के समय पन्द्रहवीं-सोलहवीं सदी में राजस्थान, गुजरात, ब्रज, मालवा आदि में जो भाषा इस्तेमाल हो रही थी, वह कुछ क्षेत्रीय विशेषताओं को छोड़कर लगभग एक थी। जार्ज ग्रियर्सन ने भी उपनिवेशकाल में भाषाओं का वर्गीकरण और विभाजन तो किया, लेकिन वह इस सच्चाई से परिचित था कि क्षेत्रीय भिन्नताओं के साथ तमाम उत्तर भारत में एक ही भाषा इस्तेमाल होती थी। सर्वेक्षण के दौरान वह भी इस निष्कर्ष पर पहुँचा कि :

> राजपूताना, मध्यभारत तथा गुजरात के विस्तृत क्षेत्रों में दैनिक जीवन में व्यवहृत शब्द एवं शब्दसमूह प्राय: समान हैं। हाँ, उच्चारण में अन्तर अवश्य है। इस प्रकार यह कहा जा सकता है और सामान्य लोगों का विश्वास भी यही है कि गंगा के समस्त कांठे में, बंगाल और पंजाब के बीच, अपनी अनेक स्थानीय बोलियों सहित केवल एक मात्र प्रचलित भाषा हिन्दी ही है।[21]

इस भाषा की अलग-अलग और स्पष्ट क्षेत्रीय पहचानें बहुत बाद में विकसित हुईं। ख़ास बात यह है कि इनका पृथक् भाषिक पहचानों के रूप में विभाजन और वर्गीकरण तो आगे चलकर उपनिवेशकाल में जार्ज ग्रियर्सन ने किया। गुजराती साहित्य के एक विशेषज्ञ आई.जे.एस. तारपुरवाला ने पन्द्रहवीं-सोलहवीं सदीं में मीरां की कविता के भाषिक वैविध्य के कारणों की बहुत युक्तिसंगत पड़ताल की है। उनके अनुसार :

> मीरां पर गुजरात, राजपुताना और पूरा मथुरा क्षेत्र अपना दावा करता है, लेकिन जिस समय में वह जी रही थी, उस समय इन क्षेत्रों में केवल एक ही भाषा—पुरानी गुजराती या पुरानी पश्चिमी राजस्थानी प्रचलित थी, इसलिए कोई आश्चर्य नहीं कि उनके पद अब उन तमाम क्षेत्रीय भाषाओं में मिलते हैं, जिन्होंने इस भाषा का स्थान ले लिया था।[22]

दरअसल हुआ यही है कि मीरां के पद राजस्थान, गुजरात, मालवा, ब्रज आदि में उस समय लगभग समान रूप से व्यवहृत भाषा में हुए, लेकिन जैसे-जैसे क्षेत्रीय भाषिक इकाइयों का पृथक् विकास हुआ, ये पद इन इकाइयों के अनुसार राजस्थानी, ब्रज, गुजराती आदि में ढलते गए।

मीरां की कविता आज के हिसाब से, राजस्थानी के बाद सबसे अधिक गुजराती और ब्रज में मिलती है। राजस्थानी में तो ठीक है, लेकिन कुछ विद्वानों को उसकी कविता के गुजराती और ब्रज में होने पर आपत्ति है। यह इसलिए है, क्योंकि हम मीरां की कविता को आज की भाषायी पहचानों में देखना-समझना चाहते हैं। यह ग़लत है। मीरां के पदों की मूल भाषा अपभ्रंश की अन्तिम अवस्था में विकसित वह देश-भाषा है, जिसका व्यवहार कुछ विशेषताओं के साथ लगभग तमाम उत्तर भारत में होता था। मध्यकालीन वैयाकरणों ने इस भाषा का नाम सब जगह देश-भाषा ही प्रयुक्त किया है। एल.पी. तेस्सीतोरी आदि कतिपय आधुनिक विद्वानों ने इसको 'पुरानी पश्चिमी राजस्थानी', या 'जूनी या पुरानी गुजराती' आदि नाम भी दिये हैं। दरअसल पन्द्रहवीं-सोलहवीं सदी में राजस्थानी, गुजराती और ब्रज अलग भाषाएँ नहीं हैं और आगे उपनिवेशकाल तक ये एक ही भाषा की अलग-अलग बोलियाँ हैं। जार्ज ग्रिग्रर्सन के बाद इन भाषाओं की उत्पत्ति और पहचान पर पहली बार विस्तार से विचार करनेवाले एल. पी. तेस्सीतोरी (1887-1919 ई.) के शब्दों में :

> प्राचीन पश्चिमी राजस्थानी शौरसेन अपभ्रंश की पहली संतान है और साथ ही उन आधुनिक बोलियों की माँ है, जिनको गुजराती तथा मारवाड़ी के नाम से जाना जाता है।[23]

आगे वे कई प्राचीन रचनाओं के साक्ष्य से इस निष्कर्ष पहुँचे कि :

> जिस भाषा को मैं 'प्राचीन पश्चिमी राजस्थानी' के नाम से पुकारता हूँ, उसमें वे सभी तत्त्व हैं, जो गुजराती के साथ मारवाड़ी के उद्‌भव के सूचक हैं और इस तरह वह भाषा स्पष्टतः इन दोनों की सम्मिलित माँ है।[24]

मुनि जिनविजय ने भी गुजरात विद्यापीठ के अपने कार्यकाल में तैयार की गई *पुरानी गुजराती गद्य सन्दर्भ* नामक एक पाठ्य-पुस्तक में तेरहवीं से पन्द्रहवीं सदी तक के 300 वर्षों के दौरान के गद्य के नमूने संकलित किए। इनकी भाषा 'प्राचीन गुजराती' के आगे कोष्ठक में उन्होंने स्पष्ट नामोल्लेख किया, 'अर्थात् पश्चिमी राजस्थानी'।[25] गुजराती भाषा के मर्मज्ञ और विद्वान स्वर्गीय झवेरचन्द्र मेघाणी के विचार भी इस धारणा को पुष्ट करते हैं। उन्होंने इस सम्बन्ध में एक जगह लिखा है :

> मेड़ता की मीरां इसी में पदों की रचना करती और गाया करती थी। इन पदों को सौराष्ट्र की सीमा तक के मनुष्य गाते तथा अपना मानते थे। चारण का दूहा राजस्थान की किसी सीमा में से राजस्थानी भाषा में से अवतरित होता तथा कुछ वेश बदलकर काठियावाड़ में घर-घराऊ बन जाता। नरसी मेहता गिरनार की तलहटी में प्रभु-पदों की रचना करता और

ये पद यात्रियों के कंठों पर सवार होकर जोधपुर, उदयपुर पहुँच जाया करते। इस ज़माने का पर्दा उठाकर यदि आप आगे बढ़ेंगे, तो आपको कच्छ, काठियावाड़ से लेकर प्रयागपर्यंत भूखंड पर फैली हुई एक भाषा दृष्टिगोचर होगी।[26]

आगे उन्होंने और स्पष्ट करते हुए लिखा है :

उसी की पुत्रियाँ फिर ब्रजभाषा, गुजराती और आधुनिक राजस्थानी का नाम धारण कर स्वतंत्र भाषाएँ बनीं।[27]

जार्ज ग्रियर्सन ने भी पन्द्रहवीं सदी में राजस्थानी और गुजराती के एक होने की बात कही है। उन्होंने स्पष्ट लिखा है :

गुजराती का राजस्थानी से बहुत निकट सम्बन्ध है। यहाँ तक कि पन्द्रहवीं शताब्दी में मारवाड़ तथा गुजरात की भाषा एक थी। इसके बाद ही इसने इन दो भाषाओं का रूप धारण किया; किन्तु मूलतः इन दोनों बोलियों में अत्यल्प ही अन्तर है।[28]

इसको उन्होंने एक उदाहरण देकर पाद-टिप्पणी में और स्पष्ट क्रिया। उन्होंने लिखा :

सन् 1455-56 में मारवाड़ राज्य के जालोर स्थान के एक कवि ने *कान्हड़देप्रबंध* शीर्षक प्रबन्ध लिखा था। सन् 1912 में इसको लेकर गुजरात में एक वाद-विवाद चल पड़ा कि यह पुरानी गुजराती का प्रबन्ध है अथवा मारवाड़ी का? सच यह है कि यह दोनों में से किसी का नहीं है, अपितु कवि की उस मातृभाषा में है, जो बाद में इन भाषाओं के रूप में प्रकट हुई।[29]

मीरां की कविता की भाषा के सम्बन्ध में भी यही सच है। यह राजस्थानी, गुजराती या ब्रज नहीं है, यह पन्द्रहवीं सदी की उसकी वह मातृभाषा है, जिसकी पहचान अब क्षेत्रीय विशेषताओं के मुखर हो जाने के कारण अलग-अलग भाषाओं के रूप हो गई है। पद्मनाभ के *कान्हड़देप्रबंध* के प्रबन्ध की भाषा पुरानी पश्चिमी राजस्थानी है, इसलिए तेस्सीतोरी के अनुसार उसके समकालीन नरसी मेहता की भाषा भी यही रही होगी। उसकी कविता का आधुनिक गुजराती में रूपांतरण बहुत आगे चलकर हुआ।[30] मीरां, जो नरसी मेहता के साथ गुजराती की दूसरी बड़ी भक्त कवयित्री है और उसके कुछ समय बाद ही हुई है, की रचनाएँ भी इसी भाषा में हुईं। आगे चलकर ये अलग-अलग भाषायी पहचानों के बनने के साथ आधुनिक गुजराती

या राजस्थानी में ढलती गईं। जहाँ तक मीरां की कविता के ब्रज में मिलने का सवाल है तो ब्रज और राजस्थानी भी मध्यकाल में अलग भाषाएँ नहीं थीं। राजस्थानी के प्राचीन साहित्यिक रूप पिंगल में ब्रज शामिल है। ब्रज दरअसल पुरानी राजस्थानी का ही क्षेत्रीय विस्तार है। ये भाषायी पहचानें बाद में बनीं। यह इससे भी प्रमाणित है कि मीरां के पदों की भाषा एकरूप नहीं है। कोई पद सम्पूर्ण ब्रज में है, तो किसी पद में राजस्थानी और ब्रज एक साथ है और किसी पद में राजस्थानी के साथ कुछ शब्द या वाक्यांश गुजराती के भी आ गए हैं। मीरां के समय देश-भाषाओं की पृथक् क्षेत्रीय पहचानें नहीं थीं, लेकिन धीरे-धीरे ये बनती गईं। मीरां के पद लोकप्रिय थे, इसलिए ये भी इनके अनुसार ब्रज, राजस्थानी और गुजराती होते गए। उल्लेखनीय तथ्य यह है कि क्षेत्रीय भाषायी पहचानों के अनुसार ढल जाने के बाद भी इनमें उस समय की भाषा के साक्ष्य मौजूद हैं। उसके ब्रज भाषा के पदों में राजस्थानी और राजस्थानी में गुजराती भाषा के शब्द और अर्थ रूढ़ियाँ इसी कारण हैं।

6

मीरां का जन्म, लालन-पालन और विवाह राजस्थान में हुआ, इसलिए कुछ विद्वानों की धारणा है कि केवल राजस्थानी मीरां की भाषा है और इससे इतर भाषाओं की मीरां की रचनाएँ मीरां की रचनाएँ नहीं हैं। हीरालाल माहेश्वरी का मानना है :

> मीरां का अधिकांश जीवन राजस्थान में बीता। वह वहीं जन्मी और ब्याही गई। केवल जीवन के अन्तिम दिन गुजरात में बीते। उसकी वृन्दावन-यात्रा अथवा वहाँ निवास निराधार है। इस कारण शुद्ध गुजराती, शुद्ध पंजाबी और शुद्ध भोजपुरी भाषाओं में मिलने वाले पद अपने वर्तमान रूप में कदापि मीरां के नहीं हो सकते। शुद्ध ब्रजभाषा के पद भी सन्देहास्पद ही हैं। अधिक से अधिक ऐसे पदों में मीरां की भावना भले ही सुरक्षित हो पर मीरां की भाषा राजस्थानी थी।[31]

कमोबेश यही बात नरोत्तम स्वामी ने भी कही है। उनके अनुसार :

> मीरांबाई की कविता की भाषा राजस्थानी है, जो पश्चिमी हिन्दी का एक प्रधान विभाग है।...मीरांबाई की भाषा में ब्रजभाषा का मिश्रण बहुत है। गुजराती की विशेषताएँ भी अनेक स्थान पर पाई जाती हैं। पंजाबी, खड़ी बोली, पूरबी आदि का आभास भी कई स्थानों पर होता है। उनके अनेक पद शुद्ध गुजराती में भी पाए जाते हैं, पर इसमें सन्देह है कि वे उनके बनाए हुए हैं।[32]

इस तरह के आग्रह युक्तिसंगत नहीं हैं। दरअसल पन्द्रहवीं-सोलहवीं सदी में मीरां की कविता की भाषा का क्षेत्रीय आधार पर विभाजन नहीं हुआ था, लेकिन आगे चलकर ये पहचानें कुछ हद तक बनती गईं। मीरां की विभिन्न क्षेत्रों में प्रचलित कविता भी इन पहचानों में ढलकर गुजराती, ब्रज, राजस्थानी आदि होती गई। साफ़ है कि मीरां की ब्रज या गुजराती या राजस्थानी में मिलने वाली कविता मीरां की ही है। यह अलग बात है कि बाद में यह निरन्तर चलन में रहने के क़ारण इन पहचानों में अलग भी दिखाई देने लगीं। मीरां की भाषा ब्रज-मिश्रित राजस्थानी मानने वाले नरोत्तम स्वामी ने भी यह स्वीकार किया है कि मीरां के प्रचलित पदों की आधुनिक भाषा उसकी असल भाषा नहीं है। उन्होंने लिखा है :

> मीरांबाई के पद जिस रूप में पाए जाते हैं, ठीक उसी रूप में वे लिखे गए होंगे, यह कहना कठिन है। जो पद छपे हैं, उनमें अधिकांश की भाषा आधुनिक हो गई है। पद गाने की चीज़ है और गानेवालों द्वारा गाते समय फेरफार हो जाना बहुत सम्भव है। गाने वाले जनता को समझाने के लिए भी भाषा को आधुनिक कर देते हैं।[33]

वैविध्य और बहुवचन भारतीय परम्परा और इसके सांस्कृतिक-बोध में अन्तर्निहित है। यहाँ साहित्यिक परम्पराओं की निर्मिति में विविध प्रकार प्रेरणाएँ और प्रभाव सक्रिय रहे हैं और इस कारण इनमें वैविध्य है। यहाँ तक कि कई बार यह वैविध्य या विरोधाभासी और अन्तर्विरोधपूर्ण होने की हद तक भी हैं। पश्चिम के सांस्कृतिक-बोध में संगति और एकरूपता है, क्योंकि इसका विकास चर्च के अनुशासन में हुआ है। भारतीय सांस्कृतिक-बोध इस तरह के किसी अनुशासन से हमेशा बाहर रहा और प्राय: यह स्वतंत्र रूप से विकसित हुआ। भक्ति-आन्दोलन तो भारतीय मनीषा की स्वातंत्र्य चेतना का विस्फोट है और स्वतंत्रता हमेशा बहुवचन में ही चरितार्थ होती है। मीरां की कविता भी स्वतंत्रता की चेतना की वाहक कविता है, इसलिए यह बहुवचन है। उसके भाव के बहुवचन को चर्च के अनुशासन में विकसित संगतता की कसौटी पर कसकर कोई निष्कर्ष निकालना उसकी वास्तविक छवि बनाने के बजाय उसको विकृत कर देगा। मीरां के उपलब्ध प्राचीन हस्तलिखित पाठों को उनकी भाषा-वर्तनी और व्याकरण के वैचित्र्य के आधार पर ख़ारिज करने का कोई औचित्य नहीं है, क्योंकि एक तो उस समय व्याकरण और वर्तनी को लेकर पर्याप्त क्षेत्रीय वैविध्य था और दूसरे, इनके लिखिया ऐसे भक्त लोग थे, जिनको लिखने-पढ़ने का बहुत अभ्यास नहीं था। मीरां की रचनाओं के मूल पाठ के निर्धारण को उसकी भाषा से जोड़कर देखना भी ग़लत है। उसकी रचनाओं में दिखनेवाला भाषायी वैविध्य हमें भाषायी वर्गीकरण और विभाजन की औपनिवेशिक समझ और संस्कार के कारण दिखाई पड़ता है। उपनिवेशकाल से

पहले तक जब भाषायी पहचानों को औपचारिक मान्यता नहीं मिली थी, तो भाषाएँ एक-दूसरे से इस तरह सम्बद्ध थीं कि उनको पृथक् और वर्गीकृत करना और अपनी अस्मिता के साथ जोड़कर देखना सम्भव नहीं था। पन्द्रहवीं-सोलहवीं सदी में जब मीरां की कविता हुई, तो आज के महाराष्ट्र और गुजरात सहित तमाम उत्तर भारत में क्षेत्रीय वैशिष्ट्य के साथ कमोबेश एक ही भाषा प्रयुक्त हो रही थी। मीरां की कविता इसी भाषा में हुई। यह अलग बात है कि बाद में क्षेत्रीय विशेषताओं के मुखर और प्रमुख हो जाने से यह उनके अनुसार राजस्थानी, गुजराती, ब्रज आदि में ढल गई।

सन्दर्भ और टिप्पणियाँ

1. जॉन स्ट्रैटन हौली, *श्री भक्ति वायसेज़,* ऑक्सफोर्ड यूनिवर्सिटी प्रेस, नई दिल्ली, 2005
2. जॉन स्ट्रैटन हौली, *भक्ति के तीन स्वर,* हिन्दी अनुवाद अशोक कुमार, राजकमल प्रकाशन, नई दिल्ली, पेपरबैक संस्करण 2019
3. फ्रांसिस टैफ़्ट, 'इल्यूजिव हिस्टोरिकल मीरांबाई—ए नोट', *मल्टीपल हिस्ट्रीज़,* सम्पा. लारेंस ए बॉब, *वर्षा जोशी एंड माइकेल डब्ल्यू मिस्टर,* रावत पब्लिकेशन, जयपुर, 2002, पृ. 313
4. जॉन स्ट्रैटन हौली, *सोंग्ज ऑफ़ सेंट्स ऑफ़ इंडिया,* ऑक्सफोर्ड यूनिवर्सिटी प्रेस, न्यूयॉर्क, 1988, पृ. 127
5. जॉन स्ट्रैटन हौली, *भक्ति के तीन स्वर,* पृ.111
6. वही, पृ. 116
7. वही, पृ. 127
8. वही, पृ. 128
9. देखिए, लेखक की मीरां के जीवन और समाज पर एकाग्र किताब *पचरंग चोला पहर सखी री,* वाणी प्रकाशन, नई दिल्ली, 2015, जिसमें मीरां को विचार और सैद्धान्तिकी की रूढ़ि और रूपक में सीमित करने की कोशिशों का विस्तृत विवेचन है।
10. देखिए, अध्याय-2 की सन्दर्भ-टिप्पणी सं. 69 एवं 70
11. रामचन्द्र शुक्ल, *हिन्दी साहित्य का इतिहास,* नागरी प्रचारिणी सभा, काशी, संस्करण, 1984, पृ. 127
12. ललिताप्रसाद सुकुल, 'पदावली परिचय', *मीरां स्मृति ग्रंथ,* सम्पा. सकलनारायण शर्मा, ललिताप्रसाद सुकुल आदि, बंगीय साहित्य परिषद्, कलकत्ता, 1949, पृ. झ
13. वही, पृ. ठ
14. कृष्णलाल, 'भूमिका', *मीरां बृहत् पद संग्रह,* लोक सेवक प्रकाशन, बनारस, 1943, पृ. ङ
15. परशुराम चतुर्वेदी, 'मूल प्रस्तावना', *मीरांबाई की पदावली,* सम्पा. पद्मावती शबनम, हिन्दी साहित्य सम्मेलन, इलाहाबाद, बाइसवाँ संस्करण, 2008, मूल संस्करण 1972, पृ. 6
16. वही, पृ. 7

17. जार्ज ग्रियर्सन, *भारत का भाषा सर्वेक्षण*, खंड-1, भाग-1, अनुवाद : उदयनारायण तिवारी, उत्तरप्रदेश हिन्दी संस्थान, लखनऊ, तृतीय संस्करण, 1959, पृ. 26
18. वही, पृ. 59
19. वही, पृ. 39
20. कसिणे णिट्ठुर-वयणे बहुक-समर-भुंजए अलज्जे य।
'अडडे' त्ति उल्लवंते अह पेच्छइ गोल्लए तत्थ॥1॥
णय-णीइ-सन्धि-विग्गह-पडुए बहु-जंपए य पयईए।
'तेरे मेरे आउ' त्ति जंपिरे मज्झदेसे य॥2॥
णीहरिय-पोट्ठ-दुव्वण्ण-मडहए सुरय-केलि-तल्लिच्छे।
'एगे ले'—जंपुल्ले अह पेच्छई मागहे कुमरो॥3॥
कविले पिंगल-णयणे भोयण-कह-मेत्त-दिण्ण-वावारे।
'कित्तो किम्मो' पिय-जंपिरे य अह अन्तवेए य॥4॥
उत्तुंग-थूल-घोणे कणयव्वण्णे य भार-वाहे य।
'सरि पारि' जंपिरे रे कीरे कुमरो पलोएइ॥5॥
दक्खिण्ण-दाण-पोरुस-विण्णाण-दया-विवज्जिय-सरीरे।
'एह तेहँ' चवंते ढक्के उण पेच्छए कमरो॥6॥
सललिय-मिउ-मद्दवए गंधव्व-पिए, सदेस-गय-चित्ते।
'चउडय मे' भणिरे सुहए अह सेंधवे दिट्ठे॥7॥
वंके जडे य जड्डे बहु-भोई कढिण-णीण-सूणंगे।
'अप्पाँ तुप्पाँ' भणिरे अह पेच्छइ मारूए तत्तो॥8॥
घय-लोणिय-पुट्ठंगे धम्म-परे सन्धि-विग्गहं-णिउणे।
'णउ रे भल्लउं' भणिरे अह पेच्छइ गुज्जरे अवरे॥9॥
ण्हाओलित्त-विलित्ते कय-सीमन्ते सुसोहिय-सुगत्ते।
'अम्हं काउं तुम्हं' भणिरे अह पेच्छए लाडे॥10॥
तणु-साम-मडह-देहे कोवणए माण-जीविणो रोद्दे।
'भाउय भइणी तुम्हे' भणिरे अह मालवे दिट्ठे॥11॥
उक्कड-दप्पे पिय-मोहणे य रोद्दे पयंग-वित्ती य।
'अडि पाँडि मरे' भणिरे पेच्छइ कण्णडए अण्णे॥12॥
कुप्पास-पाउयंगे मास-रूई पाण-मयण तल्लिच्छे।
'इसि किसि मिसि' भणमाणे अह पेच्छइ ताइए अवरे॥13॥
सव्व-कला-पत्तट्ठे माणी पिय-कोवणे कढिण-देहे।
'जल तल ले' भणमाणे कोसलए पुलइए अवरे॥14॥
—उद्योतन सूरि, *कुवलयमालाकहा*, सं. प्रेम सुमन जैन, भाग-2, प्राकृत भारती अकादमी, जयपुर, 2015, पृ. 557
21. जार्ज ग्रियर्सन, *भारत का भाषा सर्वेक्षण*, खंड-1, भाग-1, पृ. 45
22. आई. जे. एस. तारपुरवाला, 'इंट्रोडक्शन', *स्टडीज़ फ्रॉम गुजराती लिटरेचर*, वोल्यूम-1, कलकत्ता यूनिवर्सिटी, कलकत्ता, 1924, पृ. XIII
23. एल. पी. तेस्सीतोरी, 'प्रस्तावना', *पुरानी राजस्थानी*, अनुवाद नामवर सिंह, नागरी प्रचारिणी

सभा, काशी, द्वितीय संस्करण 1955, पृ. 3

24. वही, पृ. 4
25. तरुणप्रभाचार्य, *षडावश्यकबालावबोधवृत्ति*, सम्पा. प्रबोध बेचरदास पंडित, भारतीय विद्या भवन, मुम्बई, 1976, पृ. XII
26. 'राजस्थानी साहित्य का परिचय' में उद्धृत, *राजस्थानी सबद कोस*, सम्पा. सीताराम लालस, प्रथम खंड, राजस्थानी शोध संस्थान, जोधपुर, 1962, पृ. 87
27. वही।
28. जार्ज ग्रियर्सन, *भारत का भाषा सर्वेक्षण*, खंड-1, भाग-1, पृ. 344
29. वही।
30. एल. पी. तेस्सीतोरी, 'भूमिका', *पुरानी राजस्थानी*, पृ. 10
31. हीरालाल माहेश्वरी, *राजस्थानी भाषा और साहित्य*, आधुनिक पुस्तक सदन, कलकत्ता, 1960, पृ. 325
32. नरोत्तम स्वामी, 'प्रस्तावना', *मीरां-मन्दाकिनी*, यूनिवर्सिटी बुक डिपो, आगरा, 1930, पृ. 15
33. वही।